수신확인, 차별이 내게로 왔다

수신확인, 차별이 내게로 왔다

평범하지 않지만 평범한 소수자들의 이야기

| 인권운동사랑방 엮음 |

오월의봄

추천사

우리 이웃에 당도한 전언

김영옥

전언, 관계 맺기의 흔적들

내 할아버지께서는 말씀하곤 하셨다. "삶이란 놀라우리만치 짧다. 이제 기억 속에서 삶은 내게 다음과 같은 정도로 응축된다. 예를 들어 평범한 삶이 예기치 않은 불행한 사건 하나 없이 행복하게 흘러간다고 치자. 그렇더라도 나는 어떻게 한 젊은이가 시간이 턱없이 부족할 거라는 염려 없이 말을 타고 이웃마을로 가겠노라 결심할 수 있는지 이해할 수 없을 정도다."

요즘 나는 〈이웃마을〉이라는 제목을 달고 있는 카프카의 이 글을 자주 떠올린다. 말을 달려 이웃마을에 도달하기에는 너무나도 짧은 삶. 우리는 수명 백세 이야기가 낯설지 않은 시대에 살고 있다. 의료기술을 포함한 각종 기술의 진보는 인류의 역사가 이전에 알지 못했던 긴 삶을 인간에게 선사한다. 교통수단의 발전으로 다른 대륙에 사는 사람을 옆집 사람보다 더 자주 만나는 일도 가능하게 되었다. 카프카가 우리와 동시대에 살았다면 〈이웃마을〉이라는 제목으로 다른 글을 썼을까? 물론 문제는 이웃마을을 무엇으로 보느냐에 달려있다. 혁

명의 달리기를 혼자 하는 것으로 생각하다니, 쯧쯧…… 혁명의 달리기는 이어달리기인 것을. 〈이웃마을〉에 대한 브레히트의 해석이었다. 앞만 보고 나아갈 때 삶은 결코 목적지에 도달하지 못한다. 삶은 뒤에서부터 앞으로 훑어 내리는 책이 될 때 비로소 완성된다. 죽음의 침상에 누운 당신 눈앞에 주마등처럼 스쳐 지나가는 기억의 이미지들, 그게 바로 완결된 삶이다. 〈이웃마을〉에 대한 벤야민의 해석이었다. 나에게 '이웃마을'은 '이웃'인 당신의 '귀'로 보인다. 불행한 우연적 사건이 발생하지 않는다 해도 전언이 도달하기에는 너무 먼 당신의 귀. 목소리는 이웃인 당신의 귀에 도달하지 못하고 허공에 떠돈다. 당신의 귀에 가 닿고 싶고, 당신의 따스한 심장에 깃들고 싶다. 그러나 이웃인 당신은 도대체 어디에 있는가.

　누군가 나에게 전언을 보낼 때 나는 대답할 의무가 있다. 이것이 윤리적 주체로서 내가 해야 할 일이다. 대답을 하기 위해서는 우선 그 전언이 나를 향한 것이었음을 인정해야 하고, 가능한 제대로 이해하려는 최선의 노력을 기울여야 한다. 그리고 그 노력은 내세울 만한 나의 공로로서가 아니라, 나의 존재됨 역시 내가 보낸 전언을 수신해준 누군가에 기대고 있음을 통렬히 깨달은 결과여야 한다. 고도로 발달한 기술이 가져다준 편리함과 후기자본주의 소비문화가 선전하는 핑크빛 행복 속에서 그러나 역설적으로 전언은 점점 더 자주 실종되고 답변을 기다리는 송신자의 가슴은 점점 더 타는 목마름으로 바스러진다. 전언이 품고 있는 삶의 시간과 장소를, 그 구체성과 개별성을 오롯이 살펴 듣는 '나의 이웃'을 희구하는 것은 시대착오적인 욕망인가?

　이 책에 실린 글들은 그렇지 않다고 말한다. 당신의 이야기를 사려 깊게 새겨듣는 이웃이 여기 있다고 말한다. 새겨들은 그 이야기를 또 다른 이웃에게 전송하고 있다고 말한다. 그렇다고 해서 이 전언들이 발화한 사람의 목소리를 '고스란히 그대로' 드러내고 있다고 주장하는 건 아니다. 이 전언들에는 말하는 사람의 목소리와 듣는 사람의 귀/목소리가 서로 섞여 있다. 이 글들에는 조금씩 미끄러지고 지연되는 타자 인정과 서툰 관계 맺기의 흔적들이 지워지지 않은 채, 그러나 심장의 온기를 담고 남아 있다. 여기서 우리는 서로에게 완전히 투명할 수 없는 자아와 타자가 만나 말을 하고 듣는 행위에 동참하게 된다. 송신과 수신 사이의 불완전한 연결은 물질적인 환경 이상의 것이다. 의미한 것과 이해한 것 사이의 간극은 모든 소통행위의 존재론적 한계고 이 한계야말로 자아의 윤리적 주체성이 구성되는 출발지점이다.

그/녀, '내게' 말하고 있네

이 책에 등장하는 사람들은 모두 '누군가에게' 말하고 있다. 3인칭 화자의 관점을 취하고 있는 것처럼 보이는 글조차도 1인칭 화법의 솔직하고 내밀한 느낌과 직접적인 말 걸기의 질감을 간직하고 있다. 여기서의 1인칭 화자는 일기에서처럼 독백을 읊조리는 게 아니라 마주보고 있는 누군가에게 말을 건네고 있다. 자신의 삶을 들려주고 있다. 이 글을 '읽는' 우리는 지금 막 내 앞에서 '내게' 말하고 있는 어떤 목소리를 '듣고' 있다. 얼굴 표정도 목소리의 결도 너무나 생생해 사로잡힌 듯 고개를 돌릴 수가 없다. 이 글들은 민족지학적 허구(ethnographic fiction)로서의 글쓰기가 이야기꾼의 말하기를 만

낯을 때 비로소 가능해지는 독특한 몸체를 지니고 있다. 민족지학(ethnography)은 오랫동안 스스로를 가장 객관적인 글쓰기라고 자부해왔다. 긴 시간 현장에 머물면서 순수한 참여관찰을 통해 보고 들은 대로 기록한 것이기에 투명한 진실을 담고 있다는 믿음은 그러나 그 어떤 참여관찰도 순수하게 객관적일 수 없으며, 민족지학적 글쓰기 또한 문화적 글쓰기로서 허구적 속성을 지닐 수밖에 없다는 비판적 성찰에 직면하게 된다. 개입이 아니고 판단도 아닌 관찰이 과연 가능할 것인가. 개입과 판단이 배제될 수 없다면 그 시선에 스며 있는 권력의 위계는 또 어떠할 것인가. 민족지학적 '허구'로서의 글쓰기는 이러한 반성적 질문에서 전개되었다.

이 책에서 우리가 만나게 되는 글들 역시 하나의 단일한 시선으로 진단할 수 없는 연유들과 정황들, 심정들을 훼손시키지 않기 위해 민족지학적 허구의 형태를 취한다. 각각의 차별 현장에서 오랜 시간 함께 활동해온, 그래서 그 현장에 어느 정도 익숙한 활동가들이 이 글들을 '썼다'. 그러나 이 글들은 차별을 겪은 사람들이 '들려준' 삶의 이야기를 재구성한 것이다. 목소리로 들려준 삶의 이야기를 글로 옮긴다. 그 현장과 무관한 (것처럼 보이는) 사람들이 그곳을 구체적으로 경험할 수 있도록, 그래서 차별이 일어나고 있는 한 누구의 삶도 그 차별과 무관할 수는 없음을 느끼도록 전해야 한다. 이런 옮김은 어떻게 가능할 것인가.

글쓴이들은 반차별운동을 하는 활동가들이다. 이들은 오래오래 고민한다. 선언적 명제가 아닌 감수성의 차원에서 반차별운동을 펼칠 수 있는 방식은 무엇일까. 어떻게 하면 차별을 겪는 사람의 느낌을,

몸에 새겨진 그 경험을 그/녀의 삶의 맥락에서 도려내지 않은 채 통합적으로 다른 사람들에게 전할 수 있을까. 그/녀들이 자신의 이야기를 들려줄 때 작은 지진처럼 그들을 흔들고 '먹먹하게' 만들었던 그/녀의 목소리를, 그/녀의 숨결을 살려내는 글쓰기는 어떤 것일까. 삶을 들려주는 이들의 목소리와 글쓴이들의 손이 함께하는 글. 오랜 고민과 여러 번의 실험 끝에 이 책에 실린 글들이 탄생했다.

들려주는 사람과 듣는 사람이 이야기 내용, 그 사건의 현재적 시공간에 동시에 존재하게 만드는 스토리텔링. 청자를 이야기꾼으로 만드는 이야기. 이야기를 들은 사람은 들을 때의 그 차오르던 느낌을 살려 다른 사람들에게 이야기를 전한다. 이·어·말·하·기. 그/녀의 삶은 이렇게 우리에게 전송되었다. 이 이야기들은 법원장에게 보내는 청원서의 형태로, 딸에게 보내는 편지의 형태로, 사람들 앞에서 행한 특강의 형태로, '타파의 이야기'나 '서윤의 이야기'처럼 그/녀의 이야기로, 그리고 대부분의 경우 일인칭 화자인 '나'의 이야기로 전개되지만 모든 글에서 우리는 내 귀를 가볍게 두드리는 전언을 만나게 된다. 내·게·수·신·된. 이제 '나'는 그 전언이 꼭 짚어서 바로 '나'를 향한 것임을 인정해야 하고, 그 내용을 제대로 이해하기 위해 목소리가 들려오는 쪽으로 몸을 비스듬히 기울여야 한다. 언젠가 내가 보낸 전언을 향해 귀를 열 나의 이웃, 당신을 위해서라도.

우리, 함께 사는 방식

'서윤의 이야기'는 이렇게 끝난다. "나 혼자 이렇게 사는 게 아니라는 생각을 하면 불안하지는 않아요. 고등학교도 자퇴했고 직업도 없으니 조금 불안하기도 하지만요. 그래도 서윤의 얼굴은 활짝 웃는다. 세상이 서윤과 함께 웃어주지 않는다는 것쯤은 서윤도 잘 안다." 이 이야기를 읽고/듣고 난 후 나는 '이웃'에게 다음과 같은 전언을 띄워 보낸다. "나 혼자 이렇게 사는 게 아니라는 생각을 하면 불안하지는 않아요. 고등학교도 자퇴했고 직업도 없으니 조금 불안하기도 하지만요. 세상이 서윤과 함께 웃어주지 않는다는 것쯤은 서윤도 잘 안다. 그래도 서윤의 얼굴은 활짝 웃는다."

내 삶의 책을 거꾸로 훑어 내리며 주마등처럼 스치는 이미지들을 조우하는 당신, 나의 이웃. 내 삶은 당신의 손에서, 매번 조금씩, 완성된다. 이것이 우리가 함께 사는 방식이다.

김영옥 인권연구소 창 연구활동가, 이주여성인권포럼 대표, 이화여대 한국여성연구원 객원 연구위원으로 있다. 여성주의 미학과 지구화, 장소/성 등에 관한 논문을 썼으며 《국경을 넘는 아시아 여성: 다문화사회를 만들다》, 《우리 모두 조금 낯선 사람들》을 공동집필했다.

책을 내며

이야기를 기다리는 이야기

평범하다. '평범함'이라는 단어가 결코 평범하지 않다는 것을, 아마도 이 프로젝트를 하면서 알게 되었다. 평범하다는 말에 어떤 사람들은 지루해 벗어나고 싶은 느낌을 입히고, 어떤 사람들은 닿을 수 없어 아련히 그리워하는 마음을 담는다. 평범하다는 말은, 서로 이해할 수 있다는 눈짓이다. 평범하지 않다는 말은, 이해받을 수 없다는 두려움이다.

2011년에 인권운동사랑방은 '변두리스토리 프로젝트'를 시작했다. 2007년 차별금지법 논란이 시작이었을지도 모른다. 차별금지법을 만들겠다던 정부는 입법예고안에서 명시한 차별금지 사유 중 '출신 국가, 언어, 가족 형태 또는 가족 상황, 범죄 및 보호처분 경력, 성적지향, 학력, 병력'을 삭제한 차별금지법안을 발표했다. 사회적으로 논란이 되는 항목이라는 이유였다. '국민 정서에 반한다', '사회적 합의가 필요하다'는 등의 핑계를 대며 정부는 사실상 저 7개 항목에 대해서는 차별을 금지하지 않아도 된다고 말한 셈이다.

문제는 그 다음이었다. 차별은 나쁜 것이라고 말해온 사회가 조용했다. 언론은 앞의 항목에 해당하는 차별 피해 사례를 알려달라고 했다. 이주민은, 성소수자는, 전과자들은 어떤 피해를 경험하는지 구체적 사건을 알려달라고 했다. 차별금지 사유의 삭제 자체가 신호탄처럼 한국 사회의 차별을 번쩍 비췄는데 아무도 보지도 듣지도 못한 척했다. 그러면서 차별은 나쁜 것이라고 되뇌고 있었다.

무언가를 보지 않고 듣지 않고 말하지 않는 것은 그것의 부재를 선언하는 결과를 낳는다. 그래서 보이지 않고 들리지 않는 것을 보고 듣겠다는, 겁 없는 마음을 먹었다. 사람을 만나기로 했다. 열 명의 인터뷰이를 섭외해 살아온 이야기를 들려달라고 했다. 인터뷰이를 섭외할 때에는 다양한 '정체성'이 고루 포함될 수 있도록 했고, 가까이에서 만날 수 있는 사람들보다는 먼 거리에 있는 사람들을 수소문했다. 우리가 이미 익숙해져버린, 누구나 '나쁘다'고 생각하는 차별과는 다른 이야기를 듣고 싶었다.

생애구술사 작업은 서툴렀다. 인터뷰이를 마주하면 괜히 말을 더듬다가도 어느 때는 마치 친구가 된 것처럼 맞장구를 치고 인터뷰어의 이야기를 쏟아냈다. 그런데, 너무 소중한 이야기들을, 들어버렸다. 원래 보고서를 쓸 계획이었다. 여러 사람들의 이야기를 자르고 엮어서, 차별은 흔히 떠올리는 것보다 더 다양하고 깊게 이러저러한 양상으로 드러나고, 그래서 차별은 이러저러한 문제를 낳고, 그래서 우리는 차별에 맞서 함께 싸워야 해요, 라는 결론에 이르는 보고서 말이다. 바꿀 수밖에 없었다. 녹취를 풀고 함께 읽고 다시 읽을수록, 우리가 듣게 된 이야기를 다른 형식으로 전하고 싶어졌다.

이야기를 그냥 이야기로 전하면 어때? 단순했다. 우리가 들은 이야기를 '사례'나 '사건'으로 정리하지 말고 '사실이나 사실이 아닌 일을 사실처럼 꾸며 말하는' 이야기로 만들어보면 어떻겠냐는, 지금 돌아보면 가장 겁 없던 순간이었다. 사실을 재현하기보다는 우리의 설렘이나 먹먹함을 표현하자는, 그러나 이야기들에서 문자가 되어 가라앉지 않는 생생함을 재현해보자는 욕심이었다. 그 욕심으로 1년을 넘게 버틸 수 있었던 것은, 세상에 태어나 가장 어려운 글쓰기라고 하소연하면서도 놓을 수 없었던 것은 우리가 들어버렸고 듣지 못했던 이야기 때문이다.

"이야기는 스스로를 완전히 소모하지 않는다"라고 발터 벤야민은 말했다. 차별은 소설 같은 이야기가 아니라 차라리 소설이 될 수 없는 이야기다. 너무나 평범한데, 너무나 평범하지 않아서……

많은 사람들이 차별은 특정한 정체성을 가진 사람이 고유하게 부딪치는 문제라고 생각한다. 그래서 차별은 사라져야 할 것이지만, 그/녀들에게서 사라져야 할 것이 된다. 나나 너는 차별을 하는 사람도, 받는 사람도 아니고, 오로지 그/녀들이 겪는 어떤 피해가 차별이 된다. '우리'의 문제가 아니므로 '우리'는 차별을 없앨 수 없다. 그런데 우리에게 이야기를 들려준 그/녀들이 말한다. 나, 나야, 네가 부른 그/녀가 아니라 너를 부르는 나, 나라고.

그래서 우리는 당신에게 말하기로 했다. 당신이 이 이야기들을 읽고 어떤 순간 떨림을 느낀다면 그게 아마 차별을 만나는 장소일 것이라고. 작은 진폭으로 되풀이되는 흔들림은, 바로 나와 너 사이의 거리를 보여줄 것이다. 가까워지려는 어떤 순간에 멀어지게 하는 힘, 멀어지려는 어떤 순간에 가까이로 이끄는 힘. 사람과 사람을 멀리 떨어뜨리려는 힘이 차별이라면, 서로 이끌리는 힘이 차별에 맞서는 힘이다.

물론 '우리'는 모두가 평범할 때 누구도 평범함에 닿을 수 없듯 절대로 한 자리에 있을 수 없다. 나와 너 '사이'에 차별이 있고, 그래서 '우리'는 차별에 맞설 수 있다.

우리는 인터뷰이들의 모든 이야기를 듣지 못했기 때문에 오히려 우리의 이야기를 더 읽어달라고 말하고 싶다. 우리는 아마도, 인터뷰이들이 아주 친한 사람이 아닌 얼핏 아는 정도의 사람에게 들려줄 만한 이야기를 들었을 것이다. 이해를 구하기 위해 자신의 사연을 구구절절 이야기해야만 하는 상황이 있다면, 그것은 '우리'가 평범하지 않은 이야기에 감응하는 데 길들여졌기 때문일 것이다. 감응할수록 서로 닿을 수 없는 거리로 멀어지는 걸 눈치 채지 못한 채. 그/녀의 속살까지 듣는 인터뷰가 좋은 인터뷰라고 생각했던 우리 역시 다르지 않았다.

녹취록을 읽고 또 읽으며 글쓰기를 시도할 때에서야 보이지 않고 들리지 않는 것을 보고 듣는다는 게, 숨기려는 속살을 파헤치거나 짐작하는 것이 아님을 깨닫게 되었다. 누구나 자신이 살아온 시간을 돌아볼 때 연결되어 떠오르는 장면들이 있다. 그리고 한참이 지나서 다시 돌아볼 때면, 전에는 연결되지 않았던 장면들이 연결되거나 연결되었던 장면들이 떨어지기도 한다. 그 연결을 보는 것, 비어 있는 자리를 비어 있는 그대로 보고 침묵을 침묵인 채로 듣는 것, 그걸 통해서 지금 그 사람이 서 있는 자리에서 말하는 것을 듣는 것이, 너를 만나기 위한 나의 자세여야 한다.

우리는 그 연결을 나와 너 사이로 확장하기 위해 한 편의 이야기마다 하나의 글을 덧붙이기로 했다. 반차별운동을 함께 모색하고 실천해온 활동가들에게 부탁했다. '나'의 이야기를 연결시키는 고리와 '너'의 이야기를 연결시키는 고리는 다르기 쉽다. 그 고리조차 각자의 삶의 맥락 안에서 만들어지기 때문이다. 나와 너의 연결을 위해 약간의 도움이 필요할 듯했다. 그리고 이 모든 이야기들을 '우리'와 연결시키는 작업도 시도했다. 맨 뒤에 실린 두 편의 글이 그것이다. 노동과 정체성이라는 열쇠 말을 들고 끙끙 앓고 있을 때 집담회에 참석해 고민을 함께 나눠준 이들이 없었다면 나오기 어려운 글이었다. 추천의 글은 우리가 감히 시도한 형식에 대한 해설 글이기도 하다. 겁 없는 실험을 우리 스스로 설명해야 했을 텐데, 그 몫을 미루고 말았다. 물론 우리보다 우리를 더 잘 설명해줄 것이라는 기대가 있었기 때문이다.

이제 아홉 개의 이야기와 열두 편의 글을 엮어 당신에게 보낸다. 이야기는 "어떤 의문에 대한 대답이라기보다는 오히려 지금 막 펼쳐지려는 어떤 이야기의 연속과 관계되는 하나의 제안"(발터 벤야민)이다. 우리는 당신의 이야기를 기다린다. 열두 편의 글은 당신이 만들어볼 이야기들의 예시이거나 길잡이거나, 어쩌면 딴죽 걸기일 수도 있다. 그러니 너무 마음에 담아두지 말고 이야기의 주인공들을 직접 만나보시라. 주인공들이 어디쯤에서 한 번 만나지 않을까 상상도 해보고, 당신이 등장인물로 출연하는 이야기를 구상도 해보면 더욱 좋겠다. 어딘가에서 어긋나거나 어깨 걸거나 부딪치거나 스치거나 평행선을 달리거나 손 맞잡거나, '우리'가 이미 가담한 이 세계가 나와 너의 사이에서 만들어지고 있음을 보고 들어 달라.

당연히, 감사의 말을 전하고 싶은 분들이 너무나 많다.

우리에게 이야기를 들려준 인터뷰이들. 승민, 혜숙, 수민, 정현, 서윤, 이숙, 타파, 민우, 명희, 영석 님. (우리는 우리를 '너'로 불러내 준 당신들의 실제 이름-여기에 밝힐 수 없지만-을 고맙게 기억하겠습니다.) 프로젝트의 시작에서부터 아직 오지 않은 끝까지, 인터뷰를 하고 녹취를 풀고 같이 토론한 인권운동사랑방 자원활동가들(깡통, 노랑사, 민성, 유인, 유진, 지연, 현주), 우리가 들은 이야기들을 어떻게 전할까 고민할 때 우리에게 실마리를 주고 북돋아준 연구활동가들(추천 글을 써준 김영옥도 그 중 한 사람이다), 글쓰기가 길을 잃고 헤맬 때 반짝이는 눈빛으로 격려해준 인권운동사랑방과 반차별운동의 동료들, 그 중에서도 이야기들과 함께 읽을 수 있는 좋은 글을 온몸으로 써 준 이들(몽, 준우, 허오영숙, 일란, 깡통, 진경, 석진, 토리, 나영), 차별, 노동, 빈곤, 정체성을 밑도 끝도 없이 늘어놓은 집담회에서 진이 빠지도록 고민을 나눠준 활동가들(깡통, 초코파이, 호연), 모두에게 고마움을 전한다. 아름다운재단 '2013 변화의 시나리오' 지원 결정과 오월의봄의 출판 제안은 이 모든 글들이 엮여 독자들에게 전해질 길을 열어주었다. 감사의 인사를 전한다.

그리고 이 모든 과정이 '우리'가 차별에 맞서 싸울 수 있음을 일깨워줬고 일깨워줄 '사람'들이 있어 가능했다는 점을 잊지 않을 것이다.

변두리스토리 프로젝트를 마무리하는 동안 새로운 정권이 들어섰다. 국제사회의 눈치를 보는지, 차별금지법을 제정하겠다는 말이 다시 흘러나온다. 국회에서도 차별금지법안이 여러 개 발의됐다. 하지만 2007년에 그랬듯 차별금지법에 반대하는 세력들의 항의는 거세고 정부나 국회의 대응은 무력하다. 그럴 만도 하다. 차별이 사라지기를 바라는 마음은, 차별을 무엇이라고 보는지에 따라 서로 다른 마음이 되기도 한다. '차별'을 두고, '차별금지법'을 두고 반차별운동이 난감해지는 이유다. 이 책이 다시 싸움을 준비하는 반차별운동의 자리에 함께 있기를 바란다.

　줄 수 있는 게 이 노래밖에 없다는 노래가사가 있는데, 우리도 그렇다. 고마움을 전하기 위해 할 수 있는 게, 차별 없는 세상을 만들기 위해 싸우겠다는 약속밖에. 당신과 함께.

2013년 4월 8일
엮은이들

차례

추천사	우리 이웃에 당도한 전언 • 김영옥	5
책을 내며	이야기를 기다리는 이야기	11

1 어떤 특강 : 승민의 이야기　　　　　　　　21
　　행복에 대한 다른 상상 • 몽　　　　　　　　33

2 참는 자에게 복은 오지 않는다 : 혜숙의 이야기　41
　　정체성은 안내판이자 힌트일 뿐 • 김준우　　58

3 엄마의 자리 : 수민의 이야기　　　　　　　　67
　　"모든 이주자는 하나의 세계를 통째로
　　짊어지고 다닌다" • 허오영숙　　　　　　　85

4 세 번의 키스 : 정현의 이야기　　　　　　　　91
　　찰나의 풍경 • 김일란　　　　　　　　　　108

5 같음, 불온한 기대 : 타파의 이야기　　　　　119
　　차별과 빈곤이 만들어내는 수많은 변주들 • 석진　132

6	**평범함으로 돌아가는 시간 : 이숙의 이야기**	141
	경계를 의심하는 반차별 운동으로 • 진경	157

7	**나에게 온 : 민우의 이야기**	165
	인간의 자격?, 물음표를 의심하자 • 토리	185

8	**세상의 중심에서 : 서윤의 이야기**	193
	"네가 있을 곳을 정해줄게" • 깡통	208

9	**내 일, 내일 : 명희, 영석, 영은의 이야기**	215
	노동과 삶, 그 끝없는 톱니바퀴 • 나영	243

10	**남겨진 이야기**	
	일터에서, 우리는 어떻게 만날까 • 미류	251
	반차별운동은 정체성을 어떻게 다룰 수 있을까 • 나영정	265

1장

어떤 특강
승민의 이야기

얘기를 시작해볼까요? 먼저 제게 이런 기회를 주셔서 감사합니다. 지난 수업 시간에 미혼모에 대해 발표하는 친구들이 제 눈치를 보는 것 같더라고요. 그래서 저는 마음 편하게 하라고 "야 점수야, 학점. 내 눈치 보지 말고 잘해!"라고 말했을 뿐이에요. 교수님이나 여러분들이 모두 웃어넘겨서 별로 신경 쓰지 않았는데, 이렇게 따로 시간을 얻게 됐네요. 사실 미혼모에 대해서 가끔 얘기가 나올 때 마뜩치 않은 부분이 있었거든요. 사람들마다 다르긴 하겠지만, 아니 저마다 다를 텐데 수업 시간에 등장하는 미혼모는 어쩌면 그리 한결같을까 싶었던 거죠. 이 시간이 제 개인에 대한 이야기를 듣는 시간이라기보다는, 우리가 앞으로 사회복지 현장에서 만나게 될 어떤 사람이 이렇게 살아왔을 수도 있다는 생각을 해볼 수 있는 시간이 되기를 바랍니다.

제가 어떻게 미혼모가 됐는지 궁금하겠죠? 미혼모가 된다? 이 말도 좀 이상하군요. 저는 임신 사실을 알고 아이를 낳기로 결심했고, 아이의 아빠 되는 남자와 결혼을 하지 않기로 결심했고, 이후로 4년째 아이를 혼자 키우고 있을 뿐입니다. 여성이라면 누구나 한 번은 고민하게 될 선택의 순간들을 거쳐 온 것이죠. 여러분들이라면 제가 놓였던 상황에서 어떤 선택을 했을까요?

제가 연애를 했던 남자는 결혼을 전제로 임신을 제안했어요. 계획한 임신이 성공했죠. 저는 관계를 가지고 나서 일주일 만에 직감했어요. 열흘쯤 지나 임신테스트를 하니 두 줄이 나오더라고요. 다시 일주일쯤 지나 병원에 갔는데, 착상이 완전히 이루어진 상태가 아니라 아직 임신이라고 하기 어려운 상태래요. 임산부 수백 명 중 한두 명에게서 볼까 말까 한 상태라나요. 4주가 됐을 때쯤 임신이 확인됐어요. 그러고 나서 남자가 점점 저를 소홀히 대하더군요. 마찰이 잦아졌고 헤어지게 됐어요. 그게 임신 3개월 때 일이죠. 남자는 이렇게 얘기하더군요. "너 하나만으로도 힘든데 애를 어떻게 키우려고 하냐. 낙태 비용을 줄 테니 애를 지워라." 저는 싫다고 했어요. 우리가 사랑해서 아이가 생겼겠지만 지금은 당신 아이도 아니고, 우리 아이도 아니고, 내 아이라고 선언을 했죠. 그랬더니 남자는 나중에 양육비를 청구할 수 없도록 해놓겠다고 하더군요. 자기는 법적으로 책임을 지지 않을 거라고요. 저는 절대 양육비를 청구할 일이 없을 거고, 나중에 친권 주장하면서 아이 데려갈 생각이나 하지 말라고 확실하게 얘기했어요.

연애하는 걸 주변 사람들부터 양가 부모까지 다 알고 상견례도 앞두고 있었으니 쉬운 결정은 아니었어요. 하지만 아이 때문에 하기 싫은 결혼을 하는 건 무모한 도전이라고 생각했어요. 나중에 아이가 커서, 자기 때문에 부모님이 억지로 결혼했다는 사실을 알면 굉장히 속상할 것 같거든요. 아이가 좋게 생각해서 엄마가 헌신적으로 가정을 지켰다고 봐줄 수도 있겠죠. 그런데 제가 그리는 어머니 상은 가족을 위해 모든 걸 쏟아 붓는 모습이 아니에요. 제가 인생을 제대로 살고, 잘 즐기고 배우면서 행복해할 때 아이도 그걸 보고 행복하게 살 수 있다고 생각하거든요. 그래서 전 사랑 없는 결혼은 안 하기로 했어요.

헤어지고 나서 주변 사람들한테 임신 사실을 알렸어요. 그랬더니 열 명 중에 두 명은 아이를 지우라고 했지만 나머지는 힘내라고 하더군요. 지지해주는 사람이 더 많았어요. 혼자서 애를 어떻게 키우느냐고 걱정하는 친구들은 자기가 아빠나 엄마 없이 자란 경험이 있는 친구들이었어요. 그 친구들과는 임신 마지막 달 정도까지 연락을 피했어요. 굳이 서로 스트레스를 받을 필요가 없으니까요. 출산을 앞두고 다시 연락이 된 친구들은, 자기도 여자친구에게 낙태를 권했다거나 자신도 낙태를 한 적이 있다거나 하는 이야기들을 하면서 잘해내라고 격려하더군요. 마치 저한테 고해성사를 하는 것처럼 말이에요.

태교는 정말 열심히 했어요. 좋은 그림, 좋은 경치를 보러 다니고 배에 손을 대고 아이랑 얘기하고 먹고 싶은 것도 다 먹었어요. 한번은 새벽 세 시쯤 잠이 깼는데 닭이 먹고 싶어졌어요. 그 새벽에 동네를 한 시간 정도 뒤져서 술집 하나를 찾았어요. 원래 포장을 해주는 데가 아닌데 부탁해서 집에 와 앉은 자리에서 다 먹었죠. 제 생에 책도 가장 많이 본 기간이고, 정말 행복했던 시간이었어요. 저는 평균 이상으로 방황도 하면서 살아왔는데 임신을 하면서 내 꿈이 더 확실해지고 뜬구름 같았던 공부를 본격적으로 시작하게 된 셈이기도 해요. 돌아보면 제 삶에서 가장 청아하고 순결했던 순간이에요. 말과 눈이 맑았고 머릿속에는 좋은 생각, 좋은 상상만 있었어요. 태교를 열심히 해도 진통이 왔을 때 소리치면 망가지는 거라는 얘기를 들어서 소리 한 번 안 질렀어요. 의사나 간호사가 물어보면 참을 만하다고, 견딜 만하다고 대답도 다 했고요. 그런데 알고 보니 양수가 다 빠져서 위험하다고 새벽에 응급수술로 애를 낳았어요. 그 와중에 수술 동의가 필요했는데 어머니랑 싸우고 있던 때라 할머니한테 전화했지요.

아이가 백일쯤 됐을 때 남자를 한 번 만났어요. 주위에서 애 아빠가 아이를 너무 보고 싶어 하는데 제가 무서워 연락을 못한다는 얘기를 전해주더라고요. 제가 아이를 낳을 때 이 남자는 해외에 있었는데 아이 낳았다는 소식을 듣고 아이가 보고 싶었던 거겠죠. 못 만날 이유도 없으니 만났죠. 그래도 천륜인데 아이가 보고 싶으면 연락하라고, 나 때문에 아이도 못 보게 할 생각은 없다고 얘기했어요. 남자는 다시 합치자고 하더라고요. 그건 거절했죠. 그랬더니 다시는 연락을 하지 않더군요. 돌잔치에 초대까지 했는데 안 왔어요.

이런 일을 겪으면서 학교를 다닌 거죠. 수능을 본 게 임신 2개월쯤 됐을 때였어요. 경험 삼아 본 건데 어머니가 대학을 들어가라고 권유했어요. 한 학기는 등록금을 해결해줄 테니 그 이후엔 장학금을 타든지 해서 졸업을 하라고요. 그래서 대학에 들어가려는데 원서 쓰는 것도 모르겠고 어디에 물어봐야 할지도 모르겠더라고요. 마감이 다가와 빨리 원서를 써야 하는데 원서를 여러 군데 낼 수 있다는 것도 몰랐어요. 주변 분들이 장학금 제도가 많다는 2년제 지방 대학을 추천해주셔서 입학을 했죠. 입학하자마자 휴학을 했어요. 계단도 많고 캠퍼스는 넓은데 임신을 한 후 몸무게가 엄청나게 불어서 너무 힘들었어요. 지도교수님은 시험 중에 진통이 와서 병원에 가면 시험을 과제로 대체해줄 수 있으니 걱정하지 말라며 휴학을 안 시켜주려고 하셨어요. 제가 사정을 얘기했죠. 나는 미혼모고 지금 상황이 어려워서 시설에 들어가야 할 것 같다고 말씀드렸더니 휴학을 허락해주었어요. 시설은 임신 7개월째에 들어가서 아이가 백일쯤 됐을 때 나왔어요. 그리고 어머니랑 같이 살았는데 양육 방식 때문에 자주 다퉜어요. 아이 먹이고 씻기고 옷 입히고 재우고 하는 게 모두 싸울 일이 되니까, 그냥 엄마랑 저랑 싸울 때보다 더 부딪치게 되더라고요. 그래서 애를 데리고 나왔죠. 그때 지도교수님이 보증금을 대주셨어요. 저더러 월세만 내라면서요. 감사했죠. 그런 교수님이 흔하지는 않을 텐데 운이 좋았던 걸 수도 있고요.

학교 다니면서 크게 불편한 것은 없었어요. 첫 중간고사를 3주 정도 앞두고 아이가 폐렴에 걸렸어요. 아이가 입원을 하게 돼서 학교를 보름 넘게 못 나왔어요. 봐줄 수 있는 선을 넘어선 거죠. 그때 아이를 돌볼 사람이 나밖에 없다는 걸 다른 교수님들도 알게 됐는데 오히려 더 걱정을 해주고 지지해주시더라고요. 혼자 아이 키우면서 학교 다니는 게 쉬운 일은 아니라면서, 쉽게 볼 수 없는 거라 말씀하시더군요. 제 주위에는 미혼모 천지인데. 교수님 중에는 저 덕분에 미혼모에 대한 편견도 없어지고 학문하는 입장에서 더 열린 마음을 갖게 돼서 고맙다고 하신 분도 있어요. 학교 다니는 건 대체로 편했어요.

해외 교류 프로젝트로 일본에 갈 일이 있었는데 미혼모니까 아이도 데리고 갔어요. 기혼 여성이었다면 아이를 데리고 갈 수 없었겠죠? 어딘가 맡기고 가야 했을 텐데 교수님들이 사정을 아니까 오히려 데려갈 수 있었던 거예요. 총장님께 장학금 제도를 새로 만들어서 더 많은 엄마들이 학교에 다닐 수 있도록 해달라고 건의하기도 했고요. 2년 다니고 졸업해서 여기로 편입한 거예요.

여기로 편입하기 전, 아이가 30개월쯤 됐을 때 그 남자를 다시 만났어요. 어린이집에 학예회가 있어서 연락을 했어요. 다시 만나니 철도 좀 든 것 같고 연애 초기 때처럼 잘해주더군요. 조금 더 만나보기로 했는데 금방 문제가 드러났죠. 사귀고 있는 여자가 있다고, 정이 들어 당장 정리하기는 어렵다는 거예요. 그때 할 말 안 할 말 다했어요. 아이와 아이 엄마를 다시 만나러 온 남자의 자세가 아니잖아요? 얘기를 들어보니, 저를 포함해서 그 남자가 사귀는 여자들은 다 연상이더군요. 하룻밤 만나서 즐기는 연하의 여자들은 또 따로 있고요. 헤어지자고 따끔하게 얘기했더니 이 남자가 싹싹 빌면서 잘못했다고 그래요. 조금 더 두고 보기로 했죠. 그나저나 사람들은 미혼모라고 하면 왜 여자를 비난할까요? 마치 여자한테 문제가 있는 것처럼 수군대고, 그래도 아빠가 있는 게 낫다느니 말하는데, 저는 혹시라도 결혼을 했으면 두고두고 후회했을 것 같아요.

그즈음 제가 이사를 가야 하는 상황이 됐거든요. 내가 사는 지역이랑 아이 아빠의 집과 직장이 있는 곳이 모두 다르니 교통비가 장난이 아니게 많이 들었어요. 제가 조금이라도 돈을 아껴보려고 이 학교로 편입 시험을 본 거예요. 남자는 자기가 전셋집을 구해주겠다고 얘기했어요. 평소에도 있는 집 아들 행세를 하던 사람이었죠. 그런데 집이 안 구해지고 시간이 자꾸 흘렀어요. 개강은 하루하루 다가오고, 저는 집을 옮겨야 하고, 지도교수님이 도와주셨던 보증금도 집 빼서 돌려드려야 하고, 서울에서 아이 어린이집도 찾아봐야 하고, 마음이 급했죠. 개강을 한 보름 정도 남겨뒀을 때였나, 이 남자가 잠수를 탔어요. …… 어쩌겠어요? 내 살 길을 찾아야 하니 여기저기서 힘들게 돈을 빌려서 급하게 이사를 했죠. 그때 이미 개강 날짜를 넘겼고 바로 휴학을 할 수밖에 없었어요. 학교 쪽에서도 편입하자마자 휴학하는 경우가 없었던지, 처리하는 데도 시간이 걸리더라고요. 제 인생이 1년 연기된 셈이죠. 졸업하고 보려던 자격시험이 1년에 한 번밖에 없으니, 그 후의 계획들이 모두 1년씩 밀린 거예요.

  그 일이 있고 나서 남자 부모님을 만났어요. 저는 도저히 그 사람과 결혼을 못하겠다고 좋게 얘기했어요. 열흘이 지나 문자메시지 한 통이 덜렁 오더군요. "정말 이대로 헤어지나요?" 전화를 걸거나 직접 만나서 얘기를 해도 마음이 누그러질까 말까 한데 문자 한 통이라니. 다른 사람들은 저한테 사람은 다 거기서 거기니 이왕이면 같이 살라고, 애도 있으니 같이 사는 게 낫다고 얘기했지만 겪을수록 이 남자는 애 때문에라도 같이 살 수 없는 사람이라는 게 분명해졌어요. 저도 끝까지 문자로만 대답했어요. 헤어지자고 분명히 전했죠. 그랬더니 그다음부터 협박 문자가 오대요. 양육권을 박탈시키겠다고. 저는 당장 변호사를 찾아가 상담을 했지요. 그런데 그날 저녁에 또 문자가 왔어요. 아이는 그냥 당신이 키우라고. 제가 어땠겠어요? 뚜껑이 더 열렸죠. 애를 두고 저를 떠본 거잖아요. 그래서 소송을 시작하기로 했어요. 친권과 양육권을 청구했지요.

  제가 승소할 확률이 99%라고 해도 1% 때문에 불안해지더라고요.

재판 날짜가 일주일 앞으로 다가오면 신경이 날카로워지고 스트레스를 받는 거예요. 아이가 아빠랑 너무 닮아서 아이를 보면 아빠 생각이 나고요. 그 일주일 동안은 아이를 제대로 안아주지도 못했어요. 원룸에 함께 있는데도 투명한 블라인드가 쳐 있는 것 같더라고요. 아이를 때리는 엄마가 되는 게 한순간이겠다는 생각도 들었어요. 안 그러려면 최대한 거리를 두고 무관심할 수밖에 없었어요. 먹이고 재우고 씻기는 기본적인 것만 하고 말을 아끼고 눈도 안 마주쳤어요. 어린이집에서도 선생님들이 애가 이상하다는 얘기를 할 정도였어요.

재판을 시작하고 나서 다섯 번째 기일에 남자가 친권과 양육권을 포기했어요. 양육비는 한 달에 30만 원씩 주겠다고 하더군요. 30만 원은 최저선이고 저는 그 이상 요구할 거예요. 경제적으로 쪼들리거든요. 기초생활보장수급비가 제 한 달 수입의 전부인데 월세로만 절반이 나가요. 남은 30만 원으로 도시가스, 애 반찬, 어린이집, 교통비, 휴대폰, 공과금, 예방접종 등등을 해야 하는데 이런 게 숨이 차죠. 서울에 오면서부터 계속 마이너스예요. 일을 구했던 적도 있죠. 제 조건 때문에 떨어진 적은 없어요. 면접 볼 때 애는 어떻게 할 거냐고 늘 묻던데, 어린이집도 있고 할머니에게 맡기기도 하고 세상 모든 엄마들이 그렇지 않느냐고 답을 했죠. 면접은 다 합격했어요. 다만 학교를 다녀야 하니 안정적인 직장을 구하기 어려웠죠. 남자가 양육비를 보내기 시작하면 아이를 조금은 더 나은 환경에서 키울 수 있지 않을까 기대하고 있어요.

그래도 누군가 미혼모라서 뭐가 제일 힘드냐고 굳이 물어보면 제 대답은 분명해요. 불쌍하다는 눈빛으로 보는 게 싫다. 다른 건 제가 무시해버리니까 그런지도 모르겠지만, 왜 유독 미혼모나 미혼모의 자녀는 아주 큰 결핍을 안고 있는 사람들인 양 볼까요? 남들이 정상가족이라고 흔히 부르는, 엄마도 아빠도 있는 가족에게는 결핍이 없나요? 무관심, 방치, 폭력, 이런 문제들이 엄청나게 많아요. 여러 가지 결핍 중 하나일 뿐인데, 불쌍하다는 듯 쳐다보면, 좀 웃겨요. 저랑 나이가 똑같은 아가씨가 장학금을 받고 졸업했다고 하면, 그건 별 뉴스도 아니죠. 그런데 제가 그랬다고 하면, 정말 장하다고 얘기하겠죠. 세상 모든 엄마들이 공부할 수 있고 장학금도 받을 수 있어요. 그런데 그냥 엄마가 아니라 미혼모니까 참 대단하다고 생각하죠. 그것도 편견 어린 시선이 아닐까요?

시간이 거의 다 됐네요. 제 얘기가 여러분들에게 어떻게 들렸을지 궁금합니다. 왜곡되지 않기를 바라며 말하는데, 저는 미혼모라서 좋았어요. 힘든 일이 없었던 건 아니에요. 그런데 힘든 일 한 번 겪지 않고 사는 사람이 어디 있을까요? 누구나 자신의 인생에서 마주하고 싶지 않았지만 마주하게 된 시간, 도망치지 않고 살아내서 더 행복한 시간들이 있지 않나요? 그것이야말로 평범함의 속뜻이 아닐까 싶네요. 얘기 들어주셔서 고마워요. 아, 그리고 수업 시간에 다시 미혼모 얘기가 나올 때 제 눈치는 안 보셔도 돼요. 하하.

인터뷰 · 녹취 | 초코파이, 유진
글쓴이 | 미류

목소리가 들렸다. 인터뷰를 직접 하지 않았던 승민의 녹취록을 몇 번이고 읽을 때마다 '열정적으로', '빠르게', '조금 강하게'와 같은 음악 기호들이 떠올랐다. 그녀의 단단한 목소리를 전하고 싶었다. 그 단단함을 지키기 위해 그녀가 조용하게, 천천히, 조금 약하게 불렀을 노래들을 지우지 않으면서. 칸타빌레. 누구나 저마다의 노래가 있을 텐데 세상은 누군가의 노래에 자신이 듣고 싶은 대로 음악 기호를 붙이는 것은 아닌지.

열쇠말

미혼모, 사회복지, **결혼**, 임신, 연애, 여성, **낙태**, 양육비, 친권, 엄마, 태교, 수술, 학교, 등록금, **대학**, 병원, 시설, 월세, 보증금, **아이**, 어린이집, **섹슈얼리티**, 소송, 양육권, 폭력, 기초생활보장수급권, **구직**, 면접, **결핍**, 정상가족, **편견**, 평범함

수신확인

행복에 대한 다른 상상

몽 • 언니네트워크 활동가

"아이 때문에 결혼하고 싶지는 않은 거. 내 삶도 있는 거고, 아이한테 계속 미안할 수밖에 없겠지만 아빠가 있다고 해서 행복한 건 아니잖아요. 엄마가 아빠랑 안 맞는데, 그걸 계속 맞춰가면서 산다고 해도 문제가 있을 수밖에 없고. 굳이 같이 살아야 하는 건 아닌 것 같아요."(언니네트워크+가족구성권연구모임, 2012, 스토리북 《비정상 가족들의 비범한 미래기획》 중 '증명해야 할 모성은 없다')

승민의 이야기를 한 글자 한 글자 읽어 내려가며, 나는 승민과 꼭 닮아 있는 다른 한 여성의 삶을 떠올렸다. 바로 2012년 가족구성권연구모임과 언니네트워크가 함께 개최했던 〈정상가족 관람불가 展(전)〉의 주인공 중 하나였던 비혼모 지순의 이야기이다. '아이 때문에 결혼하는 건 무모한 도전'이라고 생각했다는 승민과 지순의 이야기를 통해, 나는 우리 사회에서 규정된 '결핍'에 대한 전제, 책임과 행복에 대한 정의를 다시 질문해야 할 필요성을 느끼게 된다. 특정한 주체가 가지고 있는 '결핍'에 대한 사회적 인식을 바꾸는 것, 이것이 반차별운동의 중요한 역할이라고 생각하기 때문이다.

여성이 어떤 선택을 하든

저출산이 국가 정책에서뿐만 아니라 사회적으로도 가장 큰 화두가 된 지 꽤 오랜 시간이 지났다. 그러나 '어떤 출산'은 환영하는 한편 '어떤 출산'은 결핍의 영역으로 배제하는 한국 사회의 이중 잣대는 승민의 삶에서도 적나라하게 드러난다. 저출산이 그토록 중요한 문제라면, 이러한 문제를 해결하는 것이 사회재생산을 위해 필수적인 일이라면 왜 승민을 비롯한 비혼모들은 아직까지도 복지제도의 공백과 차별적인 사회의 시선들 속에서 고군분투하고 있을까? 이성애 결혼 제도와 소위 '정상가족' 내에서 이루어지는 여성의 재생산권 실천과 출산은 여성의 사회적 역할에 대한 헌신과 책임으로 인정받고 지지받지만, 남성 가부장의 승인 없는 아이를 낳음으로써 모(母)가 되고자 하는 여성은 '이기적'이고 '무책임'하다는 비난을 받는 사회, 이것이 한국 사회의 현주소이기 때문이다.

사실 한국 사회에서 여성은 어떤 위치에 있든 어떤 선택을 하든 늘 이기적이고, 무책임하고, 결핍된 존재로 여겨질 수밖에 없다. '어머니', '아내', '딸'과 같은 가족구성원으로서의 정체성을 거부하는 여성은 결혼하지 '못한' 여성, 결혼과 가족제도를 거치지 않고 모성을 실천하고자 하는 여성은 남편이 '없는' 여성, 부모의 경제적 지원 없이 독립적으로 아이와 삶을 꾸려가고자 하는 여성은 사회성이나 자활능력이 '떨어지는' 여성, 경제적 자립과 자녀 양육이라는 두 마리 토끼를 다 잡아야 하는 상황은 부당하므로 제도적 지원을 바라는 여성은 경제력이 '부족한' 여성……. 실제가 어떠하든, 정상적인 여성의 삶과 정상적인 가족의 규범이 너무나 강력할 때 다양한 여성들의 삶의 선택지는 늘 '결핍'으로 귀결된다. 살고자 하는 인간이자 시민으로서 여성의 삶은 다양하지만 사회는 '가족'을 경유해서만 여성의 존재를 설명하려 든다.

행복한 가족에 대한 새로운 질문

나는 여성주의 언어의 가장 큰 힘은 기존에 구성된 사회의 질문에 대해 답을 써내려가기보다 그 질문의 전제를 되묻고 새로운 질문을 만드는 것에 있다고 생각한다. 그런 의미에서 "남들이 흔히 정상가족이라고 부르는, 엄마도 아빠도 있는 가족에게는 결핍이 없나요?"라는 승민의 질문은 진정으로 의미심장하다. 현재 한국 사회의 정상가족 이데올로기에 대해 이보다 더 날카로운 질문은 없다.

언니네트워크에서 짧지 않은 시간 동안 비혼운동을 해 오면서 내가 읽은 책 중 가장 좋아하는 책은 《단독비행(flying solo)》이다. 책에 등장하는 수많은 여성들의 삶은 '심한 난기류에 휘말려 동요하는 비행기 속에 아이들을 몇 년씩 가두어두기보다는 이들을 데리고 단독

비행을 하는 삶'이 더 행복할 수 있다고 말하고 있다.

"내가 이혼을 안 했으면 내 딸들은 오늘날과 같은 자신감을 갖지 못했을 거예요. 내가 남편과 같이 살고 있었을 때는, 이 아이들은 노상 불행감과 불만과 싸움뿐인 환경 속에 있었으니까요. 우리 부부는 심히 고통스러운 나날을 보냈고 그런 것이 아이들한테도 전달이 되었어요. 애들은 학교에서 울기도 하고 혼란스러워했어요. 이혼 후에야 애들이 나아지기 시작했고 다른 인생관을 갖게 되었어요. 나는 우리의 이혼이 딸들에게 해악을 끼치기는커녕, 애들을 구해주었다고 생각해요."(캐롤 M. 앤더슨, 수잔 스튜어트 지음,《단독비행》, 엄영래 옮김, 1998, 또하나의문화)

'다양성 그 자체만으로는 의미가 없다. 우리는 어떤 다양성을 추구할 것인가? 다양한 불행인가, 다양한 행복인가?'라고 묻는 여성학자 이박혜경의 지적처럼, 결핍 또한 그 자체로 의미가 없는 말이다. 우리는 특정한 조건, 특정한 맥락에서 어떤 결핍 상태를 선택하고 결정하며 살아간다. 아이의 양육에 책임감이 없는 남편의 결핍, 이것은 자동으로 불행한 삶을 예견하는 조건일까? 승민의 말처럼 자녀를 무관심과 폭력 속에 방치하는 정상가족의 '무결핍', 이것이 우리가 생각하는 책임감과 애정과 돌봄이 흐르는 행복한 가족의 모습인가? 자신의 인생을 잘 살아내고, 서로 잘 즐기고 배우면서 행복해할 때 아이도 그걸 보고 행복하게 살 수 있다고 생각하는 승민, 그리고 지순의 이야기와 위의 사례에서 얼마나 많은 사랑과 책임, 돌봄과 헌신이 담겨 있는지를 읽어내지 못하는 사회라면 얼마나 불행한 사회인가.

진정 결핍되어 있는 것은 무엇인가

하지만 비혼모에 대한 한국 사회의 인식은 우리가 얼마나 불행한 사회에서 살고 있는가를 여실히 보여주기도 한다. 2009년 한국미혼모지원네트워크와 한국여성정책연구원은 〈미혼모와 그들 자녀에 대한 국민의식조사〉를 진행했다. 연구결과에 따르면 미혼모에 대한 편견 중 가장 많은 사람들이 동의하는 항목이 바로 '판단력 부족', '책임감 부족'이라고 한다. 그 이유는 결혼하지 않고 아이를 낳는 것이 본인과 자녀의 '불행'을 초래한다고 생각하기 때문이다. 결혼하지 않고 아이를 낳기로 결심한 승민이 '아빠가 있는 게 낫다', '아이를 어떻게 혼자 키우느냐'는 질문을 끊임없이 받아야 했던 이유이기도 하다.

문제는 결핍 그 자체가 아니라 어떤 특정한 결핍만이 사회적 낙인과 연관되고 그래서 차별과 배제가 작동한다는 사실이다. 그리고 특정한 결핍 조건 속에서는 어떠한 책임과 돌봄, 애정과 행복의 가능성을 찾지 못할 것이라는 불안이 정상가족 이데올로기를 유지시키는 동력이 되기도 한다.

이러한 상황이야말로 우리 사회에서 무엇이 결핍되어 있는지를 가장 정확하게 보여준다. 앞의 조사에 따르면, 많은 사람들이 미혼모에 대한 사회적 지원이 필요하고 특히 대부분 가시화되지 않는 미혼부에 대한 책임을 법제화하는 것이 필요하다고 동의했다. 그러나 60~70%에 이르는 많은 사람들이 '직장 동료로서, 동네 이웃으로서 인사 정도만 하는 사이로 지내겠다'고 답할 뿐 특별한 관계 맺기를 원하지 않았다. 진정 결핍되어 있는 것은 무엇인가. 비혼모를 비롯해 기존의 여성됨과는 다른 선택을 한 여성들의 책임감일까, 사회적으로 승인되는 관계 맺기의 방식으로는 살아갈 수 없는 존재이자 '다르게' 살기를 절박하게 열망하는 존재들에 대한 이해와 지지일까.

승민과 지순, 그리고 다른 비혼모 가족들이 결핍된 정체성으로 살아가게 되는 가장 큰 이유는 그들의 위치와 조건을 정상성의 결여로 보는 사회적 시선 때문이다. 그리고 돌봄과 가족, 행복을 다르게 상상할 수 있는 삶에 대해 새로운 질문과 내용을 만들기 어려운 정상가족 중심성 때문이기도 하다. 행복으로 가는 길은 '정상가족'이라는 단 하나만 존재하고 그 외 수십, 수백 개의 가지로 뻗어가는 길은 불행과 결핍으로 치닫는다고 여겨질 때, 이른바 사회재생산이 가능한 '건강한' 미래라는 것을 꿈꿀 수 없는 것이 아닐까.

정치적 행동에 참여하는 것

《진화하는 결혼》을 쓴 여성주의자 스테파니 쿤츠는 '우리가 가족을 위해 할 수 있는 가장 훌륭한 일은, 어떻게 정의를 내리든, 공동체나 다른 이를 돕기 위한 정치적 행동에 참여하는 것'이라고 말한다.

'반드시 결혼은 해야 한다', '결혼을 하면 자녀를 낳아야 한다', '가족을 위해서 자신을 희생해야 한다'와 같은 기존 가족 가치관들이 높을수록 비혼모에 대한 거리감이 커진다는 연구결과는 우리가 변화시켜야 하는 현실이 무엇인지, 우리에게 열려 있는 그 '정치적 행동'의 가능성이 무엇인지를 보여준다. 승민이 수업 시간에 들었던 '한결같은 비혼모의 모습'은 비혼모가 가진 본래 삶의 속성이 아니라, 그만큼

'정상가족'에 대한 우리의 사고틀이 견고하며 이 틀을 벗어난 삶에 대한 편견과 불안을 동시에 가지고 있다는 현실을 반영한다.

여성학자 정희진은 '거리'와 '거리감'의 차이를 설명하며 필연적 차이로서의 거리가 아니라 사회적인 위치성에 따라 달라지는 거리감을 인식하는 것, 그 거리감에 대한 긴장과 갈등 속에서 현실에 대한 새로운 인식이 가능하다고 말한다. 비혼모에 대한 차별적인 인식은 승민 자신이 성적으로 문란하지 않고, 판단력과 책임감이 결여되어 있지도 않으며, 사회성이 부족하지도 않다는 것을 자신의 삶에서 스스로 입증할 수 있을 때 해소될 수 있는 것이 아니라 우리 자신의 위치를 '어떻게 정의 내리는가'에 따라, 다른 삶과의 거리감을 어떻게 인식하는지에 따라 달라질 수 있다.

승민과 다른 비혼모들의 사례를 보면서 나는 이 말이 곧 '가족을 기존의 것과 다르게 사고하고 정의하려는 시도와 노력은 이미 정치적 행위'를 의미한다는 것을 이해하게 되었다. 우리는 이미 승민의 이야기에서 확인할 수 있지 않은가? 결혼하지 않고서도 아이를 낳겠다고 결심했을 때 지지해주는 친구들, 아이를 낳고도 새로운 기회를 가질 수 있도록 격려해주는 부모, 학업을 계속 진행할 수 있도록 새로운 조건을 만들어주는 학교, 승민을 통해서 자신이 더 열린 마음을 가질 수 있었음을 돌아보며 감사할 수 있는 교수님이 있었기 때문에 승민은 갈등 속에서도 자신이 원하는 삶을 지속해나갈 수 있었다. 우리가 승민의 이야기를 통해서 배울 수 있는 것은 우리 자신과 다른 이를 위한 정치적 행동으로서 기존에 통용되어온 가족의 정의를 변화시키는 작업에 동참하는 것이며, 이는 우리가 기존의 가족과 맺고 있는 '거리감'을 상대화할 수 있을 때 가능할 것이다. 그것이 승민뿐만 아니라 우리가 만들어가고 싶은 가족과 행복의 폭을 상상도 못할 만큼의 지평으로 넓혀줄 것이라고 믿는다.

'용감한 행동을 하다보면 용기가 생기게 된다'는 말을 다시금 떠올리게 해준 승민의 이야기에, 나야말로 감사하다.

2장

참는 자에게 복은 오지 않는다
혜숙의 이야기

존경하는 법원장님께.

제가 이 법원에서 하고자 하는 것을 마지막으로 정리하여 말할 수 있는 시간이 왔습니다. 저는 오늘 제가 살아온 인생을 말씀드리고, 왜 제가 여성으로 살아가고자 하는지를 설득하려고 합니다. 사실 저는 그렇게 주눅이 든 채로 살지만은 않았습니다. 오히려 저를 보는 의심과 모욕의 눈초리에 당당하려고 애썼고, 직접 물어보고 대화했습니다. 어쩌면 여러분이 그런 것처럼, 제가 여성으로 살아가는 것을 설명할 필요조차 없는 것이 공평할 것입니다. 하지만 제 신분증은 늘 충분히 제 신분을 증명하지 못했습니다. 그리고 그 문제를 해결하기 위해서 먼저 저를 고쳐오라고 했습니다. 그러고 나면 신분증도 고쳐준다는 거지요. 고쳐온 저를 보고, 신분증을 고쳐줄 수 있는지 판단할 수 있는 사람은 여기 앞에 계시는 법관님들밖에 없습니다. 오늘 저의 이야기를 전하면서 법관님들께, 그리고 대한민국에 하고 싶은 이야기도 덧붙이려고 합니다.

저는 1964년 포항에서 태어났습니다. 저의 가족은 저를 사랑해주지 못했습니다. 점점 제가 어머니 옷과 화장품에 손을 대자 저를 때리고 미워했습니다. 형제들은 집안 망신이라며 저 때문에 학교와 동네를 다니는 것도 힘들다고 했습니다. 학교에서도 마찬가지였습니다. 선생님도, 친구들도 저에게 다정하게 대해주지 않았습니다. 어느 날 육성회비로 화장품을 샀습니다. 저는 밥을 먹고 학교에 가는 것만큼이나 그 작은 화장품이 소중했습니다. 그러다보니 도저히 더 이상 집에서 버티기 어려워졌습니다. 아버지에게 많이도 맞았습니다. 집을 나오는 것 외에 이 답답함을 해결할 수 있는 다른 방법을 찾지 못했습니다. 저는 제가 떠나기를 바라는 사람들에게서 떠났습니다. 그 길로 바로 필리핀이나 태국으로 갔다면 저의 인생이 좀 더 행복했을까 하는 미련도 남습니다. 트랜스젠더인 저에게 그런 나라는 환상의 장소니까요.

돈을 벌기 위해 서울로 왔습니다. 잠잘 곳과 밥먹을 방법을 찾아야 했습니다. 숙식을 제공하는 식당에서 일하는 것이 안성맞춤이었습니다. 최소한 배는 굶지 않을 테니까요. 취직을 할 때부터 업주에게 나는 여성이라고 확실하게 못을 박았습니다. 저는 여자 화장실을 쓰고 여자들과 같은 방에서 살아야 하는 사람이라고요. 저를 보자마자 변태새끼라고 욕하고 쫓아낸 사람도 많았습니다. 다행히 유료 직업 안내소에서 주방 설거지 일을 소개받았습니다. 숙식 제공이라고 했지만, 잠자리는 없었습니다. 주인은 홀에 있는 테이블을 치우고 의자를 붙여서 자라고 했습니다. 그 가게를 거쳐 간 사람들이 다 덮었던 꿈꿈한 담요 한 장을 던져줬을 뿐입니다. 제가 입는 여자 속옷을 안 보여주려고 빨아서 수건에 넣은 뒤 이불 밑에 깔고 자기도 했습니다. 어느 날엔가 의자에서 떨어져 허리를 다쳤습니다. 그때서야 합판을 하나 맞춰주더군요.

서툴게 화장을 하고 몸에 잘 안 맞는 여자 옷을 입은 제가 남들이 보기에 좋지 않은 것은 압니다. 그래도 저한테 욕하는 사람들 중에 타고 난 것 빼고는 나보다 변변치 않아 보이는 사람들도 많았습니다. 저는 저보다 변변하지 못한 모습을 가진 사람을 나무라지 않는데 그들은 저에게 여자답지 못하다고 나무라더군요. 그때는 호르몬을 맞을 수 있다는 것도, 수술을 할 수 있다는 것도 전혀 몰랐습니다. 제가 원하는 저의 모습이 어떤 것인지 아주 구체적으로 그리는 것도 쉽지가 않았습니다. 언젠가는 제가 원하는 모습이 될 수 있을지, 그것이 헛된 꿈인지도 알 수 없었습니다. 꼭 그래서인지 모르겠지만 구체적인 삶의 목표를 가지기 어려웠고 먹고사는 일에만 몰두했습니다. 하지만 제가 몰두한다고 해도 남들이 받아주고 인정해주지 않으면 소용이 없었습니다. 삐딱하게 보고 의심하는 사람들은 열심히 하려는 걸 오히려 탓했습니다. 제가 열심히 일하려고 발버둥 치면 남자 같다, 자신들을 속이려 한다, 분위기 험악하게 한다, 이렇게 나무랍니다. 너무 억울해서 소리도 지르고 화를 내면 '저것 봐라, 너는 여자가 아니다'라는 말로 응수했습니다. 제가 조금 몸이 아프면 다른 핑계를 대고 저를 욕하려고 했습니다.

그럴 때 제가 유일하게 스트레스를 풀 수 있는 곳은 노래방이었습니다. 소리 소리를 질러도 나무라지 않는 곳, 좋아하는 노래를 목청껏 부를 수 있는 곳이었습니다. 처음에 어떻게 시작했는지는 모르겠지만 자연스럽게 도우미 언니들과 친해졌습니다. 노래도 같이 불러주고, 술도 마셨습니다. 대우받는 느낌도 들었고 여자 친구들이 생겼다는 기쁨도 있었습니다. 그래도 그 언니들은 도우미로서 일을 해야 하니까, 그 친구들이 바라는 대로 노래도 자주 부르고 술도 많이 시켰습니다. 특히 좀 더 친한 언니에게는 개인적인 선물도 줬습니다. 가방도 사주고 옷도 사줬지요. 보통은 남자들한테 해달라고 하는 것들을 돈 없는 저한테 해달라는 게 야속한 적도 있었지만 그 언니들을 붙잡아 놓고 싶었습니다. 그리고 철없을 때는 카드로 비싼 물건을 사는 게 우쭐하기도 하고 후련한 마음도 들어서 몇 차례나 그렇게 선물을 했습니다. 그때 시작된 빚이 아직도 저를 힘들게 하고 있습니다. 빚 때문에 더 이상 선물을 못해준다고 여러 번 말해야 했고 양주도 더 시킬 수 없었습니다. 점점 언니들이 저한테 화를 내고 무시하기 시작했습니다. "네가 무슨 여자야?", "너는 평생 그렇게 살 거야"라고 모욕을 주는 건 참기 어려웠습니다. 어느 날 더 이상 참지 못해 싸움이 일어났고 폭행 사건으로 경찰 조사를 받았습니다.

   그런 일이 벌어지자 모두가 저에게서 등을 돌렸습니다. 저에게 유리한 증언을 해주는 이도 없었고 당연히 변호사도 없었습니다. 저는 격한 노동 속에 사람들의 시달림까지 받으니 자포자기하는 심정으로 상대방의 주장을 다 수긍하고 빨리 교도소로 들어갔으면 하고 생각하게 되었고 곧 교도소로 들어가게 되었습니다. 최소한 교도소에서는 힘든 노동을 하지 않아도 잠자리와 밥이 해결되었습니다. 남자 사동의 건달들에게 잘 보이면 저를 아가씨라고 불러주기도 했습니다. 제가 밥도 챙겨주고 빨래도 해주면서 어떤 이와 부부처럼 지낸 적도 있었습니다. 남들이 들으면 손가락질한다는 것쯤은 아는 얘기이지만, 그동안 부모형제도, 나라도 해주지 못했던 보호를 받는 느낌이 들었습니다.

그때 법보다 주먹이 가깝다는 말이 무엇인지도 알았습니다. 이걸 건달들만 나무란다고 될 일이 아니라는 것도요. 법원장님은 교도소에서 살아본 적이 없으시겠지요? 실제 생활은 법에서 정해놓은 것과 많이 다릅니다. 교도관들이 강제력을 가지고 있지만 실제로 모든 수형자들을 관리할 수 없습니다. 게다가 점점 교도관은 줄이고 그 자리를 CCTV로 대체하고 있잖아요. 건달들은 교도관이랑 짜고 질서관리를 해주면서 담배도 들여오곤 합니다. 교도관들이 여름휴가 어디로 간다고 하면, 미리 그 지역 건달들한테 연락해서 접대를 받게 합니다. 그러니 이게 바뀔 수 있겠습니까. 이건 심각한 문제입니다. 저도 건달들에게 잘 보여 보호받은 적이 있지만 꼭 교도관을 통해야 하는 일도 있습니다. 저에게 필요한 여성 속옷이나 호르몬 처방 같은 것은 교도관만 할 수 있는 업무니까요. 그런데 그런 것을 요구하는 저에게 상담한다며 하는 소리가 "마귀가 씌었다, 성당 가서 안수기도 받아라", 영치금 전달하면서 하는 소리가 "다음에 혹시라도 허가나면 빤스라도 사 입으라"는 비아냥이었습니다. 교도관에게 제 상담 내용을 들은 건달은 저한테 와서 "한 달만 기다리면 내가 수술해줄게"라며 놀려댔습니다. 심지어 상담 내용이 소문이 나 조폭들한테 폭행을 당하기도 했습니다. 교도소에서 저를 비하하고 무시해서 싸움이 나면 꼭 저한테도 징벌이 떨어집니다. 30~40킬로그램이 되는 자물통을 매고 있기도 하고 보호침대에 일주일 동안 묶여 있기도 했습니다.

교도관들은 맨날 규정 때문에 어쩔 수 없다고 제 요구를 묵살하지만 때에 따라서는 안 되는 일이 없는 것이 교도소입니다. 건달뿐만이 아닙니다. '사회 지도층들은 교도소를 나가는 것만 빼고는 안 되는 일이 없다'고 얘기하는 게 안에서 통하는 상식입니다. 저는 겨울에 간장병만 한 물통 정도의 따뜻한 물을 구할까 말까 하는데 한 정치인은 커다란 물통에 물을 받아서 몸을 담그더군요. 제가 부당한 요구를 한 것도 아니고 저한테 매일 먹어야 하는 밥만큼이나 필요한 여성용품과 호르몬을 달라고 했을 뿐입니다. 그걸 할 수 없다고 하는 교도관도, 교도소의 규정도 이해가 안 갑니다. 규정에서 바뀌는 부분은 용어 순화밖에 없더군요. 징벌의자에서 보호의자로, 징벌침대에서 보호침대로. 일주일 묶여 있어보면 여름에는 벌레에 물려 피부병에 걸리고 겨울에는 혈액순환이 안 돼 동상에 걸리는데, 대체 무엇을 보호한다는 말인지요. 제가 가진 게 없고 면회 오는 사람도 없으니까 그렇게 무시당했다고 여길 수밖에 없었습니다.

그러다가 그날이 왔습니다. 그날도 한 교도관과 실랑이 중이었습니다. 건달 한 명이 운동을 끝내고 땀을 뻘뻘 흘리며 들어왔습니다.

"좆같지도 않은 것 달고 있으면서 지랄 염병 떨고 있네. 확 잘라버리면 소장님이 수술해줄 것 아니냐? 용기도 없는 새끼가 근무자만 괴롭히고 있네."

그 소리를 듣는 순간 내가 이렇게 살 필요가 있나 하는 생각이 들었습니다. 밥도 안 먹고 잠을 잤습니다. 교도관이 말을 걸어도 말을 하지 않았습니다. 드디어 보건의료 과장이 면담을 하자고 했습니다. 저는 절박했습니다. 여자로 살고 싶다, 여성 호르몬도 자비로 부담하고, 속옷도 자비로 구입하겠다, 이것조차 허가를 안 해주면 너무 절망스럽다, 이렇게 사느니 성기를 자르고 자살하겠다고 하며 호소했습니다. 그 호소를 보건의료과장은 '자살 우려자'라는 한 단어로 정리해 보안과장에게 보고했고, 제가 받은 조치는 독방 수감이었습니다. 저는 독방으로 이감된 다음날 새벽에 유서를 썼습니다. 방을 정리하고 나서 근무자에게 방청소에 필요하니 가위를 달라고 했습니다.

교도소에 들어와서 처음으로 호르몬이란 것이 있다는 것, 수술도 할 수 있다는 얘기를 들었습니다. 나와 비슷한 처지에 있는 트랜스젠더 여성이 호르몬 주사를 맞으며 체형이 바뀌는 것도 보게 되었지요. 그때부터 제 몸에 남성의 성기가 없어지는 상상을 많이 해보았습니다. 여성스러운 모습으로 바뀌어가는 제 모습도, 제가 좋아하는 핑크색 옷을 입는 것도, 곱게 화장을 하는 모습도 자주 떠올렸습니다. 하지만 교도소 독방에서 무딘 가위를 가지고 제 손으로 성기를 없애게 될 줄은 저도 몰랐습니다. 여성으로 살아간다는 희망이 사라진 그날은 이 모든 상황이 너무 원망스럽기만 했습니다. 대체 교도소 직원들과 나를 괴롭히던 사람들, 부모형제들, 길거리에서 나를 모욕했던 사람들은 왜 나를 그렇게 혐오했던 것일까요? 그것에 대한 분노로 가득했습니다. 성기에 자해를 하고 이불을 덮고 누웠습니다. 정말로 이대로 죽을 수도 있을 거라는 생각이 들었습니다.

사동 청소부가 제 방을 들여다보다 피를 발견하고는 사람들을 불렀습니다. 그 길로 병원으로 옮겨졌지요. 공식 기록에는 제가 살려달라고 애원해서 병원으로 옮긴 것으로 되어 있습니다. 교도소가 무언가 떳떳하지 않았기 때문이겠죠. 병원에서 성기 제거 수술을 받고 다른 교도소로 이감되었습니다. 어느 날 옆방 수감자가 신문을 둘둘 말아 던져주더군요. 성소수자 단체 이름을 알려주며 상의해보라는 메모가 있었습니다. 저는 떨리는 마음으로 제 정체성을 밝히고 상담을 요청하는 최초의 편지를 썼습니다. 그랬더니 마술처럼 그 단체에서 면회를 왔고 제 이야기를 들어주었습니다. 제가 교도소에서 당한 일이 부당하다면서 지지도 해주었고, 제가 입은 피해에 대해 국가의 책임을 묻는 법정소송까지 준비하게 되었습니다. 저는 비로소 사회에 나아간다는 느낌을 그때 받았습니다. 제 얘기가 다른 사람에게 전달될 수 있구나, 제 의견이 남들에게도 쓸모가 있구나 하는 생각에 기뻤습니다.

형기를 마치고 나서, 저에게 부당한 처우를 하여 자살시도에 이르게 한 책임을 묻는 재판이 시작되었습니다. 그런데 저는 재판을 하면서 법 자체에 회의감을 갖게 되기도 했습니다. 재판장은 제가 주장하는 여성 정체성에 대해서 인정하지도, 그렇다고 거부하지도 못했습니다. 제대로 된 기준이 있는 것처럼 보이지도 않았고, 제가 주장하는 것에 귀 기울이는 마음도 느껴지지 않았습니다. 재판장은 저에게 대학병원을 지정해주면서 의사의 소견서를 받아오라고 했습니다. 먼 곳에 있는 대학병원에 기차를 타고 찾아갔습니다. 성전환 수술을 많이 하는 유명한 병원이라고 해서 저도 많이 궁금했습니다. 하지만 의사는 제가 소송 중에 있고, 법정의 요구에 따라 성정체성에 대한 소견을 받으러 왔다는 것을 알자 자신감을 감추고는 저에게 입원을 해야 한다고 했습니다. 3주 동안 입원해서 살아가는 모습을 보고 상담을 해야 소견서를 써줄 수 있다는 겁니다. 그 병원비를 감당할 수도 없었거니와 3주 동안이나 지켜봐야 알 수 있다는 말에 의사가 돌팔이처럼 보였습니다.

그리고 서울에 있는 큰 대학병원을 또 찾아갔습니다. 거기서도 제가 앞으로 성전환 수술을 할 것이니 당연히 정신과 소견서를 써주겠다고 하는 의사가 있었습니다. 그런데 소견서를 법정에도 제출한다고 말하자 갑자기 말을 바꿔 써줄 수 없다는 겁니다. 법정에 소견서를 낸다고 하니 몸을 사리는 이유가 무엇일까요? 그만큼 자신이 없다는 것 아니겠습니까? 그동안은 단지 성전환 수술로 유도하기 위해서 써준 것 아니겠습니까? 그런데 이게 의사 잘못인가 하는 생각도 들었습니다. 애초에 법관이 의사에게 무리한 요구를 한 것이라고 저는 생각합니다. 그걸 왜 의사에게 떠넘깁니까? 자신이 여성인지 남성인지는 본인이 알고 있습니다. 성별정체성의 주체인 나 자신은 배제되고 제삼자인 법관이 제삼자인 의사의 조언을 받아서 판결한다는 것 자체가 모순된 거 아닙니까? 저는 재판하는 과정에서 그것을 아주 절실하게 깨달았습니다. 재판 결과에서도 법원은 여성 속옷이나 호르몬 처방을 할 수 있도록 조치하지 않은 점에 대한 국가의 책임을 묻지 않더군요. 그냥 저에게 가위를 건네준 행위가 잘못되었기 때문에 배상해야 한다는 결론만 내렸습니다.

그때부터는 본격적으로 먹고살 걱정을 했습니다. 돈을 모아서 호르몬 치료도 하고 수술도 해야겠다는 목표를 세웠습니다. 다시 식당

일을 구하기 시작했습니다. 식당에 있으면 배는 안 고프니까요. 벼룩시장에서 주방 아줌마 구한다, 이모 구한다는 광고를 보고 전화를 겁니다. 대번에 "여긴 여자들만 구해요"라는 반응이 오지요. 저는 숨기지 않고 제 사정을 얘기합니다. "글쎄요, 저희는 남자 말고 여자 구한다니까요." 대부분은 이렇게 그냥 끊습니다. 제가 호적상 남자이지만 여성으로 수술 받은 트랜스젠더인데 안 되겠냐고 물으면 "아우, 우리는 그런 사람 안 뽑아요"라고 합니다. 게다가 요즘은 식당들이 중국 동포만 쓰려고 합니다. 업주는 당장 임금을 조금 적게 준다고 좋아하지만 다 중국으로 송금이 되니까 한국 경제에는 보탬이 안 될 텐데요. 식당에 중국 동포들이 많다보니 자기들끼리만 똘똘 뭉치기도 합니다. 가끔 사장도 저를 믿지 않고, 홀 서빙하는 중국 동포들과도 사이가 안 좋아지면 많이 외롭습니다. 저는 제 식당처럼 애정을 쏟아서, 정해진 시간보다 훨씬 일을 많이 하고 제가 없으면 식당이 당장 굴러가지 않는데도 저를 소외시키는 느낌이 들 때가 많이 있습니다. 하지만 조금 속상한 일이 있다고 쉽게 그만두는 게 싫어서 어떻게든지 버텨보려고 합니다. 제가 보통 여자보다는 힘이 세니까 일도 더 많이 하려 하고요. 하루라도 일을 해야 방값도 내고 호르몬을 계속 투여할 수 있으니까요. 하지만 이런 상황에서 당장 성기 수술을 할 비용을 마련하기는 어렵습니다. 병원에서는 성기 수술에만 2,500만 원이 필요하다고 하니 그 돈을 언제 모으게 될지 암담합니다.

저는 병원에서 얘기하는 '성별주체성장애'라는 말을 별로 좋아하지 않습니다. 저는 제 주체성을 상실한 적이 없거든요. 저는 항상 저의 주체성만은 잃지 않아야겠다고 다짐합니다. 그걸 잃으면 살아갈 이유가 없으니까요. 여성이라는 저의 주체성도 마찬가지입니다. 나라에서도 이걸 인정해서 저의 법적인 성별을 여성으로 바꿔주기를 요청합니다.

네, 물론 알고 있습니다. 제가 완벽하게 수술을 한 상태가 아니라는 것을요. 하지만 그렇다고 제가 남성의 성기를 가지고 있다고 보기도 어렵습니다. 얼마 전에 산부인과에 가서 호르몬수치 검사를 하니까 남성 호르몬 비율은 평균 여성보다 훨씬 적다고 하더라고요. 호르몬 투여로 가슴도 점점 커지고 있고 속옷을 입으면 누가 봐도 여성의 가슴입니다. 남들한테 제가 속살을 마구 보여줄 일이 있겠습니까? 겉모습도 물론 중요하지만 그건 2,500만 원 들여서 모양을 다듬는 것에 불과합니다. 성기 수술을 하지 않았다는 것이 제가 여성으로 인정받을 수 없는 이유가 될까요? 수술이라는 것이 말이 쉽지, 전신마취를 해야 하는 수술을 타인이 하라고 할 수 있는 일입니까? 법원장님 입장에서 생각해봐도 이건 쉬운 일이 아닐 겁니다. 저도 남성으로 보이는 제 몸이 힘들지만 호르몬 투여를 통해서 상당 부분 극복했고 저의 인생 계획에 맞춰 차근차근 해나가고 싶습니다. 당장 수술을 해서 겉모습을 바꾸라고 다그칠 수 있는 권한은 누구에게도 없다고 생각합니다.

제가 아는 트랜스젠더들 중에는 완벽하게 여성으로 수술하기 전에는, 법원에서 여성으로 인정받기 전에는 사람들 앞에 나서지 않으려고 하는 이들이 많습니다. 하지만 오랫동안 그렇게 숨어서 지내다보면 성전환을 한 뒤에 갑자기 과거를 다 없애고 잘 살아가는 게 쉽지 않을 겁니다. 저는 이태원에 살면서 밤에만 활동하는 트랜스젠더 언니들한테 낮에 다른 동네도 다녀보자고 합니다. 다른 사람들도 우리를 봐야만 생각이 바뀔 거라고요. 보시다시피 저는 예쁘지가 않습니다. 목소리도 걸걸하지요. 하지만 곰보도 있고 째보도 있는데 생긴 대로 살겠다는 게 잘못인가요? 아니, 일반인들도 다 그런 거 아닙니까. 자꾸 나한테 이래라 저래라 하는 사람들은 헌법 제10조 행복추구권을 위반하는 겁니다. 저는 옷을 사러 가서도 이상한 시선을 보내면 대놓고 말을 합니다. "언니, 나한테 왜 그래? 나한테 옷 사줬어? 나 여자예요. 함 볼래?" 이렇게요. 그러면 곧 죄송하다며 친절하게 옷을 보여주는 경우가 오히려 많아요. 저는 정말 당당하게 말할 수 있어요.

물론 법원장님에게나 남들에게나 저 자신에게나 부끄러운 과거도 있습니다. 언제나 당당하게 살아가려고 하지만 전과가 있다는 것은 숨기고 싶습니다. 최대한 솔직하게 지내고 거짓말하기 싫은데 남들한테 이해받기가 어렵더군요. 언제나 문제를 일으킬 수 있는 사람이라는 의심의 눈초리를 보내지요. 얘기했다가 바로 관계가 끊긴 경험을 몇 번 거치면서 도저히 할 수가 없게 되었습니다. 그래도 교도소에서 부당한 대우를 받으면서 불합리한 교정행정에 대해서도 알게 되었고, 그 과정을 거치며 좋은 사람들도 만났기 때문에 제 삶의 새로운 기회로 생각하려고 합니다.

바쁘신 법원장님 앞에서 얘기가 길었습니다.
저는 내성적이고 말을 안 하는 성격이었습니다. 자살을 시도했던 그날 이후 종합상담을 받았습니다. 스님이 '참는 자에게 복이 있다'고 말씀하시더군요. 그때 깨달았습니다. "참다보면 이렇게 무참하게 짓밟힐 수 있습니다. 나는 말해야겠습니다." 내가 참으면 무시하고 모르는 척합니다. 자꾸 말을 해야 사람들도 이해를 하고, 사람들이 저에게 이야기를 합니다. 대화를 해야 알지, 어떻게 사람 속을 알겠습니까. 돈도 없고, 변변한 집도 없고 가족들과 사이도 안 좋으니까 사람들 눈에는 무시하기에 딱 좋아 보일지도 모르겠습니다. 여러모로 어렵게 살고 있지만 차근차근 이야기를 하면서 하나씩 해결해나가려고 합니다.

그런데 가장 먼저 할 수 있는 일이 여성으로 인정받는 일이라고 생각합니다. 그래야 앞으로 식당을 옮길 때도 좀 더 당당하고 떳떳하게 할 수 있지요. 지금은 매달 여관비를 선불로 내고 한 달씩 살고 있지만 밥도 못해 먹고 빨래하기도 힘들어요. 제가 월세 계약을 하나 하더라도 떳떳한 신분증을 가지고 하고 싶습니다. 그리고 훗날 제가 힘이 없어져서 도움이 필요할 때에도 떳떳하게 가서 기초생활수급자 신청을 하고 싶어요. 제가 지금 열다섯 시간씩 열심히 일하고 있고, 못생겼든 이상하든 나도 이 나라 국민인데 그럴 만한 자격이 있다고 생각합니다. 부모는 저를 버렸지만 나라는 저를 그렇게 감정적으로 대해서는 안 된다고 생각합니다. 이건 돈이 드는 일도 아니고 남한테 피해 주는 일도 아니지 않습니까. 나라가 저한테 해준 것도 별로 없는데 저를 힘들게 하지는 말아달라는 게 그리 무리한 바람은 아니지요. 제가 여성이라는 것을 법원장님이 인정해주시면 되는 것 아닌가요?

법원장님, 마지막으로 간절하게 호소합니다. 수술을 다 못한 상태라는 이유로 성별 변경을 거부하시면 제가 살아 있는 동안 수술비를 마련해서 다시 신청을 할 수 있을지 막막합니다. 오늘 처음 만난 법원장님보다 저 자신과 저를 훨씬 잘 아는 제 주변 사람들이 증언하는 것을 믿고 판단하시기 바랍니다. 법과 지침이 정한 기준이 아니라 인간의 기준으로 제 문제를 느껴보시기를 바랍니다. 어차피 다 사람이 하는 일 아니겠습니까. 긴 얘기 들어주셔서 감사합니다.

인터뷰 | 미류, 깡통
녹취 | 깡통, 초코파이
글쓴이 | 나영정

내가 실제로 아는 혜숙은 아직 법원장 앞에 서지 못했다. 만약 혜숙이 정말로 법원장 앞에 서는 날이 온다면, 혜숙은 훨씬 더 당당하고 여유롭게 자신을 여성으로 인정해야 한다고 요구할 것이다. 그녀의 말처럼 법이 정한 기준은 인간의 기준이 될 수 없고, 그녀와 우리는 인간의 기준으로 법을 바꿀 것이므로. 혜숙이 교도소에서 겪은 극심한 고통은 그녀가 삶을 확신하도록 이끌기도 했다. 차별 받는 장소에서 길러낸 묵직한 시선과 고통이 묻어 있는 끈적한 말로 이야기한다는 것이 어떤 의미인지, 그렇게 세계에 대해 이야기할 때 어떤 힘이 생기는지, 그녀 덕분에 다시금 깨닫게 됐다.

열쇠말

법원, 여성, 모욕, 가족, 학교, 트랜스젠더, 변태새끼, 호르몬, 성전환 수술, 교도소, CCTV, 자살, 의사, 재판, 일자리, 사장님, 성별주체성장애, 이태원, 행복추구권, 친구, 중국 동포, 식당, 노래방, 도우미, 조폭, 여관, 신분증

수신확인

정체성은 안내판이자 힌트일 뿐

김준우 • 퀴어 이론가, 활동가

여기 누군가 차별받고 있습니다. 우리는 이 현상을 어떻게 바라보아야 할까요? 대부분의 경우 소수자가 받는 차별은 그 사람의 소수자 정체성이 무엇인가를 중심으로 해석된 후 재편되곤 합니다. 즉 차별을 당하는 이유를 피해 당사자 개인의 정체성에 따라 설명하면서 같은 정체성을 지닌 다른 이들이 겪는 차별 역시 "거봐, 그 사람이 차별당하는 건 그 사람의 정체성 때문이야"라는 식으로 일반화합니다. 그렇게 한 집단으로서 그들이 겪는 차별은 그럴 수 있는 일로 정당화되면서 사회적이고 집단적인 차별의 담론이 만들어집니다. 이 담론이 차별당하는 이의 삶을 온통 둘러싸고 있기에 차별의 이유는 정체성 때문이란 인식이 재차 확인되고 각인되는 것이지요. 혜숙의 경우를 볼 때도, 그녀가 트랜스젠더 여성이기 때문에 트랜스젠더가 받는 전형적인 차별을 받고 있다는 식으로 말입니다. 이런 해석은 옳을까요?

혜숙, 트랜스젠더 여성

이 글의 주인공인 혜숙은 트랜스젠더 여성입니다(혹은 남성에서 여성으로란 뜻의 영어 Male-To-Female를 줄여 MTF라고도 부릅니다). 혜숙의 탄원서는 트랜스젠더라는 그녀의 정체성을 중심으로 흘러갑니다. '트랜스젠더', 즉 성별(gender)을 가로지르는/횡단하는/초월하는(trans-) 사람이라는, 결코 쉽지 않은 용어가 사람들 사이에서 낯설지 않은 말이 된 지도 어느덧 10년이 훌쩍 넘었습니다.

트랜스젠더라고 커밍아웃한 연예인이 여럿 등장한 일이 세간에 가십거리로 떠오르고, 씨름 선수 트랜스젠더가 주인공으로 나오는 영화가 여러 영화제에서 수상하며 흥행도 하고, 마지막 수술을 앞두고 아들을 우연히 만나는 트랜스젠더의 여정을 다룬 영화가 입소문을 타기도 했지요. 최근 들어선 텔레비전 시사 프로그램과 다큐멘터리 등에서 트랜스젠더를 주 소재로 다루는 경우는 물론이고, 여러 트랜스젠더 여성이 나와 토크쇼를 하는 예능 프로그램까지 기획, 제작되고 있습니다(비록 보수적 입장을 지닌 이들의 반대에 부딪혀 1회 만에 종영되긴 했지만요). 이처럼 트랜스젠더 당사자들이 여러 매체를 통해 가시화되면서 '트랜스젠더'라는 단어 역시 사람들에게 친숙한 말이 되었고, 이제 일상에서 널리 사용됩니다. 그 과정에서 트랜스젠더는 서로 다른 어떤 이미지와 의미로서 인식되고 있겠죠. 그래서 많은 이들이 "그래, 난 트랜스젠더가 뭔지 알아"라고 쉽게 말하는 것을 보게 됩니다.

그렇다면 트랜스젠더가 전문 용어에서 일상 언어로 내려온 만큼이나 트랜스젠더가 일상에서 겪는 차별에 대해서도 공론화가 되었을까요? 사람들은 트랜스젠더가 어떤 차별을 경험하는지 정말 알고 있을까요? 주인공 혜숙이 겪고 있는 사연은 트랜스젠더 여성들이라면 필연적으로 겪게 될 차별이라고 일반화할 수 있을까요? 혹시 그녀에게 가해진 차별은 트랜스젠더임으로 환원되어 피상적으로만 이해되고 있지는 않은가요?

트랜스젠더를 따라다니는, 몸에 새겨진 기록

트랜스젠더는 수술을 받아야만 '트랜스젠더답다'는 인식은 생각보다 훨씬 견고합니다. 이 인식은 혜숙을 비롯하여 아직 수술을 받지 못하였거나 수술을 하지 않으려는* 트랜스젠더들을 압박하지요. "몸뚱어리는 그대로 둔 채 트랜스젠더라니? 하리수나 최한빛 못 봤나?"라고 말입니다. 혜숙의 경험에서도 드러나듯이 트랜스젠더는 수술 여부는 취업을 할 때나 대인관계를 맺는 상황에서는 물론이고, 교정시설과 사법부, 의료계에서 트랜스젠더를 규정하는 가장 중요한 기준 중 하나로 작동하고 있습니다. 이미 수술을 했는가 혹은 조만간 수술을 하려는 의지가 얼마나 강한가, 수술을 받아야만 할 합당한 병리학적

---

* 성전환 수술이나 성확정 수술은 성을 바꾸거나(전환) 애매한 걸 고정한다(확정)는 의미로 쓰이곤 해서, 어떤 트랜스젠더들은 자기 스스로 자신에게 맞는 성을 지정한다는 의미를 부여하는 성재지정 수술 혹은 성적합 수술 등의 용어를 선호하여 사용하기도 합니다.

사유가 있는가는 그/녀가 공식적으로 '진짜 트랜스젠더'인가 아닌가를 규정하기 때문입니다. 트랜스젠더는 '비정상적 존재'이지만 수술을 거쳐야 '정상적인 비정상적 존재'가 될 수 있다는 듯이 말이지요.

그러한 담론 속에서 그들의 고단한 삶은 성전환(성확정/성재지정) 수술**과 법적 성별변경의 과정에 맞물려 돌아가곤 합니다. 수술을 하지 않았기에 자신과 맞지 않는 성별로서 살아야 하고 그래서 취업을 하기 어렵고, 그 결과 늘 경제적 어려움을 겪고 있습니다. 그 때문에 목돈이 필요한 수술은 점점 더 뒤로 미뤄지고는 합니다. 그러다가 갖은 고생 끝에 수술을 한다 해도 성별변경을 위한 지난한 법적 과정이 기다리고 있습니다.

트랜스젠더에게는 주민등록번호 뒷자리의 첫 번째 숫자가 1이냐 2냐에 따라 삶의 조건과 여러 가능성들이 크게 달라집니다. 이력서를 쓰고 취업을 하는 일부터 법적으로 혼인신고를 할 수 있는지 여부, 휴대폰을 사러 갔을 때 매장 직원이 이상한 눈으로 훑어보느냐 아니냐 하는 것에까지 많은 부분에서 영향을 미치죠.

그런데 우리나라에는 현재 트랜스젠더의 성별변경과 관련된 별도의 법규가 없습니다. 2002년 16대 국회 때 관련 법안이 처음 발의된 후로 몇 차례에 걸쳐 법을 만들려는 시도가 있었지만 여태껏 관련 법규가 마련되지 않은 상태입니다. 물론 법원의 결정을 통해 성별변경

** 모든 트랜스젠더가 수술을 원하는 것은 아닙니다. 트랜스젠더들 중에는 수술을 통해 자신의 성별과 일치하는 육체로 살아가는 것에 중요한 의미를 부여하는 이들도 많지만, 다양한 이유 때문에 육체적 변화를 거부하면서 트랜스젠더로 살아가는 이도 있으며 어떤 경우에는 신체의 일부만 바꾸는 경우도 있습니다.

이 가능하긴 합니다. 이전에도 트랜스젠더의 호적 정정은 간간이 이뤄져왔고, 2006년부터는 대법원이 판사들에게 성별변경을 결정하는 가이드라인으로 삼을 내부지침을 마련하여 이를 기준으로 재판부의 판단에 의해 신분상의 성별변경이 이뤄지고 있습니다. 다만, 구속력을 갖는 법규가 없기 때문에 개별적으로 신청해야 하고, 제출해야 하는 서류도 많고, 사전에 충족해야만 하는 의료적 조치의 기준도 상당합니다. 의료적 조치 등 사전 준비 기간까지 포함하면 시간도 꽤나 길게 소요되죠. 그리고 사실상 성별변경 여부는 상당 부분 판사의 재량에 맡겨진 상태입니다. 혜숙이 성별변경의 재량권자인 판사에게 "나는 진짜로 트랜스젠더예요"라고 애절하게 말하는 이 탄원서 역시 이러한 맥락에 있다고 볼 수 있습니다. 탄원서의 진정성 혹은 절실함, 그리고 한 명이라도 더 많이 인증한 소견서가 재판 결과에 큰 영향을 미치기도 하는 게 현실이니까요. 이런 법적인 문턱을 넘어선 다음에야 비로소 인간 취급을 받으며 살 수 있지 않을까 하는 희망을 갖게 되기에 성별변경이 트랜스젠더의 삶에서 의미하는 바는 클 수밖에 없죠.

하지만 성별변경 이후의 삶도 쉽지만은 않습니다. 자신의 과거를 지워야만 '정상적'으로(무엇이 정상적인지는 둘째치고라도) 남은 인생을 살 수 있다는 중압감이 수술 후 트랜스젠더를 끊임없이 짓누릅니다. 그/녀는 사회가 요구하는 조건에 맞춰 트랜스젠더로 '완성되는' 순간부터 더 이상 트랜스젠더여서는 안 된다는 모순적인 강박 속에 살아야 할지도 모릅니다. 많은 트랜스젠더들이 수술과 성별변경 후 새롭게 부여된 제도적 성별로 재사회화하는 과정에서 지금까지의 기억과 경험이 삭제된 존재로 살아가게 되기 십상입니다.

  물론 기억과 경험이 진짜로 삭제되는 것은 아니지요. 자신과 맞지 않은 몸으로 살아왔던 경험은 눈에 보이지 않지만 언제나 그/녀를 둘러싼 그림자마냥, 마치 원죄라도 되는 것처럼 따라다닙니다. 언제 남들에게 들통이 날지 모르는 과거의 기록들, 자신이 경험했지만 자신의 것으로 삼고 싶지 않은, 단절해야 할 기억으로 남겨진 것들에 대한 부담, 하지만 몸에 새겨진 기록들—더디게만 사라져가는 수술 자국, 평생 투여해야 할 호르몬, 병원의 기록과 처방전, 출신 학교와 병역에 대한 기록, 이전의 삶을 알고 있는 사람들과의 관계……. 이것들로부터 자유로이 떠나 완전히 새로운 삶을 살아간다는 것은 어쩌면 불가능할지도 모릅니다.

얽히고설킨 차별의 맥락

  주인공 혜숙은 가난합니다. 그녀가 여러 차례 반복하여 강조하듯 그녀는 '집도 없고 가족도 없고 가진 것도 없습니다'. 그녀가 빈곤한 상황에 놓인 이유가 뭘까요? 그녀는 일찍 가족을 떠났고 학력을 갖추지도 못하였으며 전과 기록까지 가지고 있어서 비정규적인 일거리밖에 구할 수 없습니다. 대인관계도 원활하거나 넓지 못했는데 이제는 나이도 적지 않지요.

  그런데 그녀가 가난하고 외로운 삶을 사는 이유가 그녀가 트랜스젠더이기 때문일까요? 일찍 집을 나가야 했고 안정적인 직업을 구하지도, 가족을 꾸리지도 못한 채 여러 차례 수감 생활을 보낸 후 40대후반의 나이인 현재까지도 빈궁하게 지내는 이유가 그녀의 성별정체성이 남달랐기 때문만일까요? 그것이 소위 그녀가 겪는 차별의 '근본 원인이자 단일한 원인'인 게 과연 맞을까요? 질문을 이렇게 바꿔보고 싶습니다. "그녀가 가난하기 때문에 아직 수술과 성별변경을 못하고 있는 걸까, 아니면 수술을 못하고 법률상 여자로 공인되지 못한 몸이라서 가난에서 벗어날 수 없는 것일까?"

혜숙이 앞으로 이 지난한 성별변경 재판 절차와 의료적 조치의 과정을 잘 넘길 수 있길 바랍니다. 앞으로 겪어나갈 전환 과정이 그나마 좀 더 순탄했으면 좋겠습니다. 그녀의 주장처럼, 자신이 원한다면 스스로 성별을 선택할 수 있게끔 사법부와 의료계의 인식이 바뀌어야 할 것이고, 그럼으로써 많은 트랜스젠더들이 의료적, 법적 조치를 자신의 의지와 필요에 따라 선택할 수 있는 사회가 되길 바랍니다. 그러기 위해서 반드시 호르몬 투여와 성전환 수술에 국민건강보험이 전면적으로 적용되어야 하며, 성별변경 조건이 완화되어 수술과 생식능력 제거 요건이 제외된 성별변경 관련 법률이 제정될 필요도 있습니다. 나아가 사후적으로도 교육, 보건, 노동 등에서 그/녀들이 받는 차별이 시정되어야 하고 그/녀가 당연히 누려야 할 권리가 보호받을 수 있어야 합니다.

그렇지만 이런 바람이 다 이루어졌다고 해서 곧바로 그녀가 차별로부터 완전히 자유로워지지는 않을 것입니다. 만에 하나 그런 날이 당장 온다고 하더라도 여전히 그녀는 차별적 상황 속에서 살아갈 것입니다. 무조건적인 비관이 아니라 그녀에게 모아질 혐오와 배제의 시선, 차별이 그녀가 가진 또 다른 정체성으로 인해 여전히 계속될 것이란 생각 때문입니다. 그녀가 트랜스젠더라서뿐만 아니라 그녀가 여성이라서, 그녀에게 남자로서의 전력이 있어서, 그녀가 비정규직이라서, 그녀가 비혼이라서, 그녀가 저소득층이라서, 그녀의 외모가 젊지 않고 예쁘지 않아서, 그녀가 학력을 못 갖춰서 등등으로 말이죠. 그러한 차별은 하나의 정체성으로만 환원되지 않기 때문에 하나의 요소가 해결된다고 해서 차별이 모두 사라질 수는 없습니다. 정체성은 얽히고설킨 차별의 맥락이라는 미로 속에서 만나는 안내판이자 힌트일 뿐 전부를 설명하는 '근본적이고 단일한 원인'이 될 수는 없기 때문입니다.

'트랜스젠더이기도 한' 사람이 겪는 차별

혜숙이 겪는 차별을 얘기할 때 "그녀는 트랜스젠더니까"라고만 말해서는 안 됩니다. 차별의 맥락 중 성별, 성적지향, 직업, 가족관계, 소득, 학력, 장애 및 병력 여부, 범죄 및 보호처분 경력, 출신지역 등의 요소가 어떻게 서로 복합적으로 연관되어 있는지 반드시 고려되어야 합니다. 그리 쉽지만은 않겠지만 어쩌면 '트랜스젠더'란 단어가 갖는 무게를 덜어내고 거미줄 같은 맥락 속에서 '혜숙이 겪는 차별'을 볼 때에야 비로소 '트랜스젠더 여성으로서의 혜숙'의 차별 또한 제대로 볼 수 있게 될 것입니다. 또한 그럴 때만이 그녀의 차별을 나와는 무관한 '그녀만의' 차별로 남겨두지 않으면서도 그 경험과 감정에 공감하고, 함께 공존하고 고민하며 같이 나아갈 수 있기 때문이지요. 결론적으로 말해 혜숙이 겪고 있는 차별을 트랜스젠더이기 때문에 겪는 차별로 축소시키지 말고 '트랜스젠더이기도 한' 한 인간이 겪는 차별로 읽어주었으면, 그리고 그렇게 읽히는 사회가 되었으면 하는 바람입니다.

이제 트랜스젠더가 겪는 차별을 고민할 때 트랜스젠더라는 키워드를 잠시 내려놓아 봅시다. '트랜스젠더'라는 단어가 가하는 무게에 짓눌려 그녀가 일상에서 겪는 차별의 복잡한 맥락을 "트랜스젠더니까"라는 말로 덮어버리지 않도록 주의하면서.

3장

엄마의 자리
수민의 이야기

소중한 딸 한나에게.

중학교 3학년이 되니까 공부해야 할 것들은 많아지고 친구들과 놀 시간은 줄어들지? 그래도 한나가 하루하루 즐겁게 지내기를 바라며 오늘은 엄마가 긴 편지를 써봤단다. 한나가 엄마의 딸로 살아오면서 이미 알고 있는 것들도 많겠지만 너한테 이해를 구하면서 차분히 얘기한 적은 없는 것 같아서. 그맘때 내가 딱 너 같았거든. 보이지 않는 아버지가 어떤 사람일지 너무 궁금했고 어머니는 말해주지 않고. 엄마가 너무 답답했던 기억이 나니까 문득 한나에게 엄마의 이야기를 들려주고 싶어졌단다.

엄마의 아버지, 그러니까 한나 할아버지 얘기부터 시작해볼까? 옛날 엄마가 살았던 베트남에 전쟁이 났어. 베트남이 남쪽과 북쪽으로 갈라져서 싸우게 됐는데 미국 군대랑 다른 나라 군대들도 와서 전쟁이 아주 커졌지. 그 와중에, 1966년에 한국인인 할아버지가 군인으로 베트남에 왔다가 할머니를 만났어. 전쟁 통에 결혼도 하고 이 엄마를 낳았대. 그런데 시간이 지날수록 할아버지가 속했던 편이 자꾸 밀렸고, 1973년에는 미국이 항복을 했어. 베트남에 왔던 다른 나라 군대들이 자기 나라로 돌아가니까 할아버지는 어떻게 할까 고민을 했대. 그때 엄마가 할머니 뱃속에 있었거든. 할아버지는 그동안 번 돈을 한국에 있는 누나에게 맡겨두었는데 그 돈을 받아와 베트남에서 식당을 열기로 하고 한국으로 가셨지. 그런데 가보니 누나가 이미 그 돈으로 한국에서 식당을 하고 있었던 거야. 두 달 있다가 돌아온다고 말하고 갔던 할아버지는 할머니한테 카세트 하나를 보내주면서 돈을 조금 더 벌 때까지 기다리라고 했대.

  베트남은 전쟁을 했으니 얼마나 못살았겠니. 밥은 꿈도 못 꾸고 감자로 끼니를 때웠지. 그런데 1975년에 베트남이 공산주의 나라가 됐어. 다들 살기 힘드니까 재산이 많은 사람의 돈을 나라에서 가져가기도 했어. 그러다가 나라 전체가 가난해졌지. 돈을 벌려고 다른 나라로 가려는 사람들이 많았는데 잡히면 감옥에도 갔어. 엄마의 이모와 삼촌도 그때 감옥에 갔단다. 다른 나라에서 베트남에 들어오는 것도 어려워졌어. 할머니랑 할아버지는 편지로 엄마가 태어났다는 얘기도 나누고 보고 싶다는 얘기도 나눴는데 언젠가부터 할아버지랑 연락이 안 됐대. 할머니는 할아버지가 죽었는지 살았는지도 알 수 없었단다. 그리고 외국 사람과 결혼한 사람은 다 죽인다는 무서운 소문이 돌아서 할머니는 할아버지 사진도 다 태워버렸대. 할머니는 그때 우울증에 걸리기도 하셨고. 그리고 오랫동안 엄마한테 할아버지에 대한 얘기를 안 해줬단다. 엄마는 나의 아빠가 누구인지 너무 궁금했는데 한국 사람일 줄은 전혀 몰랐지.

엄마가 할아버지를 어떻게 알게 됐냐 하면, 하루는 텔레비전을 보는데 한국 영화가 나왔어. 그때 외삼촌이 "네 아빠도 한국 사람이야. 티비에 나오는 사람하고 똑같아"라고 하는 거야! 그날 할머니에게 진심으로 말했지. "아빠가 누구인지 알고 싶어요. 솔직히 말해주세요." 그때서야 할머니가 얘기를 하기 시작했어. 그리고 아빠 사진 찾고 싶으면 숙모 집에 가보래. 그래서 엄마가 숙모 집에 갔어. 버스 타고 여섯 시간이나 걸리는 먼 곳이었단다. 그런데 거기도 사진을 다 태워서 한 장만 남아 있었어. 오래된 사진이라 사진관에 가져가 새로 해달라고 해서 소중하게 간직했단다. 그때부터 엄마는 네 할아버지를 찾기 시작했어.

엄마가 스무 살쯤 됐을 때 다시 베트남으로 오는 한국 사람들이 많아졌어. 어떤 목사님이 한국학교도 세웠는데, 베트남전쟁 때 한국인들이 낳은 아이들을 위한 학교였지. 엄마는 그 학교에 너무너무 가고 싶었어. 그런데 학교에 들어가려면 엄마의 아빠가 한국 사람이라는 걸 증명하는 서류가 있어야 했던 거야. 할머니가 다 지워버렸으니 방법이 없었지. 그런데 그 전부터 알고 있던 한국 아주머니가 있었거든. 그 아주머니가 목사님한테 편지를 써줘서 고맙게도 학교에 들어갈 수 있었어. 학교에 들어가는 게 얼마나 간절했는지 지금도 그분을 생각하면 엄마는 눈물이 난단다. 거기서 한글도 배우고 컴퓨터, 미싱 같은 기술도 무료로 배우고 학비도 받았어. 한 달에 50달러 정도였지. 한국말을 조금 할 줄 알게 되니까 한국에 새우, 꽃게, 해삼을 수출하는 무역회사에 취직도 하게 됐지. 낮에는 일하고 밤에는 학교 가고. 그런데 어느 날 학교에 한국 전자 부품 공장에서 사람을 뽑으러 온 거야. 목사님한테 지금 학생 중 한국말을 제일 잘하는 사람 두 명을 뽑아서 전자 부품 통역관으로 보내달라고 한 거지. 시험을 봐서 남자 1명, 여자 1명을 뽑았는데 엄마가 뽑혔단다. 그래서 전라북도 군산이라는 곳에 가서 7개월 동안 통역을 해주면서 지냈어. 엄마는 그때 학교에서 뽑혔다는 것도, 한국에서 몇 개월 동안 지내게 된 것도 너무 기쁘고 자랑스러웠어.

엄마는 한국에 있는 동안 할아버지를 찾으려고 했지만 할아버지에 대해서 아는 게 너무 없어서 힘이 들었어. 엄마가 아는 것은 할아버지 고향이 서울이고 이름이 박영수, 1944년에 태어났다는 것이 전부였단다. 그런데 생일까지 알아야 동사무소에 가서 찾아볼 수 있대. 엄마는 너무 안타까워서 경찰서에 가서 막 사정하기도 하고 전화도 엄청 많이 했어. "옛날에 베트남 갔어요?" 엄마가 이렇게 얘기하면, 다 전화 잘못 걸었다고 해서 전화비도 많이 나왔어. 엄마는 실망을 많이 했고 할머니한테 왜 기억하는 게 없냐고 원망도 했지. 그런데 할머니는 할아버지가 예전에 한국을 떠나 미국에 갔을 거라고 생각하고 거의 포기한 상태로 오랜 세월을 살아오신 거 같아. 그래서 엄마도 일단 베트남으로 돌아왔단다.

베트남에 돌아와서는 무역회사에 들어가서 자동차 판매소에서 일했어. 그리고 일요일마다 교회도 열심히 다녔어. 거긴 베트남 말을 잘하는 한국 목사님이 하던 교회였는데 거기서 우리 딸 한나의 아빠를 만나게 됐어. 한나도 알다시피 아빠는 엄마보다 스무 살이나 많단다. 엄마는 그 점이 처음부터 꺼려졌는데 아빠가 엄마한테 "한국 사람하고 결혼하면 아버지를 계속 찾을 수 있다"고 얘기했어. 그냥 엄마를 꼬이려는 말이라는 생각이 들면서도 아빠 말이 맞는 것도 같고, 또 엄마한테 엄청 잘해주어서 결혼하게 되었단다. 내가 결혼해서 한국에 가면 베트남에 혼자 살아야 하는 할머니가 너무 걱정이 됐지만 내가 가서 할아버지를 찾게 되면 다 같이 모여살 수 있겠구나 하는 생각이 들었지. 그리고 내가 아버지를 찾을 수 있는 거의 마지막 기회라는 생각을 했단다.

엄마는 한국에 가자마자 결혼신고를 하고 호적등본에 이름을 올렸단다. 운이 좋았는지 일주일도 안 돼서 한국 사람이 됐어. 한나 아빠가 동사무소에 할아버지 얘기도 했나봐. 지금은 다문화가정이 더 많아졌는데 한국 사람이 되는 건 더 어려워서 시험도 보고 조사도 받아야 하는데 말이야. 그때는 엄마가 관광비자로 왔는데도 금방 주민등록증을 만들었어. 게다가 금방 한국 국적이 나온 거야! 엄마는 그때 처음으로 이 나라에서 엄마를 인정해주는구나, 할아버지가 정말 한국 사람이구나 하고 느꼈어. 조금 더 희망이 생기고 자신감도 붙었지.

할머니는 항상 한국 사람에 대해 좋게 얘기했어. 엄마도 할아버지를 그리면서 당연히 한국 사람에 대한 좋은 인상을 가지고 있었지. 그런데 한나 아빠와 살아보니 그 생각이 많이 깨졌단다. 엄마는 베트남에서 살아와서 그런지, 한국 사람들이 생각하는 게 잘 이해되지 않을 때가 많았어. 한국은 원래 그렇다고 하지만 한나 아빠 식구들은 엄마를 외국인이라고 많이 무시했어. 아빠의 누나는 엄마가 생활비를 관리하는 것도 못마땅하게 생각했어. 처음 결혼할 때 300만 원밖에 없었는데 엄마가 아끼고 아껴서 6~7년 만에 2,000만 원이나 모았는데 말이야.

한나 아빠도 조금씩 변하기 시작했어. 엄마가 한나 어릴 때는 집에서 살림하고 한나를 키우니까 한나 아빠한테 용돈을 받았어. 한나가 세 살 때부터 어린이집을 다니면서 엄마도 직장을 구해 월급을 100만 원씩 벌었지. 그 돈으로 생활비도 하고 월세도 내고, 한나 어린이집도 등록하고, 베트남에 있는 할머니한테도 조금씩 돈을 부쳤어. 그때는 지금처럼 나라에서 어린이집에 보내는 걸 지원해주지 않을 때라 보육료 30만 원, 월세 20만 원을 내고 나머지로 생활하면서 아끼고 아껴서 할머니한테 10만 원씩 보냈어. 그런데 한나 아빠는 버스 운전기사라 엄마보다 돈을 많이 벌었지만, 생활비로 한 푼도 안 보탰고 저축도 안 했어. 성인오락실에 가서 다 써버린 거야. 그러면서 필요한 거 살 때는 깍쟁이야. 반찬도 사고 옷도 사야 하는데 돈 버는 대로 다 모으라고만 하고, 같이 마트에 가면 엄마가 골라놓은 걸 다시 갖다놓으라고만 하고, 자기가 번 돈은 하나도 안 맡기고. 집안일도 안 했어. 엄마가 바빠서 밥해달라고 하면 여자가 밥을 해야 한다고 하고, 한나를 잠깐 봐달라고 하면 자기가 남자인데 왜 애를 보냐고 했어. 그러면서 할머니한테 10만 원씩 부친다고 엄마를 나무라는 거야. 싸우면 엄마는 한나 아빠를 이길 수 없었어. 때렸으니까.

한나 아빠는 엄마가 한국에 시집을 왔으니까 베트남에 있는 할머니를 포기해야 한다고 하는데, 베트남에서는 첫째가 부모님을 봉양하는 게 전통이야. 게다가 평생 할아버지를 기다리면서 재혼도 안 한 할머니가 혼자서 엄마를 키우느라 얼마나 고생을 했겠어. 엄마가 할아버지 찾겠다고 한국에 왔는데 할아버지도 못 찾고, 할머니도 포기하라고 하니 엄마가 도저히 받아들일 수 없었단다. 엄마 감정이 또 복받치는구나……. 편지가 쭈글쭈글해지겠네.

한나 아빠는, 엄마들은 딸을 잘 키워서 시집보내면 끝나는 거라고 얘기했어. 하지만 엄마는 그렇게 생각하지 않았어. 엄마는 아무리 남편이 잘해준다고 해도 할머니를 포기하라는 건 도저히 인정할 수 없었어. 한나 아빠가 엄마한테 할머니랑 자기랑 둘 중 하나를 선택하라고 해서 엄마는 할머니를 선택하겠다고, 차라리 베트남에 돌아가겠다고 했어. 그랬더니 한나 아빠가 "너는 이미 한국 사람이 되어서 베트남에 가면 불법체류자야"라고 해서 엄마가 또 상처를 많이 받았단다. 한국 국적을 처음 얻었을 때는 그렇게 기뻤는데, 할아버지도 못 찾고 할머니도 버려야 한다고 하니까 한국 국적이 엄마에게는 아무 의미가 없다는 느낌마저 들었어.

한나 아빠와 갈라서야겠다고 결심하고 엄마가 이혼을 하자고 요구했어. 그랬더니 모든 것을 포기하라고 해서 심지어는 우리 딸 한나에 대한 친권도, 양육권도 엄마에게 없었단다. 그래서 그동안 한나가 학교에 들어갈 때도, 전학 갈 때도 아빠의 동의가 필요했어. 그날 한나 아빠와 갈라서고 짐을 싸는데 심지어는 엄마에게 사준 잠바도 못 가져가게 하는 거야. 본인이 입을 수도 없는 것을. 그래서 엄마는 마지막 남은 정도 다 버리고 나올 수 있었어. 그날 한나가 엄마 따라가겠다고 많이 울었지? 한나가 그날 그렇게 막무가내로 따라나오는 걸 한나 아빠가 어쩌지를 못하고 그냥 내버려두어서 우리 둘이 같이 살 수 있었어. 엄마는 그날 한나가 정말 고마웠어. 그리고 한나를 키울 생각도 하지 않은 한나 아빠에게 끝까지 실망감을 느꼈지. 어쨌든 평생 한나를 못 보면 어쩌나 싶어서 이혼하기까지 많이 망설였던 것을 생각하면 정말 잘된 일이야.

엄마가 이혼하고 나서 엄마랑 비슷한 처지에 있는 친구를 알게 됐어. 그 친구는 한국인 아버지를 찾아서 가족들이 다 한국에 와서 살고 있었단다. 그 친구가 엄마의 딱한 사정을 듣고 한나랑 자기네 집에서 지낼 수 있게 해줬던 거야. 한나는 그 집이 기억나니? 그 집에도 한나 또래의 아이들이 있었지. 엄마가 그 아이들도 봐주면서 지냈는데. 좁은 집에 다른 가족이랑 같이 살려니까 불편했지만 처음에는 참 고마웠어.

그런데 한두 달 지나니 조금 달라졌어. 아마 그 친구도 자기 가족들이 눈치를 주니까 힘들었을 거야. 어느 날인가 한나가 집 밖에서 엄마 기다렸던 거 기억나니? 엄마가 일하는데 한나가 전화했잖아. 엄마 빨리 오라고. 이모가 먹을 것도 없는데 냉장고 문을 왜 자꾸 여느냐며 혼내서 무섭다고, 집에 못 들어가겠다고. 엄마는 비오니까 감기 든다고 그냥 방에 들어가 있으라고 말할 수밖에 없었어. 그런데 일을 다 마치고 퇴근하는데 한나가 남의 집 처마 밑에서 작은 우산으로 겨우 비를 피하며 오들오들 떨고 있는 걸 보니 엄마 속이 까맣게 타는 것 같았어. 그리고 한나가 한국에 못 산다고, 할머니 있는 베트남에 가서 살자고 울면서 막 얘기할 때, 엄마는 그 집을 나와야겠다고 생각했어. 그리고 그냥 베트남에 가야겠다고 생각했어. 엄마는 그때 식당에서 설거지 일을 하고 있었는데 한국에서 어떻게 살 수 있을지 막막했거든. 그런데 그 얘기를 주방장하는 친구한테 얘기했더니 엄마를 엄청 나무랐어. 자기 힘든 거만 생각하지 말고 한나를 생각하라고, 한나가 지금 베트남에 가면 아무 문제없이 잘살 것 같으냐고, 그리고 엄마가 한나에 대한 친권이 없어서 한나 아빠가 동의를 안 해주면 같이 못 간다고 얘기해줬어. 그 친구가 돈도 빌려주겠다고 했지. 그런데 엄마는 자존심 때문인지 남한테 부탁하고 돈 빌리고 부담 주는 걸 싫어했거든. 그래서 엄마가 어떻게든 돈을 모아보려고 했어. 마침 한 목사님이 자기 부인도 베트남 사람이라며 아이를 잠깐 맡아주겠다고 한 거야. 고마워하면서 한나를 잠깐 부탁했는데, 일주일 후에 가봤더니 네가 너무 말라서 얼굴에 눈밖에 안 보이더구나. 당장 주방장 친구한테 돈을 빌렸어. 그리고 작은 방을 얻어서 할머니도 모셔오고, 세 식구가 같이 살게 된 거야. 한나, 한나의 엄마, 엄마의 엄마가.

할머니도 한국에 와서 지금까지 참 고생을 많이 했어. 엄마는 언제나 미안하고 죄송한 마음이란다. 엄마는 다행히 한국 국적을 얻어서 살지만 할머니는 그렇지 못하잖아. 할머니는 비자가 끝나서 출입국관리사무소에 가서 비자를 연장하려고 했는데 거절당했어. 할아버지 얘기도 하고 우리 집 사정을 다 얘기했는데도 그 직원들은 마치 감정이 없는 사람들 같았어. 무조건 할머니가 돌아가야 한다는 말만 반복하면서 계속 살면 불법이라고 했지. 아니면 다른 한국 사람이랑 결혼해야 한다고. 할머니는 할아버지를 두고 다시 결혼하고 싶은 마음이 없으니까 여태껏 혼자 사셨잖아. 그 직원들이 환갑 넘은 한국 사람이랑 결혼하면 될 거 아니냐고 가볍게 얘기하고 쓸데없는 얘기를 덧붙이니까 엄마는 굉장히 기분이 나빴어. 가족과 함께 사는 일이 이렇게 불법이 될 수도 있는 거구나, 원래 남편을 버리고 다른 사람과 결혼을 해야만 이곳에 살 수 있다니 엄마는 이 나라 법이 참 이상하다는 생각밖에 안 들더라. 그때는 정말 방법이 없어서 할머니를 베트남으로 돌려보내겠다고 얘기하고 나왔는데 엄마가 일을 하려면 한나를 봐줄 사람이 꼭 필요해서 모험을 했던 거야. 집에서 한나랑만 있으니까 단속에 걸릴 일이 없을 거라고 조언해주는 친구들도 있었고. 그래서 지금까지 용감하게 우리 세 식구는 살아가고 있단다. 한국 사람들은 할머니를 불법이라고 할지 모르겠지만, 엄마는 할머니가 우리와 함께 여기서 살 자격이 충분히 있다고 생각해.

엄마처럼 생각해준 정말 고마운 사람들을 만나기도 했지. 몇 년 전에 할머니가 유방암에 걸렸을 때에는 병원에 가서 제대로 치료를 받을 수 있을까 너무 걱정을 했거든. 다행히 엄마 친구 중 한 명이 할머니를 자기가 다니는 회사 직원으로 등록해서 무료로 치료를 받을 수 있도록 해줬어. 일하다가 아팠을 때 그 사람의 비자에 문제가 있어도 사장님이 확인만 해주면 무료로 치료해주는 병원이 있어. 그때 엄마가 미싱공장을 다녀서 할머니 곁에 계속 있지 못한 것도 너무 미안해서 직장을 그만두려고 했는데 아는 언니가 말렸어. 엄마가 돈 벌어서 식구들 먹여 살려야 하니까. 엄마 다니는 공장의 사장님이 사정을 알고 잠깐씩 엄마한테 다녀올 수 있게 해줘서 무사히 퇴원할 수 있었어. 인정이 많은 친구들과 한국 사람들을 만나서 수술은 잘했지만, 엄마가 할머니를 아프게 하고 너무 고생하게 한 것 같아서 많이 울었단다. 그래도 할머니가 지금까지 건강하게 우리와 함께 살고 있어서 너무 다행이야. 할머니가 없었다면 엄마도 많이 외롭고 힘들었을 거야.

 엄마가 한나 아빠랑 이혼하고 나서는 돈도 벌어야 하고 한나를 키우기 바빠서 재혼은 생각도 안 하고 지냈단다. 남자들은 이혼한 여자를 싫어하기도 하고, 보나마나 할머니는 베트남으로 돌려보내라, 한나는 원래 아빠한테 보내라고 할 테니까. 엄마는 이미 할머니와 한나랑 함께 사는 것만으로도 행복했거든. 그런데 살다보니 한나의 새 아빠를 알게 됐어. 처음에는 사업 파트너로 만났지. 미국에서 공부도 하고 사업도 하다가 미국하고 캐나다하고 무역을 하려고 한국에 들어온 사람이었어. 엄마는 한국 사람이니까 세금을 덜 물어서 좋고, 새 아빠는 영어도 잘하고 미국 사정을 잘 아니까 같이 사업을 하게 됐던 거야. 얘기를 하다보니까 말이 잘 통했어. 둘 다 다른 나라에 와서 사니까 외롭기도 하고. 새 아빠는 내가 결혼했던 거, 한나 키우고 할머니를 모시는 거 잘 이해하는 사람이었어. 엄마는 이렇게 나를 잘 이해하고, 잘 통하는 사람이 금방 생길 거라고는 기대하지 않았는데 마치 행운이 왔다는 느낌이 들어서 마음이 열린 것 같아.

 새 아빠는 어머니 고향이 남아프리카공화국, 아버지 고향이 미국 캘리포니아인 사람이야. 오히려 자기가 흑인인데 괜찮겠냐고 물었지. 엄마는 전혀 상관이 없었어. 한국 사람이든, 남아프리카공화국 사람이든, 베트남 사람이든 나라보다는 그 사람이 중요하다는 것을 엄마는 첫 번째 결혼을 통해서 알게 됐거든. 그리고 생김새 때문에 무시하는 건 엄마도 많이 당해봤기 때문에 더 말할 것도 없지. 엄마는 새 아빠가 한국 사람보다 더 나를 잘 이해한다고 느꼈던 것 같아. 사람이 비슷한 처지에 있게 되면 자연스럽게 가까운 마음이 들게 마련인가

봐. 게다가 교회에서는 가난한 사람, 부자인 사람 모두 똑같다고 하잖니. 그래서 새 아빠와 같이 살게 됐어. 엄마가 결혼식은 필요 없다고 해서 살림을 합치게 된 거야.

처음에 한나는 새 아빠를 많이 낯설어했지? 새 아빠가 집에 자주 있지 않아서 더 그렇기도 했을 거야. 결혼하고 얼마 안 돼서 사업 때문에 아프리카에 갔는데 문제가 생겨 여러 달을 머물게 됐고, 돌아와서 얼마 안 돼 친구한테 속아서 감옥에 가게 됐으니 말이야. 새 아빠는 착한 사람인데 엄마 말을 안 들을 때가 있어. 엄마는 돈을 차곡차곡 모아야 한다고 생각하는 편인데 새 아빠는 요행을 노리는 것 같기도 하고. 그래서 자꾸 나쁜 친구들한테 속는 것 같아. 뒷감당을 하느라 엄마가 조금 힘들기는 해. 아프리카에서 돈이 필요하다고 해서 엄마 통장에 모아둔 돈이랑 친구한테 빌린 돈이랑 보내줘야 했고, 이번에 새 아빠가 감옥에 안 갈 수 있게 해보려고 정말 여기저기 도움을 구하러 다녀야 했거든. 하지만 한나도 알다시피 결국 감옥에 가게 됐잖아. 게다가 감옥에서 나오면 비자가 끝나 있어서 또 걱정이야. 나오자마자 추방이 되는 건 아닌지. 새 아빠가 한나한테 다정하게 대해주고 잘 놀아주고 영어도 많이 가르쳐주면 좋을 텐데 옆에 없어서 속상하구나. 엄마가 일하는 시간이 길고 주말도 거의 없어 한나를 보고 싶은 만큼 못 보는데 새 아빠의 일로 경황이 없어서 더 그러니 많이 속상하단다. 우리 가족이 행복하게 살려고 저축한 돈이 없어진 것도 아쉽고 말이야. 그래도 새 아빠와 곧 다시 만나서 한나와 좋은 친구로 지내길 바라고 있어.

한나는 친아빠 많이 보고 싶니? 얼마 전에 한나 아빠가 심장마비로 아프다는 소식을 듣고 많이 걱정됐지? 엄마도 마음이 많이 약해졌어. 보호자 없이는 수술을 못 받는다는데 한나 아빠가 서울에 혼자 사니까 엄마한테 연락을 한 거야. 다른 가족들은 다 구미에 있으니까. 그런데 엄마가 그때 마음을 다잡고 조건을 걸었어. 한나 양육권이랑 친권을 달라고 했어. 마음이 짠했지만 지금이 아니면 안 되겠다 싶었어. 그동안 엄마가 한나를 키웠는데 한나가 뭘 하려고 하면 아빠의 결정이 필요했거든. 학교도 아빠 서류를 받아서 가야 하고, 병원에 가도 아빠가 해야 하고. 그러다 아빠와 연락이 안 되기라도 하면 얼마나 발을 동동 굴렀는지 몰라. 한나 친아빠가 그러겠다고 해서 엄마가 병원에 가서 수술 동의서를 쓰고 왔어. 퇴원한 다음에 같이 법원에 갔지. 친아빠가 처음에는 양육비를 주는 게 부담스러워서 양육권은 안 되고 친권만 주겠다고 했는데, 제도상 친권을 주려면 양육권도 당연히 넘겨줘야 한다고 해서 어쩔 수 없이 양육권, 친권 모두 공동으로 했어. 엄마는 조금 아쉽지만 그래도 한나 친아빠가 반성하고 나중에 한나 대학 들어갈 때 등록금이라도 보탰으면 좋겠다는 희망을 가져본단다. 엄마는 이제 완전히 한나의 엄마로 인정을 받은 것 같아서 너무 기뻤어.

 엄마는 한국 사람이 되긴 했지만 한국이 마음에 들지 않는 점도 많아. 외국 사람을 좋아하지 않고, 못사는 나라에서 오면 더 무시하고. 공장에서 일하다보면 사람들이 굉장히 거칠고 욕을 참 많이 해. 사장이 월급을 준다고 욕해도 되는 건 아니잖아? 같이 일하는 사람들끼리도 못살게 굴고 욕할 때가 많단다. 엄마는 같이 일하면서 서로서로 이해해주는 게 더 중요하다고 생각해. 그래서 월급을 많이 준다고 해도 그런 일은 그만두지. 참고만 있는 것이 더 좋지 않다고 생각하니까. 아마 엄마가 외국 사람이기도 하지만 한국 사람이기도 해서 더 그럴 수 있는지도 몰라. 할머니처럼 비자가 없으면 참아야 할 때가 많거든. 하지만 엄마는 이제 내가 외국 사람이든 한국 사람이든 크게 중요하지 않아졌어.

엄마가 어릴 때는 아버지가 너무 궁금하고 아버지의 나라인 한국도 너무 궁금했어. 늘 물음표가 그려진 빈 상자 하나를 찾아 헤매는 느낌이었어. 내가 그리워한 것은 나에게 없는 아버지였으니까. 그 아버지의 나라는, 숨겨야 하는 것인 동시에 찾아야 하는 것이었지. 그렇게 헤매면서 엄마가 한국에도 오고 결혼도 하고 여러 일을 겪었잖니? 그러는 동안 처음에는 보이지 않던 내 자리가 더 잘 보이게 됐어. 엄마가 보물이 담긴 상자를 이미 들고 있다는 걸 알게 된 거야. 그 소중한 보물이 바로 우리 가족, 한나와 할머니였어. 우리는 국적도 다르고 생김새도 다르고 나이도 다르지만 여기에서 서로 돌보며 함께 살고 있잖아, 나름대로 행복하게. 엄마는 다시 또 다른 나라로 가게 되더라도, 우리한테 아버지가 없더라도, 당당하게 살 수 있겠다는 용기가 생겼어. 그리고 한나가 우리 가족 때문에 움츠러들지 말고 가슴을 쫙 펴고 살아가기를 바란단다.

누구도 한나를 무시할 수 없어. 우리가 남들과는 다르지만 그래도 한 사람, 한 사람이 똑같은 사람들이라는 거, 그러니까 결국은 남들도 우리와 똑같은 사람이라는 것을 잊지 말자. 그런 사람들이 모여서 우리 가족이 되었지만 나중에 또 다른 가족을 만들더라도, 또 다른 나라에서 살게 되더라도 그걸 잊지 말자.

  긴 편지 어떻게 읽었을지 궁금하구나. 한나도 엄마처럼 무언가를 찾아 길을 헤쳐 가는 시간을 걷겠지? 그 길의 한가운데에는 한나가 있다는 사실을 잊지 말렴. 엄마는 언제나 한나를 응원할 거란다. 사랑한다.

  엄마가.

인터뷰·녹취 | 훈창
글쓴이 | 나영정

베트남 국적의 수민은 한국인 남성과 결혼해 한국으로 왔다. 그녀의 한국인 아버지 덕분에 운 좋게도 일주일 만에 국적이 나왔다. 그러나 남편의 폭력과 무시를 견디다 못해 베트남으로 돌아가겠다고 마음을 먹었다. 그때 남편은 '지금 베트남 가봤자 너는 불법체류자다'라고 했다. 신분을 보장하기 위한 것이라고 여겨지는 국적이 오히려 수민의 삶을 불안정하게 할 때, 혈통과 결혼이 매개하는 국적이라는 신분이 어떤 질서를 유지하기 위한 것인지, 나는 가슴을 치며 녹취록을 읽고 또 읽었다. 한국 국적의 수민은 지금 베트남 국적의 엄마와, 한국인 남성과의 사이에서 태어난 딸과 함께 살고 있다. 그녀의 새로운 가족은 국적보다 강하다.

열쇠말

엄마, 딸, 아버지, 전쟁, 베트남, 해방, 학교, 결혼, 다문화, 불법체류, 교회, 이혼, 외국인, 국적, 출입국관리사무소, 공장, 친구, 단속, 병원, 치료비, 고향, 남아프리카공화국, 한국, 무역, 양육권, 친권, 월급, 무시, 제도, 교도소, 경찰서, 가정폭력

수신확인

"모든 이주자는 하나의 세계를
통째로 가지고 다닌다"*

허오영숙 • 한국이주여성인권센터 활동가

결혼이주여성이 들려준 택시 안에서 겪은 이야기 한 토막. 그 이주여성의 한국어 발음이 이상하게 들렸는지 기사 아저씨가 어디에서 왔냐고 물어보았단다. 베트남에서 왔다고 했더니, 그 아저씨는 자기가 '월남전 참전 용사'라면서 '월남에서 총 팡팡 쏘면서 베트콩 잡은' 이야기를 신이 나서 떠들더란다. 그 친구는 기사 아저씨가 말하는 '월남'이 베트남인지 정확히 몰라서 나에게 월남이 베트남이냐고 물었다. 그렇다고 대답을 하는데, 왜 그렇게 부끄럽고 미안하던지…….

우리에게 '월남전'으로 익숙한 베트남전쟁 당시 많은 한국 군인, 군속이 파병되었다는 사실은 익히 알려져 있다. 그러나 군인, 군속으로

* 《다중》(안토니오 네그리, 조정환 외 2명 옮김) 172쪽.

베트남에 간 한국 남성들이 베트남 여성과 관계를 맺고, 그 사이에서 아이를 두었다는 사실은 잘 알려져 있지 않다. 베트남어로 '라이따이한'으로 불리는 이들은 전쟁이 끝난 뒤 베트남에서 철수한 한국인 아버지에게 버려질 수밖에 없었다. 베트남전쟁이 끝난 지 30년이 훌쩍 지나 이제 라이따이한들도 40세 전후의 나이가 되었다. 베트남전의 이념적 성격, 이후의 전 세계적인 냉전의 흐름 속에 있던 대다수의 한국인 아버지들은 베트남에 두고 온 아이들을 자의반 타의반으로 잊어야 했다. 하지만 수민처럼, 라이따이한들은 아버지를 잊을 수 없었다. 존재의 뿌리였기에.

'월남전' 이후 잊혔던 베트남은 2000년대 들어 급증한 국제결혼 상대국 중 2위를 차지하는 결혼이주여성의 모습으로 다시 한국 사회에 등장했다.

'다문화'로 포장되는 결혼이주여성

어느 초겨울, 사무실로 놀러 온 이주여성이 감기에 걸려 있었다. 동네 한국 할머니들과 이주여성을 이웃으로, 이른바 멘토로 관계 맺어준다는 '다문화 행사'에 2시간에 5만 원을 받고 아르바이트 삼아 나갔다고 한다. 쌀쌀한 날씨에 치러진 그 '다문화 행사'는 멘토로 맺어진 동네 할머니들과 전통시장을 둘러보는 프로그램이 포함되어 있었다. 시장 체험 프로그램에서 이주여성은 베트남 여성의 상징이라는 '아오자이'를 입어야 했다. 거기까지는 그녀도 이해할 수 있었다고 한다. 그런데 속에 입은 아오자이가 보이지 않을까봐 겉옷을 입지 말라고 하여 홑옷인 아오자이만 입은 채 시장을 다니느라 감기에 걸렸다는 것이다. 물론 멘토로 참여한 한국 할머니들 중 누구도 한복을 입지는 않았다고 한다.

'다문화'가 하나의 유행처럼 한국 사회에 등장하면서 이주여성 관련 프로그램이 급증했다. 그러다보니 한국 사회 입맛에 맞는 형태로 왜곡되거나 보여주기식인 경우가 많아졌다. 이러한 현상을 온몸으로 겪는 이주여성들은 프로그램을 쇼핑하거나 아르바이트처럼 인식하기도 한다. 그런가 하면 '다문화'라는 이름과는 한참 멀어 보이는 것들도 다문화로 포장된다. 대표적인 것이 어느 은행에서 주는 '다문화가정 대상'이다. 이 상의 2012년 이 상의 수상자는 베트남 출신 이주여성인데, '2006년 결혼해 농촌에서 농사를 지으며 살다가 아이가 태어난 지 100일째 되던 날 남편이 사망하였고, 젊은 나이에 남편을 잃은 그녀는 신장병을 앓고 있는 시어머니와 정신지체 1급인 시숙을 모시고 살면서, 남편이 남긴 빚까지 짊어지고 억척스럽게 생계를 이어가며 실질적인 가장 역할'을 했다고 한다. '다문화가정 대상'이라기보다는 한국의 전통적인 효부상에 가깝다. 이 상은 한국 사회가 바라는 결혼이주여성의 모습을 함축한다. 서구 중산층 페미니즘 물결의 영향을 받아 '드세진' 한국 여성에게서 이제는 찾아볼 수 없는 순종성과 전통적 여성상을 이주여성들에게 기대한다. 여기에는 한국보다 출산율이 높은 국가에서 와서 출산에 대해 긍정적인 생각을 갖고 있기에 저출산이 심각한 문제가 된 한국 사회에서 출산율을 향상시킬 것이라는 기대도 함께 투영되어 있다.

그런데 이러한 한국 사회의 바람과 다르게 전통적인 한국 여성상을 재현하지 않으려는 이주여성은 바로 그 순간, 이방인의 자리로 되돌려진다. 이혼한 이주여성에 대한 정주권을 허용하지 않으려는 국가의 정책이 그것을 잘 보여준다. 남편에 의한 폭력 등 이혼 책임이 이주여성에게 있지 않음을 스스로 입증할 때만 한국에서 체류하는 것이 가능하고, 그 또한 국적이나 영주권 심사와 같은 까다로운 과정을 거쳐야만 한다.

이주민에 대한 구분과 차별, 그리고 반차별운동

한편 중국, 베트남, 필리핀, 몽골, 캄보디아 등 결혼이주여성들의 주요 출신국에서 결혼이주여성들은 어떻게 받아들여지고 있을까. 몽골처럼 인구가 적은 나라에서는 외국인(한국인)과 결혼하는 자국 여성들에 대해 호의적이지 않다고 들었다. 사회주의를 경험한 대부분의 아시아권 송출국에서 결혼이주여성들은 자본주의적 물신 숭배에 빠져 자신의 '성적 상품성'을 이용하여 물적 자원이 풍부한 나라로 이주해 간 여성들로 비춰질 수 있다. 따라서 이들은 본국의 가족과 사회를 위해 노동이주를 한 남성 이주자들과는 다른, 대비되는 존재일 것이다.

송출국들은 사회주의적 자부심은 여전히 유지하고 싶어 하면서도 세계 자본주의적 경제 흐름의 회로를 넘어설 수 없기 때문에 결혼이주여성들이 보내는 송금과 한국에 주재하는 대사관의 각종 서류 수수료 등으로 '보이지 않는' 착취를 한다. 많은 이주여성들은 한국 국적을 취득한 이후 자신의 모국을 방문할 때 비자 비용을 지불해야 하고, 한국에 있는 대사관에서 여러 필요한 서류를 발급받을 때마다 적지 않은 수수료를 부담해야 하는 것에 대해 부당함을 토로한다. 이러한 경제적 맥락이 있기 때문에 송출국 정부는 그동안 숱하게 발생한 가정폭력으로 인한 이주여성의 사망 사건에도 불구하고 상업적 국제결혼에 대한 금지 조치를 취하지 않는다. 오히려 이주여성들의 인권 문제가 제기됨으로써 한국과의 관계가 어려워질 것을 우려하는 모습을 보이기도 한다. 그러하기에 '모든 이주자는 하나의 세계를 통째로 가지고 다닌다'라는 말을 새삼 절감한다.

한국 사회는 역사적 경험으로 인해 서구 사회, 특히 미국에 대한 선호가 유별나다. 미국 선호는 아시아 출신 이주자를 차별하고 무시하는 것과 동전의 양면을 이룬다.

'미국 사람이랑 결혼하면 글로벌 가족이고, 아시아 쪽 여성이랑 결혼하면 다문화가족'이라는 말이 있는가 하면, 이주여성들은 '미국 사람은 (영어를 구사하니까) 한국어를 안 배워도 되지만 우리는 꼭 배워야 되잖아요?'라고 꼬집는다.

한국 사회에서 유행하는 '다문화'는 그 대상을 결혼이주여성에 한정하는 경향이 강하고, '우리 문화를 적극적으로 수용, 적응하여, 한국 국적의 아이를 잘 키울' 것으로 상상되는 동화주의형 모델에 가깝다. 이주노동자나 외국인 유학생, 난민 등 다양한 이주자들이 '다문화'에 포함되지 않는다. 특정 대상만을 중심으로 하는, 특정 대상을 배제하는 논리는 언제나 차별의 가능성을 안고 있다. '다문화'에 포섭된 결혼이주여성도 '정상가족'을 이루고 있을 때만 유효할 정도로 선별적 정책이 횡행하고 있으며, 이러한 정책이 별다른 저항 없이 받아들여지고 있다.

대상에 따른 차별적 정책으로 나타나는 분할 통치는 지배의 오랜 전략이다. 결국 이주민 간의 구분과 차별, 이주민/선주민에 대한 구별과 차별은 한국 사회 다양한 소수자 차별과 그 맥을 같이한다. 소수자 인권의 수준이 그 사회 인권 수준의 반영이기에 이주민 인권을 위한 활동은 한국 사회 모든 차별에 대한 반대 운동과 연장선에 있을 수밖에 없다.

4장

세 번의 키스
정현의 이야기

첫 번째 키스

"너 어디 살아? 아파트야?"
"아니."
"주택이야?"
"아니. 그냥 혼자 살아."
"잘사나 보네?"
"아니, 못살아."
"벽이 무슨 색깔이야?"
"까만색."
"와, 좋은 데 사는구나."

비닐하우스를 덮은 검은 차광막을, 아마도 친구들은 검은 벽돌쯤
으로 상상했을 것이다. 솔밭마을에 어떻게 들어갔는지는 기억나지 않

는다. 초등학교 2학년 때라는 것만은 분명하다. 아침에 일어나보니 도시 한가운데에 논이 있고 밭도 있고 비닐하우스도 있었다. 비닐하우스에는 과일이 아니라 사람이 살고 있었다.

집 형편이 계속 안 좋았다. 아빠에게 빚이 많았다. 그러다보니 이사를 많이 다녔다. 이사를 많이 다녀서 이사는 당연하게 여겼다. 이 마을도 처음에는 그랬다. 조금 있으면 또 이사 갈지 모른다고 생각했다. 마을은 어두웠다. 그때는 가로등도 없었다. 언젠가 엄마 손을 잡고 아주 좁은 골목에 들어갔는데 개가 막 짖어댔다. 무서웠다. 친구를 사귈 만하면 이사를 가고, 사귈 만하면 이사를 갔다. 지금도 친구를 사귀는 건 어렵다. 친구라기보다는 아는 형, 아는 동생들이 많다. 동생도 친구를 잘 못 사귀니까 이사를 다니면서 동생하고만 놀았다. 동생과 무척 친해졌다. 거의 매일 같이 다녔다.

엄마가 학교에 써내는 생활기록부를 작성할 때 주위에 사는 분의 집 주소로 했다거나 아무 주소나 써서 냈다거나 하는 얘기는 나중에 들었다. 사람들이 비닐하우스촌이라고 부르는 이 마을이 원래 입주할 수 없는 곳이었다는 사실도 나중에서야 알았다. 마을에 들어가는 길은 두 개다. 처음에 학교 갈 때는 사람들이 잘 안 다니는 쪽으로 일부러 더 먼 길을 선택해서 돌아간 적도 많다. 내가 어디에 사는지 아는 친구들도 있었는데 조금 부끄러웠다. 초등학교 때는 친구들이 이 마을이 개발 지역이라는 걸 알아서 여기 사는 사람들이 다 부자라는 소문도 돌았다. 중학교 때는 그냥 여기 산다고 얘기하기도 했고 고등학교에 들어갔을 때는 왠지 말하기가 꺼려지기도 했다.

시간이 흐르면서 마을에 사는 아이들과 친하게 지내게 됐다. 솔밭마을은 참 좋았다. 달랐으니까. 앞에도 아파트, 옆에도 다들 아파트인데 솔밭마을은 땅이 시멘트나 아스팔트가 아니고 흙이었다. 겨울에 논을 밀면 거기서 뛰어 놀았다. 놀 데도 참 많았고 보통 애들과는 다르게 놀 수 있었다. 아이들이 총이나 칼을 가지고 놀 때 우리는 메뚜기를 잡으며 놀았다. 방학이면 약속도 안 했지만 아침 일곱 시에 버드나무 아래 모여 해질 때까지 놀았다. 가로등이 없어서 더 놀 수 없는 게 아쉬울 뿐이었다.

그런데 중학교 들어가면서 친했던 친구들과 뿔뿔이 흩어지게 됐고 나는 혼자 다른 중학교를 가게 됐다. 지역아동센터에 나가기 시작한 건 중학생이 되고 나서다. 원래 초등학생만 다니는 곳이었는데 중고등학생도 다닐 수 있게 되었다. 센터에 다니는 애들은 솔밭마을 어른들한테 좋은 인상을 줬던 것 같다. 마을 어른들이 예뻐해주셨다. 부모님이 싸우기라도 하면 주위 어른들이 우리를 챙겨줬다.

센터에서 밴드 활동을 시작했다. 나는 베이스 기타를 쳤다. 밴드에는 나를 잘 대해주는 형이 있었는데 지훈이 형이었다. 지훈이 형은 베이스 기타를 치고 있었다. 쉬워 보이기도 하고 편할 것 같아서 나도 베이스 기타를 시작했다. 연주를 잘 못하는데도 의외로 불러주는 곳이 많아서 공연을 자주 했다. 합주 연습을 한다고 합숙도 많이 했고 여름방학이면 일주일이나 보름씩 캠프에 가서 연습을 하기도 했다.

중학교 2학년 때였다. 밴드 연습을 하는 집 옆에 컨테이너 박스가 있었다. 연습을 다 마치고 나면 컨테이너 박스에서 술을 마시다가 잠이 찾아들 때쯤 연습실에 가서 자곤 했다. 어느 날 지훈이 형이랑 나랑 둘이 남게 됐다. 형은 내 친구들 중 한 여자애를 좋아하고 있었다.

술을 마시고 힘들다 어쩌다 얘기를 하다가, 어쩌다가, 나한테 키스를 했다. 당황스러웠고 미안했다. 다음날 필름이 끊겼다고 얘기를 하기에 실수라고 생각했다. 그날은 술은 마시지 않고 연습만 하다가 연습을 마치고 다 같이 잠을 잤다. 그런데 지훈이 형과 나는 맨 정신에 또 키스를 하게 됐다. 그리고 우리는 다음날 사귀게 됐다.

연습을 마치고 늘 같이 집으로 갔다. 우리 집으로 가다보면 지훈이 형 집이 나온다. 매번 형네 집 앞에서 키스를 하고 헤어진 후 집에 가곤 했다. 어느 날 엄마가 나를 불렀다.

"너, 지훈이랑 사귀니?"

당황했다. 아니라고 했다. 마을 아주머니 한 분이 엄마에게 둘이 키스하는 걸 봤다고 얘기해주었다고 했다. 나는 아니라고 대충 둘러댔지만 크고 묵직한 무언가가 다가오는 느낌이었다. 형 입장에서도 생각해봤다. 그 후로 지훈이 형에게 못되게 굴었다. 이건 정말 아니라고 말했다. 형에게 상처를 줬다. 술 마시다가 형이 물어봤다.

"날 정말 좋아하긴 했냐? 동정이었냐?"

나는 처음부터 안 좋아했다고 말했다. 그 뒤로 헤어지고 지금까지 잘 지내고 있다. 아니라고 말했지만 내게 어떤 감정이 있었던 것 같다. 지역아동센터 선생님들은 그렇게 좋아지는 건 당연한 거라고 얘기해줬지만, 나는 어렸고 나도 나를 잘 몰랐다.

두 번째 키스

아빠와 엄마는 초등학교 3학년 때 이혼했다. 아빠와 엄마는 나를 임신해서 결혼했다고 한다. 아빠는 툭하면 폭력을 휘둘렀다. 집착도 있었다. 나를 임신했을 때도 엄마를 많이 때려서 엄마가 외할머니 댁으로 도망가기도 했다고 한다. 내가 초등학생일 때 아빠와 엄마는 많이 싸웠다. 두 살 어린 동생 앞에서 아빠 엄마가 싸워도 나는 어떻게 할 수 없었다. 악몽 같았다. 보면서도 말릴 수가 없었다. 그럴수록 엄마한테 미안했다. 아빠는 크고 엄마는 작으니까. 엄마는 내가 보는 앞에서 아빠한테 무릎을 꿇고 빌었다. 나랑 같이 살게 해달라고. 아빠는 무조건 나가라고만 했다.

아빠는 나를 예뻐한다. 크게 때린 적이 없다. 동생은 조금만 잘못해도 맞았다. 많이 억울했을 것이다. 한번은 내가 피어싱을 했다가 아빠한테 걸렸다. 나도 혼났지만 동생이 더 혼났다. 왜 숨겨줬냐고 혼을 낸 것이다. 아빠가 머리 기른 걸 안 좋아하셔서 둘이 머리를 자를 때도 나는 별로 안 잘렸고 동생은 많이 잘렸다. 내가 잘못한 것 때문에 동생이 혼난 적도 많았다. 동생이 약간 눈치가 없기도 했다. 나는 아빠한테 뭐라고 말하다가 아빠가 화난 걸 알면 피했다. 그런데 그때 동생이 또 아빠의 심기를 건드려서 맞았다. 아빠는 때리고 나면 미안해하면서 어디를 같이 가자, 맛있는 거 사주겠다, 말을 걸었다. 물론 나나 동생이나 그런 말을 좋아할 리 없다.

엄마는 아빠한테 맞으면서도, 아빠와 싸우면서도, 이혼을 하고 나서도, 우리와 같이 살았다. 나와 동생을 챙길 사람이 없다고 생각하셨기 때문이다. 할머니가 함께 살았지만 다리가 아파서 움직이는 게 불편하셨다. 이혼하고 같이 살 때 엄마는 아버지랑 한 침대에서 주무시기도 했다. 그동안 아버지는 계속 바람을 피웠다. 내가 고등학교 올라갈 때 아빠, 엄마는 재혼했다. 같이 살지만 서류상 엄마는 동거인으로 돼 있으니 보기 안 좋다고 재혼을 한 것이다.

지금은 다시 이혼하고 따로 사신다. 엄마는 큰 외삼촌 집에 산다. 다행히 외할머니 댁이 우리 집 근처라 자주 오신다. 아빠는 재혼해서 경기도에 산다. 재혼한 분은 자식들도 있다. 전 남편은 돌아가셨다고 한다. 전 남편이 보험을 많이 들었는데 그분이 돌아가시면서 돈을 많이 받은 것 같다. 아빠는 파산 신고를 하고 고모부 이름으로 가게를 내서 운영하던 중이었는데 그 돈으로 파산 신고한 것도 철회하고 빚도 다 갚았다. 지금은 경제적으로 좋아졌다. 아빠는 재혼한 후로 집에 거의 안 들어왔다. 한 달에 한두 번이나 될까? 재혼해서 사시는 곳에 집을 두 채 짓고 거기서 지냈다. 할머니는 우리랑 계속 같이 지내다가 최근에 그쪽으로 옮기셨다. 몸이 많이 안 좋아지셨기 때문이다.

어렸을 때 여자 같다는 말을 정말 많이 들었다. 중학교 때는 머리도 길렀다. 가끔 집에 놀러온 아빠 친구들이 여자 같다고, 여자가 되고 싶냐고 물었다. 그럴 때면 아빠는 조금 언짢아하는 듯했다. 나를 혼내지는 않았다. 혹시 여자가 되고 싶으면 얘기하라고 했다. 나는 아니라고 했다. 아빠도 아니라는 대답을 듣고 싶어서 물었을 것이다.

고등학교에 올라가서 중학교 때 헤어졌던 경수를 다시 만났고 지역아동센터도 같이 다니게 됐다. 너무 반가웠다. 초등학교 때 나를 괴롭히는 애들을 혼내주던 친구였다. 경수는 여전히 나한테 잘해줬다. 춘천에 캠프를 갔을 때였다. 연말에 공연이 많아서 합숙을 하러 갔던 것이다. 연이은 공연이 끝난 1월 어느 날, 뒤풀이를 하고 연습실에서 다 같이 잤다. 언제부터인지 모르게 경수가 내 손을 잡고 있었다. 그날 우리는 술도 안 마셨다. 그냥 경수가 내 손을 잡고 옆에 자고 있었다. 나는 입을 맞췄다. 경수는 안 자고 있었다.

"술 마셨어?"

한참을 조용히 있다가 아니라고 대답했다.

"오늘만이야."

경수의 그 말이 너무 슬펐다. 다음날부터 괜히 서먹해졌다. 공연은 계속 있었다. 밴드는 여느 때처럼 함께 합숙을 하며 합주연습을 했고 연습을 마치면 다 같이 잤다. 그리고 어느 날인가 경수가 먼저 나한테 키스를 했다. 언제부터 사귀게 된 건지 서로 따져본 적 없지만 우리는 사귀게 됐다. 경수는 나한테 정말 잘해줬고 해준 게 많았다. 경수는 솔밭마을에 살다가 일찍 이사를 가서 집이 멀었다. 그래도 학교가 끝나면 나를 데리러 오고 학원에 갈 때 데려다주고 학원이 끝나면 다시 데리러 왔다. 일기도 써서 줬다.

나는 경수랑 사귀는 걸 내 친구 정우의 누나한테 얘기했다. 정우네 누나는 나랑 정말 친했다. 그런데 그 누나가 자기 엄마한테 내가 경수랑 사귄다고 얘기했다. 충격이었다. 정우 엄마가 지역아동센터 학부모회의에 가서 선생님들한테 한소리 했다고 한다. 애들이 이렇게 될 때까지 왜 놔뒀냐고 항의하셨다고. 물론 선생님들은 나를, 그리고 우리를 지지하셨다. 우리를 데려다놓고 물어보셨다. 학부모들에게서 이렇게 얘기가 들어왔는데 어떻게 말하면 좋겠냐고.

"사귄다고 할까, 아니라고 할까?"

우리는 아니라고 해달라고 했다. 그래도 지훈이 형과 사귈 때처럼 아니라고만 하면서 서둘러 끝내고 싶지는 않았다. 나는 경수가 좋았다. 하지만 우리가 서로 좋아한다는 건 연애의 필수조건이었을 뿐, 충분조건은 아니었다.

경수랑 사귀는 걸 아는 친구들이 있었다. 그날 정우는 아마 장난으로 그런 말을 던졌을 것이다.

"야, 너는 왜 내 친구를 망치냐?"

내 친구……? 정우는 이사 온 후로 줄곧 같이 어울려 지낸, 내 친구이기도 했다. 그 말을 듣고 나서 내가 어떻게 했는지는 기억나지 않는다. 다만 아주 오랫동안 그 말을 곱씹었던 것 같다. 경수는 키도 크고 남자답다. 나는 평소에 여자 같다는 말을 곧잘 들었다. 정우는 내가 지훈이 형과 사귄 것도 아는 친구였다. 왜 하필 나한테. 아마 정우는 경수에게 같은 말을 하지는 않았을 것이다. 다들 나한테 뭐라고 했다.

지역아동센터 아이들도 눈치를 채는 것 같았다. 시선이 따가워서 우리는 주로 밖에서 만났다. 학원에 가지 않는 수요일에만 센터에 갈 수 있는데 경수가 자꾸 밖에서 만나자고 해서 티격태격 싸우는 일도 잦았다. 나는 원래 센터에 나가서 선생님들 일을 도와드리고 있었다. 선생님들은 센터에 너무 소홀한 것 아니냐며 서운함을 드러내기도 했다. 경수는 누가 더 중요하냐며 화를 냈다. 결국 센터 일 때문에 헤어졌다. 선생님들하고 애들하고 일하는 게 너무 좋아서 경수가 원하는 만큼 시간을 낼 수 없었다. 그때쯤 인터넷을 찾아 게이 커뮤니티 카페에 가입했다.

세 번째 키스

카페는 처음이었다. 가입했더니 정기모임도 있고 캠프도 있었다. 괜찮다고 생각했다. 정기모임에 나가는 건 선뜻 발이 떨어지지 않아 인터넷으로만 보다가 고3 때 처음 정기모임에 나갔다. 처음 만나는 사람들인데 다들 잘해주고 친하게 어울려 놀았다. 두려움 없이 여름 캠프도 신청했다. 나보다 한 살 어린 친구가 캠프를 주최했다. 막상 갔더니 정기모임 때 왔던 사람들이 별로 없었다. 서먹서먹했다. 그때 나한테 잘해주는 형이 있었다. 그 형을 좋아하게 됐다. 정말 사람이 그렇게 좋아보기는 처음이었다. 아주 친하게 지냈다. 그런데 몇 달 후에 군대에 갈 사람이었다.

캠프를 마칠 때 그 형은 종로에 약속이 있는데 같이 가자고 했다. 아는 사람들과 같이 밥 먹고 술 마시는 자리라며 데리고 갔다. 사람들과 같이 있는 자리에서 그 형은 내게 계속 키스하자고 들이댔다. 커뮤니티에 나가면서 게이들이 너무 쉬워서 욕을 먹는다고 생각하던 때였다. 나는 싫다고 했다. 내가 화장실에 갔는데 거기까지 따라왔다. 나는 계속 거부했다. 술자리에서는 게임이 시작됐다. 소주 두 잔밖에 못마시는 내가 걸리자 그 형이 흑기사를 해주겠다고 했다. 대신 키스해달라고 소원을 말했다. 화장실에서 그 형과 키스했다. 그리고 다시 술자리로 돌아갔다. 그 형은 나한테 미안하다고 했다. 나는 조금 먹먹해졌다. 술자리가 계속 이어지는데 그 형은 옆자리의 다른 형과 보란 듯 키스를 했다. 내색은 안했지만 굉장히 당황스러웠다.

10시가 조금 지나서 나는 자리에서 일어났다. 다음날 학원에 가야했기 때문이다. 그 형은 지하철역까지 나를 데려다줬다. 지하철역에서 내게 또 키스를 했다. 주위에는 물론 사람들이 있었다. 당황스러웠지만 아까와 달랐다. 솔직히 좋았다. 경수랑 사귈 때는 사람들 시선 때문에 밖에서 손 한 번 못 잡고 다녔다. 남자랑 여자랑 손잡고 다니면 그게 괜히 부러웠다. 그런데 그 형은 대담했다. 그이가 가고 나서 지하철을 기다리는데 갑자기 눈물이 쏟아졌다. 미안하다는 말은 무슨 의미였을까. 그 말이 머릿속을 떠나지 않았다. 문자를 보냈다.

"왜 미안해요?"

"아니, 그냥, 미안해."

가는 내내 울었다. 그날은 마침 엄마네 집에 가는 날이었다. 눈물을 다 닦고 엄마네 집에 들어갔다. 다음날은 학원 가기 전에 내가 사는 집에 들러야 했다. 시간이 없어 택시를 탔다. 아는 동생한테 어제 얘기를 하고 싶었다. 전화를 걸었는데 눈물이 너무 나서 핸드폰을 들고 계속 울었다. 아마 그는 나와 사귀고 싶었던 것 같지는 않았다. 커뮤니티에서 키스는 자연스러운 것이었지만, 평범한 것이기도 했나 보다. 그래도 사람을 그렇게 좋아할 수 있다는 걸 처음 알았다. 그걸 알려준 것 같아서 고마웠다. 그 형과는 그 후로 계속 연락했고 지금은 군대에 가 있다.

스무 살까지는 입시 준비하느라 바빴다. 대학에 가기 싫었지만 아빠가 가라고 했다. 안 간다고 얘기해봤지만 아빠는 대학교를 다닐 때까지만 생활비를 대준다며 가라고 했다. 어떻게든 대학은 가야 할 상황이었다. 나는 중학교 때부터 미술만 했고 공부는 못했다. 그래서 미술 실기 100%인 학교를 선택했다. 경기도에 있는 학교였고 기숙사 생활을 했는데 그게 너무 힘들었다. 원래 잘 안 먹는 체질이어서 먹는 문제는 별로 힘들지 않았다. 룸메이트와 같은 방을 쓰는 게 힘들었다.

그는 덩치 큰 중국인이었다. 냄새 많이 나고 잘 씻지 않는다는 얘기를 들은 적 있지만 별로 신경 쓰지 않았다. 냄새가 많이 나긴 했지만 원래 냄새를 잘 맡거나 민감한 편이 아니라 큰 문제가 되지는 않았다. 그는 친절했다. 이것저것 먹을 것도 챙겨줬다. 말을 섞을 일도 별로 없었다.

"이거 먹어봐" 그러면 고맙다고 하며 나도 뭐 하나 주는 정도였다. 내가 친구를 잘 사귀지 못하는 탓도 있었겠지만, 그가 계속 컴퓨터를 하거나 그렇지 않으면 잠을 자거나 해서 말을 오래 섞을 시간도 없었다. 그와 같이 지내기 힘들었던 이유는 밤에 너무 시끄러웠기 때문이다. 룸메이트가 밤새 영상통화를 하는 탓에 밤에 이어폰을 끼고 노래를 들으며 자는 습관이 생겼다. 그리고 같이 생활하는 공간인데도 혼자 중국 노래를 부른다거나 친구들을 데려온다거나 종잡을 수 없었다. 나는 방 안에까지 친구를 데려오지는 않았다. 기숙사에서 2주를 지내며 이 학교를 4년 동안 다니는 것은 힘들겠다는 판단이 분명해졌다. 이왕이면 가까운 데로, 집에서 통학할 수 있는 데로 다녀야겠다고 생각하면서 자퇴를 했다. 기숙사 생활이 힘든 것도 있었지만, 센터를 자주 오갈 수 없었던 탓도 크다. 밖에서 혼자 지내는 게 처음이라 그랬는지 그리운 것도 서러운 것도 많았다.

자퇴를 하고 나니 여유가 생겼다. 주위에서 공부하라는 얘기는 들어본 적 없지만 그림으로 먹고살 수 있겠다는 얘기는 자주 들었다. 여기 와서 일하라고 불러주시는 분들도 많았다. 커서 돈 걱정 하는 사람이 되지는 않을 거라는 생각이 들었다. 지금도 그렇다. 학벌이 안 좋아도 잘하는 것만 있으면 먹고 살 수 있다고 생각한다. 대학은 지금도 가기 싫다. 학원 다니는 것도 힘들다. 여기저기에서 일하면서 내 밥벌이 정도는 할 수 있는데 아빠가 가라니 가는 거다. 내가 진짜 하고 싶은 예술을 할 수 없으면 다시 자퇴할 거다.

대학에 안 다니는 것보다 그때까지 섹스를 한 번도 해보지 못한 게 창피했다. 일반인 친구들 중에는 고등학교 때 해본 친구들도 있었는데, 나는 스무 살이나 먹어서 이것도 저것도 모르는 사람 같아 창피했다. 그때 인터넷으로 한 사람을 알게 됐다. 커뮤니티에서 친해진 동갑 친구였다. 같이 놀다가, 밤에, 어쩌다가, 섹스를 하게 됐다.

네 번째 키스

커뮤니티에서 친하게 지내는 친구들은 거의 없다. 연락을 하다가도 언제 어디선가 끊기게 되고, 사람을 대하는 태도가 시큰둥하다는 느낌도 든다. 커뮤니티 사람들이 어디 사냐고 물으면 자세하게 얘기하지 않는다. 그냥 서초구에 산다거나 양재 쪽에 산다고 말한다. 지금도 만나는 친구들은 대부분 솔밭마을에 같이 살던 친구들이다.

지훈이 형이나 경수는 모두 여자친구를 만나는 중이다. 처음에는 그게 싫고 마음에 안 들었다. 밴드 연습을 같이하니까 지훈이 형을 계속 만났다. 형이 핸드폰을 놓고 가면 집에 가는 길에 내가 가져다주기도 했다. 한번은 핸드폰을 몰래 열어봤는데 여자친구의 사진이 있었다. 지훈이 형의 감정이 어떤 것이었을지 궁금하다. 경수는 내가 정말 좋아했던 사람이다. 경수가 다른 사람과 연애를 하니 잘된 것도 같고, 그때 더 잘해보지 못한 게 아쉽기도 하다. 정우와는 지금도 친하게 지낸다. 정우가 가끔 삐질댈 때면 내게 했던 말이 생각나기는 한다. 왜 내 친구를 망치냐고…….

지금 사는 집은, 나오면 딱 솔밭마을이 보이는 곳에 있다. 솔밭마을은 다 철거됐다. 나는 근처 오피스텔로 이사 와서 동생과 같이 살고 있다. 아빠가 얻어준 집이다. 학원비도 아빠가 대줘서 걱정 없이 학원에 다닌다. 아빠는 내가 하고 싶은 일은 다 하게 해준다. 하지만 나랑 동생은 아빠한테 차갑게 대한다. 전화해서 하는 얘기는 돈 얘기밖에 없다. 어릴 때는 아빠라는 사람이 엄마라는 중요한 사람을 우리에게서 빼앗았다는 것이 용서가 안 됐다. 요즘엔 조금 불쌍하다.

동생은 고3이다. 제과제빵 기술을 배우고 있어 빵은 실컷 먹는다. 가족 중에 내가 게이라는 사실은 동생만 안다. 동생은 형 인생이라며 간섭하지 않는다. 아빠한테는 평생 얘기할 수 없을 것 같다. 엄마한테는 얘기할 수 있는데……. 아니, 얘기하지 못할 것 같다. 엄마는 내가 아프거나 힘들어하면 운다. 같이 옆에 있으면 어떻게 해줄 텐데 같이 있지 못해 미안하다고, 계속 미안하다고 하시며 운다. 엄마한테 또 다른 짐을 안기는 것 같아서, 엄마가 힘들어할 것 같아서, 얘기를 못하겠다. 한번은 동생에게 애인이 생겼다는 얘기를 엄마한테 했다.

"야, 너는 언제 애인 사귀냐?"

연애하라고, 그냥 던질 수 있는 얘기지만 나한테는 오래 남았다. 그 후로는 엄마한테 말한다.

"엄마, 나 결혼 안 한다고 했잖아! 평생 혼자 살 거라니까. 엄마랑 같이 살 거야!"

지역아동센터에는 자원봉사를 하러 가는데 센터에도 가끔 싫은 일은 있다. 가끔 후원해주는 분들이 찾아와 아이들을 불쌍한 애들 취급하는 것도 불편하다. 이거 해줄까, 저거 해줄까 물어댈 때는 불쾌하기도 하다. 그런데 프로젝트를 따려고 일부러 더 불쌍하게 보이도록 기획서 쓰는 일을 내가 맡아야 할 때도 있다. 센터 동생들은 대놓고 '게이 형, 게이 형!' 하며 놀린다. 누군가 이곳저곳에 다 얘기하고 다녔나 보다. 동생들이 그렇게 놀리면 선생님들이 더 당황한다. 나는 아니라고 부인하기는 싫은데 맞다고 하면 센터의 학부모들이 가만히 있지 않을 것 같아 어떻게 해야 할지 모르겠다. 나는 그냥 웃으면서 넘기거나 화를 내거나 한다. 지역아동센터를 떠나고 싶지 않기 때문이다.

나는 사람을 잘 가리는 편이었다. 어릴 때는 장애인이 내가 있는 쪽으로 안 오면 좋겠다고 생각했다. 겉으로는 티를 안 냈지만 속으로는 그랬다. 요즘에는 장애인 친구들이 만드는 도자기에 그림을 그리고 있다. 〈종로의 기적〉이란 영화를 보고 에이즈에 대해 생각해보기도 했다. 센터에서 이런저런 사람을 만나고 이야기를 나누면서 조금씩 달라졌다. 다른 사람들도 모두 나와 마찬가지라는 생각이 들 때 나는 조금씩 더 당당해진다. 지금 내게, 내가 게이라는 사실은 중요하다. 여성스러운 내 외모에 대한 시선도 즐긴다. 나는 나를 소중히 하는 사람이니까.

네 번째 키스는 이미 내 안에 있다.

인터뷰 | 노랑사, 미류
녹취 | 노랑사
글쓴이 | 미류

그는 여러 차례, 어쩌다가 키스를 하게 됐다고 말했다. 어떤 이야기를 듣다가 그것이 낯설게 여겨질 때, 사람들은 눈을 굴리며 묻는다. '어쩌다가' 그렇게 됐어? 정현은 그냥 답한다. '어쩌다가' 그렇게 됐어. 그러나 살아오는 동안 잊을 수 없는 키스의 기억에는 얼마나 많은 감정의 되새김질이 묻어 있겠는가. 그리고 그때마다 키스의 기억에는 수많은 사건과 경험들이 붙었다 떨어졌다를 반복했을 것이다. 기구한 사연을 탐문하는 '어쩌다가'에 대한 대답이 그냥 '어쩌다가'일 수밖에 없는 이유다.

열쇠말

비닐하우스촌, 가족, 게이, 지역아동센터, 커뮤니티, 키스, 밴드, 엄마, 가정폭력, 주소, 이혼, 여자, 학부모, 종로, 미술, 중국인, 자퇴, 섹스, 에이즈, 장애인, 커밍아웃, 동정, 다름, 마찬가지

수신확인

찰나의 풍경

김일란 • 성적소수자문화환경을위한 모임 연분홍치마 활동가

마음의 풍경을 그릴 수 있다면

여성주의 문화운동단체인 연분홍치마는 5년에 걸쳐 성소수자 커밍아웃 다큐멘터리 3부작을 제작, 배급했다. 세 명의 성전환 남성들의 삶을 그린 다큐멘터리 〈3xFTM〉(2008), 한국 최초로 커밍아웃한 국회의원 후보 최현숙 씨의 선거 과정을 그린 다큐멘터리 〈레즈비언 정치도전기〉(2009), 네 명의 게이들의 삶과 일상을 그린 다큐멘터리 〈종로의 기적〉(2010). 이 세 편의 다큐멘터리 제작에 참여하면서, 언제나 목표가 있었다. 그것은 '순간'을 재현하고 싶다는 것이었다.

여기서 말하는 순간이라는 것은 매우 치명적이면서 정서적인 차별을 받는 상황에서 한 개인이 느끼는 감정적 사건을 말하는 것이다. 말

하자면 성소수자들이 '차별'을 받으면서 느끼는 '감정'을 (카메라로) 포착하고, 그 감정의 의미를 (이미지로서) 소통 가능한 것으로 만드는 것을 말한다. 여기에는 두 가지 어려움이 있었다. 하나는 권력이나 재화의 불균등한 재분배나 가시적인 폭력을 차별로 이해하는 사회적 인식이다. 따라서 과거에 부당하게 겪었던 경험으로 인한 기억이나 이미지 혹은 감정으로 인해 괴로운 상황을 차별의 한 유형으로서 고려하지는 않는다. 더불어 성소수자에 대한 경험이나 감정에 대한 이해가 부족한 것이 현실이다. 다수의 사람들이 소수자의 경험에 적극적으로 개입하도록 만드는 가장 효과적인 방법은 '고통의 이미지'를 극단적으로 전시하는 것이다. 말하자면 낯선 주체들의 경험을 대중들의 관습화된 연민에 기대어 전달하는 것이다. 왜냐하면 관습화된 연민이란 다수자의 가치를 위협하지 않으면서 낯선 주체들의 경험에 기꺼이 동참할 수 있는 감정적인 계기를 마련하기 때문이다. "저렇게 힘들고 고통스럽게 살고 있다니…… 불쌍하다. 안타까운 현실이야." 어떤 이들의 말처럼 연민도 이해와 소통의 시작점이 될 수 있다. 그러나 연민은 그 당사자가 자신의 경험을 굴욕적인 것으로 기억하도록 만들어 자기를 긍정할 수 있는 계기를 박탈하기도 한다.

　성소수자 다큐멘터리에서 '순간'의 재현이 가능하기 위해서는 두 가지 측면이 현실적으로 전제되어야 한다. 우선 다큐멘터리라는 장르는 극영화와 달리 어떤 특정한 사건이 카메라 앞에서 우발적으로 발생하기 전까지는, 원칙적으로 기록될 수 없다. 그 순간의 기록은 오랜 기다림 속에서 가능해진다. 그렇다고 해서 주인공들에게 언제 발생할지 모를 상황에 대비에 마치 CCTV처럼 대기하며 기록할 수는 없지 않나. 그러나 더욱 큰 문제는 성소수자들의 감정은 즉각적으로 '이해 가능한 것'으로 전달될 수 있는 것이 아니라는 데 있었다. '왜 그런 감정을 느끼는가?'에 대한 해명의 과정이 전제되어야 하는 경우가 많았다. 지금 우리 시대와 다른 시간 혹은 우리가 사는 곳과 다른 공간에 사는 사람들의 행위와 감정을 이해하기 위해서는 그 시대와 공간에 대한 문화적 이해가 전제되어야 하는 것처럼. (한 영화평론가 친구에게 들은 이야기인데, 한국 영화의 마니아인 한 프랑스 관객은 한국 영화에 자주 등장하는 죽기 전의 행위인 '신발 벗기'의 감정이 무엇인지 물어보았다고 한다.) 말하자면 특정한 상황에서 느끼는 감정은 일종의 '경험 공동체' 혹은 '해석 공동체' 속에서만 유통될 수 있는 것이다. 영화운동은 바로 이러한 경험 공동체 혹은 해석 공동체를 확장시켜 나가는 것이라 할 수 있을 것이다. 그런데 한국 사회에서 성소수자들이 느끼는 감정의 개연성은 아직도 낯선 것이어서 이 감정의 맥락을 설명해주어야 주인공의 감정에 몰입하는 경우가 대부분이다. 이렇듯 다큐멘터리라는 장르를 통해서 성소수자의 현실을 전달하고자 할 때 '감정의 순간'을 이미지로 포착한다는 것은 어쩐지 애초부터 불가능한 기획처럼 느껴졌다.

〈3xFTM〉을 제작할 때 한 주인공은 이런 말을 했다. "다른 사람들의 눈을 의식하지 않고 자유롭다고 느낄 때는 나 혼자 집에 있을 때. 숨기지 않아도 되니까요. 하지만 집에 있어도 누군가가 나를 봐서 불을 끄고 있어요." 성별 이분법적인 사회 속에서 성전환자들은 자신이 원하는 성별로서 살아가기 위해 주변 사람들을 '속인다'. 그리고 들킬 위험이 없는 집에 혼자 있을 때 자유로움을 느낀다는 것이다. 그러나 집에 돌아와도 계속 속여야만 한다. 왜냐하면 누군가가 자신을 쳐다보고 있기 때문이다. 이때 누군가는 아마도 성별 이분법적인 사회적 시선이었을 것이다. 그리고 이 사회적 시선이라는 것은 이미 내재되어 있는 것이기 때문에 혼자 있어도 숨을 곳이 없다. 그렇게 숨을 곳이 없지만, 그럼에도 불을 끄고 어둠 속으로라도 도망치고 싶었다는 말이었다. 이 자기 분열적이면서도 절망적인 말을 설명이 아닌 '감정'으로서, 인터뷰가 아닌 '순간'의 이미지로, 선명하고 가시적인 차별이 아닌 찰나적이고 반복적인 차별로서 재현하고 싶었지만 불가능했다. 다큐멘터리라는 장르의 미학적 측면은 둘째 치더라도, 성전환자들의 욕망이 이미 전제 혹은 이해되지 않으면 이러한 감정은 전달되기 어렵고 해석 불가능한 것으로 남게 될 수 있었다.

세 번의 키스 그리고 로맨스

정현의 이야기를 읽으면서 그가 자신이 살아온 이야기를 세상에 꺼내놓기 위해서 얼마나 많은 말들을 고르면서 했을지, 그리고 그 이야기를 들은 필자는 정현의 이야기를 세상에 전달하기 위해서 어떠한 고민을 했을지 느껴졌다. 더 정확하게는 필자가 정현의 삶의 이야기를 어떤 시선으로 바라보고 들었는지, 그리고 그것을 전달할 때 무엇에 긴장했는지에 더 눈길이 갔다. 그것은 성소수자 다큐멘터리를 제작하면서 했던 내 고민과 유사한, 복잡한 의미의 결들 사이에서 한참 동안 머뭇거린 흔적이 글에서 발견되었기 때문이었다.
　성소수자들의 삶에서 가장 중요한 문제이면서도 삶의 기반을 위태롭게 만드는 것은 커밍아웃이다. 성소수자가 자신을 긍정하는 과정

가운데 커밍아웃을 하는 것이 어려운 이유는 예상치 못한 순간에 부딪히게 되는 폭력이나 괴롭힘 그리고 위협일 것이다. 이러한 환경 속에서는 타인에게 자신이 누구인지를 알리기는커녕 스스로의 정체성을 확신하기도 쉽지 않다.

우선 정현은 필자에게 자신의 커밍아웃에 대해서 어떤 순서로, 말하자면 어떤 계기와 인과성으로 들려주었는지 모르겠다. 그러나 필자는 정현이 성정체성이 형성되어가는 과정을 생애주기에 따른 '키스'라는 성애적 경험으로 들려주었다. 또한 필자는 정현의 경험들이 게이가 된 계기 혹은 게이로서의 자기 확신으로'만' 해석되지 않게 하기 위해서 노력하고 있었다. 왜냐하면 성정체성을 형성하는 과정에서 성애적 경험은 중요한 경험이지만 그것이 결정적인 것은 아니기 때문일 것이다. 성정체성은 차별과 억압의 경험, 동질감, 타인과 관계 맺기 등과 같은 다양한 경험 속에서 형성된다. 자신이 동성애자라는 것을 인식하기까지 수차례에 걸쳐 반복된 경험과 자신의 경험에 대한 낯선 감정들 그리고 그 감정들을 해석할 수 있는 또 다른 순간들이 있었을 것이다. 그리고 그러한 경험들은 사건 현장의 흩어진 단서들처럼 주어졌을 것이다. 무엇이 중요한 단서인지는 사건 정황이 뚜렷해질 때 파악되듯이, 여러 복잡한 감정을 반복하고 그것을 해석하는 과정을 경유해야만 자신의 정체성을 인식하게 된다.

그런데 이러한 정체성이 구성되는 과정을 이해하지 못하는 비성소수자들은 자신이 납득할 만한 계기를 필요로 한다. 즉 성소수자와 같은 일탈적 삶은 '태어날 때부터' 무언가 불행한 조건이 있었거나 거부할 수 없는 비극적 삶을 통해 비뚤어졌을 것이라는 인과성을 상상하게 된다. 예를 들어 애초부터 게이로 살 수밖에 없는 생물학적 요인으로 인해 동성애자가 되었다거나 혹은 어떤 특정한 성적인(sexual) 사건을 겪은 정신적 외상을 입었거나 그것도 아니면 '비정상적인' 가족 환경 속에서 왜곡된 성의식을 형성하게 되었다는 식으로 말이다. 이러한 사회적 편견과 같은 형태로 성소수자의 성정체성을 해석하는 것은 받아들일 수 없지만, 성소수자들의 정체성에서 '특정한' 성적인 경험과 그 해석의 과정은 매우 중요하다. 그러한 특정한 성적인 경험과 해석이 없다면 성소수자가 '성소수자'일 리 없지 않은가.

그래서 정현과 필자는 특정한 성적인 경험을 편견에 기대지 않고 서술하는, 이중 구속의 상황을 지혜롭게 피해가기 위해서 정현의 경험을 대체로 많은 이들에게 익숙한 이성애 로맨스의 서사에 기대어 들려주었던 것 같다. 그래서 '키스'라는 성적인 행위를 통해서 로맨스 서사를 구축한 것은 바로 이러한 의도에서 선택된 것으로 짐작된다.

또 다른 측면에서 정현은 성소수자와 관련해서 매우 중요한 사실을 지적하고 있다. 그것은 바로 성소수자들은 비성소수자들에게 이웃해 있다는 점이다. 모든 사람들이 자신에게 안정적인 공간과 그렇지 않은 공간을 횡단하며 살고 있듯이, 정현 역시 커밍아웃이 가능한 안전한 공간과 그것이 불가능한 공간을 오가며 살고 있다. 그러나 대부분의 사람들과 달리, 그 두 공간은 지극히 단절되어 있을 것이다. 사회적 커밍아웃과 오랜 인권 활동을 통해서 성소수자들에 대한 사회적 인식이 달라지고는 있지만, 여전히 성소수자들을 바라보는 시각은 '별종들'일 뿐이며, 가려진 존재다. 서울 마포구에 거주하는 성소수자들과 그들을 지지하는 사람들은 성소수자가 가려진 존재가 아니라

같은 공간에 공존해 살고 있는 사람들이라는 메시지를 전달하기 위해 마을버스 광고를 내거나 현수막을 거는 등 다양한 노력을 해왔다. 이러한 노력은 성소수자들이 '어디든' 존재하고 있음을 알리기 위함이었다. 그러나 이러한 노력들은 구청과 지역주민들의 성소수자 혐오에 의해서 거부되기도 했다. 이러한 현실에서 정현은 지역아동센터의 활동을 통해 성소수자들은 가시화되지 않았을 뿐 바로 이웃해 살고 있음을 실천적으로 보여주려 애쓰고 있었다.

앞서 이야기했듯이, 연분홍치마의 커밍아웃 3부작 가운데 마지막 작품인 〈종로의 기적〉의 주인공들은 관객들에게 하나같이 입을 모아 이야기했다. "성소수자들은 어디에나 있습니다. 그런데 만약 당신이 거주하거나 일하는 공간에서 누군가 커밍아웃하는 사람이 없다면, 그곳은 아마도 성소수자들에게 무척이나 차별적인 공간일 것입니다."

성소수자 차별, 찰나적이고 반복적인 상처들

정현과 정현의 이야기를 들은 필자는 우리에게 차별에 대해 실천적인 과제를 던지려 애쓰고 있다. 정현은 가까운 친구에게서 오랫동안 잊을 수 없는 말을 들었다. "야, 너는 왜 내 친구를 망치냐?" 정현이 이야기하듯이, 친구는 이 말을 정현이 사귀는 사람에게는 하지 않았을 것이다. 왜냐하면 정현이 사귀고 있던 사람은 젠더 규범에 어긋난 사람이 아니기에, 정현과 정현의 파트너의 동성애 관계는 비규범적인 정현의 탓이라 여겼을 것이기 때문이다. 정현은 그 상처가 되었던 말을 한 친구와 여전히 친하게 지내지만 가끔은 그 말이 생각나기도 한다. "왜 내 친구를 망치냐."

정현이 가끔 이 말을 떠올리며 상처를 받는 찰나적인 순간. 바로 그 '순간'을 정현이나 그 순간을 공감했던 필자 모두 말이나 글로 설명하기란 꽤나 쉽지 않을 것 같다. 이 어려움은 두 가지 측면에서 그러한데, 하나는 차별을 '차별'로서 인식할 수 있는 사회적 합의가 약하다는 것과 다른 하나는 성소수자들이 느끼는 감정에 대한 사회적 공유가 깊지 않기 때문이다. 이것은 다큐멘터리와 글쓰기라는 장르적 차이가 있겠지만, 성소수자 차별을 재현할 때 연분홍치마가 성소수자 다큐멘터리를 제작하면서 가졌던 고민과 매우 유사해 보인다.

차별은 현재 한국 사회를 살아가는 우리들이 겪는 다양한 사회적 경험을 설명하는 하나의 담론이다. 누구를 차별하고 있다 혹은 누구에게 차별받고 있다와 같은 표현은 흔하게 사용되지만, 그 차별의 의미가 정확하게 무엇인지는 충분히 합의되지 않은 듯하다. 대체적으로 차별은 경제적 불평등이나 사회적 권리의 제한으로 이해된다. 또한 대개의 차별 행위에 대한 인식은 육체적, 가시적인 폭력처럼 피해 사실이 분명하고도 객관적으로 증명될 수 있는 것으로 제한된다. 그래서 차별은 경제적 평등이나 피해 보상으로 해소된다고 여겨지는 듯하다.

사정이 이렇다보니 인격을 파괴할 수 있는 위력을 지닌 인간적인 멸시나 모멸의 경험들을 차별로서 인식하기 어렵다. 설사 차별로 인식된다 하더라도 매우 가볍게 치부되기 쉽다. 차별은 관계, 즉 구체적인 맥락 속에서 개인과 사회와의 관계로부터 발생하는 것이다. 즉 사회화된 인간이라면 자신의 다양한 삶의 조건으로 인해서 일상생활

속에서 흔하게 겪게 되는 사회현상이라 할 수 있다. 그렇다면 일상적인 상황에서 어떤 상황을 차별로 인식해야 할까? 구체적으로 차별 경험을 어떻게 말해야 할까?

2010년, 동성애자인권연대와 민주노동당 성소수자위원회가 발간한 《성소수자노동권 기초조사 인터뷰》에서 한 게이는 선호하는 직장에 대해 다음과 같이 설명한다.

"내가 게이니까 좀 더 덜 마초적인 데, 그리고 좀 더 여성 친화적인 데, 그런 직장을 찾았죠."(107쪽)

그는 자신이 게이이기 때문에 보수가 좋은 직장보다는 성소수자들에게 친화적인 직장을 선호하게 되었다는 것이다. 그의 선택은 차별에 대한 대응인가 아니면 좀 더 나은 작업 환경에 대한 자발적인 선호인가. 이것을 이해하기 위해선 차별에 대한 개념부터 논의할 필요가 있다. 아마도 현재 우리 사회에서 통용되는, 측정 가능한 피해인 차별에 대한 개념으로는 차별로 인식하기 어려울 것이다.

그러나 차별의 개념을 '자존감의 훼손'으로 확대해본다면, 그의 선택을 차별에 대한 개별적 대응이라 할 수 있을 것이다. 또한 차별을 특정한 국면의 '결과'가 아니라 생애 과정에서 '반복'되었던 굴욕과 실패의 경험으로 이해한다면, 그의 선택은 달리 이해될 것이다. 왜냐하면 성소수자들은 자신의 생애 과정에서 타인들에게 자신의 특정한 속성이 열등한 것으로 간주되는 경험을 반복적으로 겪어왔을 것이고, 그 과정에서 자신의 열등한 속성에 대해 민감하게 신경 쓰도록 훈련되어왔으며, 동시에 자신이 열등한 존재라는 사실을 시인해야만 하는 경험을 강요받아왔을 것이기 때문이다. 아마도 젠더적으로 비규범적이었던 정현을 향한 비난의 말이 오랫동안 상처가 되었던 것처럼 말이다. 이러한 관점에서라면, 정현의 입장에서 느꼈던 감정을 차별의 경험으로 해석하고 그것을 실천적으로 해결할 수 있는 방향을 모색하는 것은 반차별운동의 아주 중요한 과제라고 생각된다.

5장

같음, 그 불온한 기대
타파의 이야기

겹겹이 쌓여 있는 목재들 사이로 사람들이 바삐 움직인다. 겉모양과는 다르게 푸른색 건물 내부, 공장 안은 목재 가루가 날려 안개가 낀 듯 뿌옇다. 몇 명의 사람들은 직사각형의 나무들을 종이 크기로 얇게 켜 하나하나 붙이며 패널을 만든다. 몇 명의 사람들은 그 패널을 쌓은 후 기계의 힘으로 눌러 두꺼운 합판을 만들어낸다. 프레스 기계가 힘을 줄 때마다 뜨거운 열기가 밀려온다. 수북이 쌓인 목재 가루들이 뜨거운 열과 함께 목구멍으로 들어온다. 입을 막아도 소용없다. 텁텁해서 입에 신물이 고인다. 일하는 사람들이 쓴 마스크도 그걸 막기엔 턱없이 부족해 보인다.

그래도 프레스로 찍는 쪽이 그나마 괜찮아 보인다. 나무를 원하는 형태로 자르는 재단기 앞에서 일하는 사람들은 엄청난 굉음에 짓눌린다. 도색 일을 하는 쪽에서 넘어오는 알코올 냄새가 코를 찌른다. 큰 공장들은 대부분 자동화 설비를 이용해 작업을 한다지만 열 명 남짓한 사람들이 일하는 이곳에 조만간 기계가 들어올 기색은 보이지 않는다. 눈, 코, 입, 귀, 세상으로 난 구멍을 모두 가리지 않고서는 한순간도 버티지 못할 것 같은 공장을 지나 부랴부랴 사장을 찾아 사무실로 간다. 이주노동자들이 받지 못한 임금 때문에 사장을 찾아가는 일은 언제나 힘이 든다. 밀린 월급을 내놓으라고 한참을 따져도 사장은 역시나 온갖 변명만 늘어놓는다.

타파가 일했다는 목재 공장도 여기 어딘가에 있을 것이라는 데 생각이 미쳤다. 내가 일하던 쉼터에 타파가 온 것은 3년 전이었다. 타파는 국립의료원에서 치료를 받는 중이었다. 신장이 좋지 않아 일주일에 두 번씩 투석을 받아야 했다. 타파가 일을 하지 못하는 동안 남은 그의 가족들은 돈을 벌기 위해 먼 지방 도시로 이사를 갔다. 서울에서 묵을 곳이 필요했던 타파는 다른 이주노동자들이 들고 나는 것을 지켜보며 오랫동안 쉼터에 머물렀다.

1년쯤 지나 내가 쉼터에서 다른 단체로 옮긴 뒤에는 타파의 소식을 따로 듣지 못했다. 얼마 전, 뒤늦게 그의 죽음을 전해 들었다. 나는 조금 더 걷다가 돌아가기로 했다. 동네의 풍경은 타파가 공장에서 일하던 때에 멈춰 있는 듯했다. 공장들이 모여 있는 길을 벗어나니 집들이 보이기 시작했다. 타파는 공장 안에 있는 숙소에서 지냈다. 요즘은 이주노동자들이 직접 공장 밖의 방을 구해 사는 경우가 많다. 동네 끝자락의 한 집 벽에 기대어 낮은 창문으로 슬쩍 집 안을 들여다봤다. 빛이 거의 들지 않아 안이 잘 보이지 않았다.

내가 사는 방은 하루 종일 캄캄해. 아침에 빛이 잠깐 드는가 싶으면 곧 사라지지. 하지만 괜찮아. 어차피 해가 떠 있는 시간이면 나는 공장에 있으니까.

　타파는 1991년 김포의 목재 공장에서 일을 시작했다. 네팔인 어머니와 영국인 아버지 사이에서 태어난 그는 고향인 네팔보다 홍콩에서 더 많은 시간을 보냈다. 아버지는 군인이고 어머니는 액세서리 공방을 운영했다. 공방에는 홍콩 시내에 근무하던 한국인들이 자주 찾아왔다. 타파는 홍콩에서 만난 한국 사람들이 너무 좋았다. 한국이 궁금하고, 한국을 더 알고 싶어 한국으로 왔다.

　처음에는 공부를 하러 왔다. 유학생으로 2년 동안 대학에서 전자공학을 공부했다. 졸업을 할 때쯤 타파는 한국에 남아 일을 하는 것도 괜찮겠다고 생각했다. 고향에 돌아가 딱히 할 수 있는 일도 없었다. 한국에서 돈을 벌어 고향에 돌아가면 가게 하나쯤 차릴 수 있을 거라는 생각이 들었다.

　공장에서 일하는 열일곱 명 중 외국인은 타파 혼자였다고 했다. 그때는 지금처럼 외국인들이 많지 않았다고, 타파는 종종 말했다. 어디를 가도 이상하게 봤다고 했다. 식당에 들어가면 욕설을 듣는 일도 흔했다. 아마 한국말을 못하는 줄 알고 그랬을 거라고, 타파는 짐작했다. 버스에 올라 자리에 앉으면 옆자리 사람이 일어나서 다른 데로 가는 일도 있었다. 옆에 자리가 비어 있는데 굳이 앉지 않는 사람도 있었다. 타파는 마음이 좋지 않았다고 했다. 지금은 외국인이 많아져서 좋아졌다고도 하지만 비슷하다고, 외국 사람이라고 차별하는 건 그대로라고도 했다.

누구나 나쁜 말은 빨리 배우고 욕은 빨리 이해하게 되지. 나도 다 알아.

타파는 한국 사람들이 영어를 잘 못할 때라 말이 통하지 않았다고 기억했다. 대학에서는 영어로 말을 걸어오는 친구들이 조금 있기는 했다. 타파가 영어를 잘한다는 이유로 좋아하는 친구들도 있었다. 하지만 공장에서는 영어를 한다고 해서 좋은 점이 아무것도 없었다. 자기가 듣는 말이 나쁜 말이라는 건, 금방 알아챘다. 야, 이 새끼야, 저 새끼야. 모든 말이 욕으로 시작해서 욕으로 끝났다. 타파는, 지금 같으면 한 대 쳤을 거라며 주먹을 쥐어 보이기도 했다.

그런 타파에게 가장 기억에 남는 말은 '빨리빨리'였다. 처음 일을 시작하는데 설명도 제대로 해주지 않았다. 욕하고 성질부리고 발로 물건을 차면서 가르쳐줬다고 했다. 가르쳐주는 게 머릿속에 들어갈 리가 없었다. 몸으로 배우는 수밖에 없었다. 일을 하다가 다치기 일쑤였다. 치료를 해주기는커녕 다쳐도 일해야 한다며 몰아붙였고 몸이 아파 좀 쉰다고 하면 또 욕이었다. 타파는 그때 생긴 자국이라며 오른팔의 흉터를 보여준 적이 있다.

타파에게 그 당시 월급을 물어보니 처음에는 웃으며 월급은 묻지 말라고 했다. 그러더니 25만 원이었다며 그때 자기에게는 적지 않은 돈이라고 덧붙였다. 그때 공장장이 한 달에 80만 원 정도를 받았다고. 타파는 잔업까지 다할 때 한 달에 30만 원 정도를 받았다. 한국 사람들은 50만 원, 일을 조금 더 하면 60만 원을 받았다. 말을 못하니까 월급은 조금 주고, 일은 훨씬 더 시켰다고 했다. 사장들이 거짓말하고, 월급 안 주고, 남들 주는 보너스 안 주고, 잔업수당 준다고 일 시켜놓고 안 주고……. 쉼터에 들어오는 사람들의 이야기와 타파의 이야기는 다르지 않았다. 그런 얘기를 나눌 때면 타파는 자신이 일하던 때와 달라진 것이 없다며 한숨을 쉬기도 했다.

쉬지도 않고 일하다가 잠깐 화장실에 갔다 오면 욕하고, 나이가 어리든 많든 무조건 반말로 시작했다. 냄새 나는 일, 먼지 나는 일, 몸에 해로운 일은 다 자기한테 시켰다고 했다. 불량품이 나오면 뒤집어 씌우고, 뭔가 잘못되면 타파 때문이라고 사장에게 이르는 사람도 있었다. 사장은 타파 때문에 손해를 봤다며 월급에서 깠다. 한국어에 익숙하지 않은 타파는 자기 때문이 아니라고 설명할 수 없었다. 음식이 입에 잘 맞지 않았지만 억지로 먹기도 했다. 음식을 놓고 머뭇거리면 "왜 안 먹어?"라면서 욕을 했기 때문이다.

나는 밖으로 배출하지 않아. 남한테 뭐라고 탓 안 해. 그냥 내가 잘못했다 생각하고 말아.

화가 났지만 타파는 자기 나라가 아니니까, 몇 푼이라도 받아야 하니까, 그냥 참았다고 했다. 그렇게 참다보니 병이 난 거라고 씁쓸하게 말하던 타파의 얼굴이 떠오른다. 그렇게 일하고도 1년 정도 월급을 못 받았다. 돈을 받으려고 많은 노력을 했지만 타파는 어떻게 해야 하는지, 누구한테 도움을 받아야 하는지 몰랐다. 사장에게 가서 울기도 하고, 도와달라고 애걸하기도 하고, 별짓 다했다고 타파는 말했다. 끝내 그 돈은 받지 못했다. 내가 그때 타파를 만났더라면, 타파의 월급을 조금이라도 받아내는 데 도움을 줄 수 있었을까? 하지만 나는 이

내 그 질문을 버려야 한다는 생각이 들었다. 한국 사람을 통해서만 얻을 수 있는 권리는 권리가 아니기 때문이다. 그러나 그렇지 않고 타파가 어떻게 월급을 받아낼 수 있었을까 생각하니 막막하기만 했다.

결국 타파는 공장을 옮겼다. 그리고 곧 IMF 경제위기가 닥쳤다. 그때 타파가 받는 월급은 75만 원이었다. 일을 시작하고 얼마 되지 않아서 다시 월급이 밀리기 시작했다. 사장은 말로는 준다고 하면서도 주지 않았다.

연탄도 사야 하는데 돈이 없어서 겨울이 너무 추워.

한국 사람들을 먼저 잘랐다는 타파의 말은 의외의 얘기였다. 한국 사람들은 돈을 줘야 하니까 미리 해고하고 외국 사람들은 돈을 안 줘도 되니까 다음 달에 주겠다고 달래며 1년 동안 일을 시켰다는 것이다. 타파는 집에서 도시락까지 싸서 다니며 일을 했는데 결국 돈을 받지 못했다. 한국말은 어느새 익숙해졌지만 타파의 현실은 달라지지 않았다. 결국 1년 동안 집에서 쉬었다. 부모님에게 생활비를 보내달라고 해서 겨우 생활을 했다.

타파의 기억에는 IMF를 거치며 단속이 매우 심해졌다고 한다. 그 전에는 밖에서 시비가 붙어 싸우다가 경찰서에 잡혀가도 합의를 보면 바로 나왔다고 했다. 지금은 경찰서에 가서 체류 신분이 확인되지 않으면 바로 추방된다. 타파는 노무현 대통령 시절 단속이 제일 심했다고도 한다. 2003년 고용허가제가 시행되기 전후일 것이다. 단속과 강제추방으로 미등록 이주노동자들의 자살이 잇따르고 명동성당에서 긴 농성이 있었던 것은 내 기억에도 남아 있다. 타파는, 일하는 건 그 전이 더 힘들었지만 사는 건 그 후가 더 힘들었다고 말했다. 끝이 예정되지 않은 불안 때문일 거라고, 나는 짐작했다.

어떻게 얘기할 방법이 없어. 힘들지만 그냥 참자고 말할 수밖에.

타파는 종종 가족 얘기를 들려줬다. 가끔 길에서 자기와 비슷한 얼굴색의 아이들을 보면 딸아이 생각난다며 이런저런 얘기를 시작했다. 타파는 한국 여성과 결혼해 세 딸과 함께 살았다고 했다. 첫째 딸을 낳을 때까지는 일을 해서 생활할 만했지만 어떻게 키워야 할지 생각이 많았다. 아이가 학교에 가면 왕따를 당했다. 피부색이 한국 아이들과 다르니까 친구들의 괴롭힘이 심했다. 아이는 울며 학교에 안 가겠다고 했다. 전학을 두세 번이나 했지만 달라지지 않았다. 타파는 아이가 겪는 일이 다 자기 잘못 같았다고 했다. 자신이 당한 일들을 아이가 학교에서 겪는 걸 보면서도 무슨 말을 해야 할지 알 수 없었다. 그저 달랠 수밖에 없었다는 이야기를 하며 타파는 고개를 떨구었다.

타파 스스로도 길에서 이유 없이 멱살 잡혀본 적이 한두 번이 아니었다. 한번은 가족들과 같이 길을 가다가 느닷없이 멱살을 잡혔다. 술에 취했는지 그냥 기분이 나빠서 그랬는지 그 사람은 한참 동안 욕을 하고 때릴 기세였다고 했다. 지나가는 사람들은 그냥 구경만 했다. 결국 타파는 경찰을 불렀고 경찰은 그 사람을 데리고 갔다. 아이들은 이미 울기 시작했고 타파도 길에서 같이 울었다. 아이들이 뭐라고 생각하겠냐고, 우리 아버지가 저것밖에 안 된다고 생각하지 않겠냐고 타파는 속상한 듯 얘기했다. 아이들과 같이 있을 때라도 좋게 대해주면 안 되냐며 서운해했다.

다행히 아이는 중학교에 들어가면서부터 잘 지냈다. 친구들도 곧잘 집으로 데리고 와 같이 놀았다. 타파는 열심히 공부해야 왕따를 안 당하는 거라고 여러 차례 아이들에게 얘기했다. 아이들의 영어 공부도 도와줬다. 아이들은 공부를 잘했다고 했다. 그래서 아이들이 친구들을 사귀게 된 거라고 타파는 생각하고 있었다.

좋은 사람도 많아. 안 좋은 사람은 거의 한두 명인데 그 사람들이 우릴 힘들게 해.

물론 타파는 한국 사람들 중에 좋은 사람도 있다며 병원에서 만난 사람들의 이야기를 들려주기도 했다. 같은 병실에 있던 사람들은 대부분 타파보다 나이가 많았고 오래 입원한 분들이었다고 했다. 그중 한 분은 일하다가 다리가 부러져 입원 중이었는데 맛있는 음식이 있으면 나눠주고 퇴원한 후에도 가끔 안부를 묻는 전화를 한다고 했다. 타파가 한국말을 잘하니까 신기해하며 말을 거는 사람들도 있었다. 특히 환자의 보호자들이 그랬다고 했다. 그래도 타파는 한국 사람들이 외국 사람을 무시한다는 얘기를 더 많이 했다. 인터넷에서 벌레 같은 놈, 쓰레기 같은 놈, 이런 말을 보면 누가 기분이 좋겠냐고 목소리를 높였다.

병원에 입원하기 전까지 타파가 계속 공장에 다녔던 것은 아니다. 생활이 여의치 않아 부모님한테 손을 벌렸다. 아내와 같이 장사를 시작한 지 8년쯤 됐다고 했다. 액세서리 가게였다. 장사가 어느 정도 자리를 잡아가는데 갑자기 몸이 아프기 시작했다. 처음에는 병원에서 처방해준 약을 먹으며 지냈는데, 숨이 차고 걷지도 못할 정도로 몸이 부었다. 국립의료원에서 검사를 받고 몇 차례 입원을 했다. 의사는 더 이상 일하긴 힘들다고 이야기했다. 가족들을 먹여 살리려면 일을 해야 하는데 어떻게 해야 할지 걱정됐다. 병원에서 치료를 받을수록 병원비는 쌓여갔다. 경제적으로 힘이 드니 마음도 더 힘들어졌다.

결국 가게를 내놓게 됐다. 아내가 다른 일을 찾아 돈을 벌고 고등학생이 된 아이는 몇 푼이라도 보태겠다며 아르바이트를 시작했다. 병원에서는 신장을 이식받아야 한다고 했다. 하지만 타파의 가족에게는 돈이 없었다. 건강보험도 가입되지 않아 전액 본인 부담이었다. 건강보험공단에서는 타파에게 네팔에 갔다 와야 건강보험 적용을 받을 수 있다고 했다. 내가 단체를 옮길 때쯤 이 얘기를 들었는데 아마 행정적인 혼인 신고 절차가 마무리되지 않았나 보다 짐작만 하고는 더 챙기지 못했다.

어떻게 되든지 네팔 갔다 오라고 하는데, 갔다 올 수 있지만 내가 지금 상태가 안 좋잖아. 그냥 죽으라는 거야, 지금.

타파는 밤이 되면 머릿속에 생각이 많아진다. 창문을 물끄러미 보곤 했다. 그때 이미 죽음을 예상하고 있었는지도 모르겠다. 세상으로부터 닫힌 창에 죽음 이전의 삶이 비친 만큼 죽음 이후도 비쳤을까. 고향에 묻히고 싶은 마음은 다 같다고들 하지만, 생의 절반 이상을 한국에서 보낸 타파는 어디에 묻히고 싶었을까. 타파의 시신이 고향으로 돌아갔다는 소식을 듣고 떠오른 질문이다.

 타파에게 종교가 뭐냐고 물어본 적이 있다. 자기는 종교가 많다고, 교회 사람을 만나면 교회 사람이 되고 불교 사람을 만나면 불교 사람이 되고 힌두 사람을 만나면 힌두 사람이 된다고 했다. 나는 종교가 없다고 했더니 자기랑 똑같다고 했다. 많은 것과 없는 것이 같다는 의미냐고 물었더니 타파는 아니라고 했다. "만나면 어차피 똑같아야 하니까." 그때는 웃어넘겼던 말이 지금도 귓가에 울린다. 똑같아지고 싶었던 타파의 기대가 불온한 것이었을까, 똑같아지길 요구하는 세상이 불온한 것일까.

인터뷰·녹취 | 훈창, 유진
글쓴이 | 훈창

이주민들과 지내다보면 나는 다른 나라에 가서 살 수 있을까 하는 생각이 든다. 한마디 말도 통하지 않는 나라, 낯선 문화, 이주민이라는 이름에 움츠러드는 것을 견딜 수 없을 것 같아 힘들 거라고 생각하게 된다. 타파는 20년간 한국에서 이주민으로 살았다. 그는 움츠러들기도 하고 좌절도 경험한다. 그가 꼭 특별해서는 아니다. 우리도 살면서 나를 부르는 어떤 이름에 좌절을 경험한다. "모든 사람은 평등하다"고 하는데 어디서부터 평등은 좌절하고 있는 걸까?

열쇠말

공장, **이주노동자**, 사장님, 체불임금, **쉼터**, 숙소, 유학, **이주**, 외국인, 혼자, **욕설**, 버스, 옆자리, **영어**, 빨리빨리, 25만원, 흉터, 잔업, 수당, 반말, 음식, 눈물, **해고**, IMF, 단속, 강제추방, **고용허가제**, 가족, **왕따**, 피부색, 학교, 전학, **멱살**, 경찰, 공부, 병원, 입원, 장사, 건강보험, 종교

수신확인

차별과 빈곤이 연주하는 수많은 변주들

석진 • 인권운동사랑방 활동가

타파와 A, 그리고 카투사

나는 조금 부끄러운 이야기지만 미군부대에서 카투사로 군대 생활을 했다. 카투사는 일면 특권임에 틀림없다. 그런데 밖에서 보면 좋게만 보일 수도 있지만 실제로 그 안에서는 꽤나 스트레스가 많다. 카투사들은 나름 스스로 '꽤 잘나간다'는 엘리트 의식이 가득한 '똘똘이'들이지만, 그래봤자 미군에서는 2등 시민인 '카투사'일 뿐이다. (백인도 아닌데다가) 미국인도 아니며 게다가 영어를 아주 잘하지도 못하는, 타자화하기 딱 좋은 집단. 한번은 한 카투사 후임병 A가 일을 하다가 잘못했다며 미군 상사에게 혼이 났다. 그런데 으레 그렇듯 그 문제는 그 A 한 명의 문제가 아니라 카투사 전체의 문제가 됐다. A에게 무슨 일이 있었는지 물어봤다. A는 억울하다고 했다. 사실은 자신이 잘못한 것이 아닌데도 그러한 사실을 영어로 잘 설명하지 못했다고 했다. 영어를 모국어로 하는 미국인과 그렇지 않은 한국인이 함께 일하다보면 그런 일이 적지 않으니 상황이 바로 이해되었다. 그리고 곧바로 그 억울함을 풀었는지 어땠는지 정확히 기억나진 않지만, 결국 제대로 된 사실을 미군 상사에게 말하지는 못했던 것 같다. 영어를 좀 더 잘하는 다른 사람이 사실을 잘 설명했으면 A의 억울함은 풀렸을 수도 있겠지만 그와 동시에 A는 '영어도 잘 못하는 무능력자'가 됐을 것이다.

카투사는 다른 능력이 아무리 뛰어난 사람이라고 해도 영어 능력 하나로 그 사람의 가치가 결정되곤 한다. 미군과는 달리 항상 한 개인의 실수나 잘못이 카투사 전체의 문제가 되는 것도 이해할 수 없었지만, 한 사람을 온전히 설명할 수 없는 단 한 가지 조건만으로 그 사람을 규정해버리는 것 또한 이해하기 힘들었다. 그래서였을까. 타파가 실수하지 않아도 불량품이 나오면 고스란히 그의 책임이 되었다거나, 한국어에 익숙하지 않은 그가 해명할 수도 없었다는 이야기가 남 이야기 같지 않았다.

타파와 성훈, '불법체류자'

학교 후배 중에 성훈이라는 후배가 있었다. 중국에서 나고 자라 고등학교까지 마치고 한국으로 유학 온 친구였다. 중국에서 나고 자랐지만 중국 동포(조선족) 공동체에서 자란 그는 똑똑했고 한국어(조선어)도 빠지지 않을 정도로 잘했다. 아니, 오히려 조부모님이 경상도 출신이셔서 성훈이는 중국 동포들이 쓰는 조선족 사투리보다는 경상도 사투리를 즐겨 썼다.

그런데 성훈이는 학년이 높아질수록 학교에 다니기가 힘들어졌다. 공부를 못해서가 아니라 등록금을 구하기 힘들어서였다. 중국에서 그리 잘살던 집이 아니었던 성훈이네는 성훈이를 한국으로 유학 보내면서 '어느 정도까지는 학비와 생활비를 대주겠지만 그다음부터는 알아서 하라'고 했다. 결국에는 자신보다 먼저 한국에 들어와서 돈을 벌고 있던 어머니께 손을 벌려도 등록금 마련이 힘들어지자 '불법체류자'가 되어 돈을 벌기 시작했다. 성훈이와 함께 학교에 다니던 한국 친구들은 곧잘 과외나 다른 아르바이트를 하면서 돈을 벌 수 있었지만 성훈이는 그런 것들도 할 수 없었다. 구할 수 있는 아르바이트는 임금이 너무 적었고, 상대적으로 돈을 많이 받는 과외 자리를 구하기에는 그만큼의 사회적·인적 자원을 가지고 있지 못했다. 그래서 성훈이는 졸업할 때까지 '불법체류자'로서 공장 생활과 유학생으로서 대학 생활을 번갈아가면서 했다.

한번은 제법 먼 시골 공장에서 일하던 성훈이가 쉬는 날이라며 학교에 왔다가 만나게 되었는데 성훈이의 손을 보니 말이 아니었다. 성훈은 몸에 좋지 않은 도료에 손을 담그는, 다들 하기 꺼려하는 일을 하고 있어서 어쩔 수 없다고 담담히 말했다. 성훈이가 '불법체류자'여서인지 아니면 나이가 어려서인지는 정확히 알 수 없지만, 어쨌든 작업반장은 성훈이에게 장갑도 제대로 주지 않고 그 일을 계속 시켰다고 한다. 성훈이도 그게 건강에 좋지 않다는 것을 알면서도 돈을 벌어야 하니 어쩔 수 없었다. 그래도 공장 아저씨들은 "빨리 돈 벌어서 학교로 돌아가 공부하라"며 잘해준다고 했다. 성훈이는 지금 중국에서 잘 지내고 있는지, 몸은 괜찮은지, 혹시나 타파처럼 어딘가 병을 앓고 있지는 않은지…….

타파와 어느 이주노동자의 죽음

2004년 경기도 파주에서 한 이주노동자가 사망했다. 경찰은 사망 원인을 '미상'으로 결론 내렸지만 주위에서는 해고와 불법체류, 단속 추방으로 이어지는 상황 속에서 스트레스로 인해 사망했다고 주장했다. 당시 〈인권하루소식〉 기자로 활동을 하고 있을 때라 그 이주노동자가 사망한 채로 발견된 집에 취재를 가게 되었다. 그곳은 서울에서 차를 몇 번 갈아타고서야 갈 수 있는 곳이었다.

망자와 친구들이 함께 살던 집은 대낮이었는데도 빛이 잘 들지 않는 6~7평 정도의 작은 집이었다. 왠지 1970년대 시골에서 서울로 갓 올라온 가난한 노동자들이 살았을 법한 집이라는 생각이 들었다. 그러고 보면 사는 사람만 바뀌었지 지금도 그곳에는 노동자들이 살고 있었던 것이다. 아마도 그 집에 살던 이주노동자들도, 1970년대 상경한 노동자들도 어차피 낮에는 공장에 있으니 아침에만 빛이 조금 들어와도 괜찮다고 생각했을지 모른다. 그렇지만 결국 그 집에서 한 사람이 '불법체류'의 스트레스를 이기지 못하고 죽었다. 빛이 조금이라도 더 드는 집이었다면 좀 나았을까.

그곳에 갔다가 이주노동자들이 자주 모인다는 교회에 잠깐 들렀다. 거기에는 무슨 이유에서인지 '사장님'에게 여권을 빼앗겨 몸을 숨기고 있던 몇 명의 이주노동자들이 있었다. 이주노동자들에게 여권이 없다는 것은 곧 '불법체류'를 의미했다. 일반적으로 이주노동자들에게서 여권을 압수하는 것은 명백한 불법이지만 '사장님'들은 이주노동자들의 어려운 처지를 이용해서 여권을 불법적으로 압수하는 일이 종종 있었던 것 같다. 그러한 상황을 마주했을 때 나는 화가 나기보다는, 그런 어이없도록 모욕적인 일이 아무렇지 않게 일어날 수 있다는 사실에 오히려 힘이 빠졌다. 내 나이 또래 정도로밖에 안 보이는 그 노동자들의 겁먹은 큰 눈과 마주쳤을 때 이런저런 심란한 생각이 들었다. 누군가는 일상적으로 모욕적인 상황에 부딪히고 그것을 감내하면서 살아가고 있구나. 나에게 닥친 일이 아닌데도 나는 그런 상황을 마주하고선 다리에 힘이 풀어져버렸는데, 저들은 어떻게 이런 상황을 겪어내고 있을까. 나와 그들, 우리는 그렇게 '다른' 사람들인 건지, '우리' 사이에는 도대체 어떤 장벽이 있는 것인지.

  국경을 넘어 한국으로 온 이주노동자 타파의 이야기는 내 이야기가 아니다. 내 이야기가 될 수도 없다. 또 이주노동자라고 하더라도 모두가 동일한 이야기를 공유하고 있는 것도 아니다. 나와 타파의 거리는 아주 멀지만, 나는 타파의 이야기를 듣는 동안 타파와 여러 번 만났다고 생각한다. 나와 직접 만나기도 했고 또 내 지인을 통해서 만나기도 했다. 그게 타파의 이야기가 남의 이야기로만 느껴지지 않고 그의 이야기를 통해 어느 순간 내 이야기가 자연스럽게 소환되었던 이유일까. 우리 모두는 각기 전혀 다른 상황에서 전혀 다른 정체성으로 살아가고 있다고 생각하지만 또한 그렇게 항상 누군가와 교집합을 만들며 살아가고 있는 것이 아닐까.

타파의 이야기는 한국 사회에서 이주노동자들이 겪는 비교적 익숙한 차별의 모습을 보여주면서도 '차별'로만은 설명하기 힘든 다양한 어려움을 동시에 보여준다. 일을 하면서도 일상적으로 월급을 제대로 받지 못하는 경우라든지 IMF 관리체제 하에서 밀린 월급을 받기는커녕 일자리마저 빼앗긴 채 거리로 쫓겨날 수밖에 없었던 상황, 갑작스럽게 찾아온 병에도 아픈 몸보다 병원비를 더 걱정하며 생활 전반이 흔들리고 불안정해지는 것 등은 비단 타파의 이야기만으로 볼 수 없다. 이는 우리 시대 가난한 사람들이 겪는 노동과 빈곤의 얼굴이기도 하다. 모든 이주노동자들이 가난한 것도 아니고 또 모든 빈곤의 원인이 이주로 인한 것도 아니지만, 많은 이주노동자들이 한국의 가난한 사람들과 빈곤의 얼굴을 공유하며 새로운 빈곤층을 형성하고 있다는 점은 이주 문제와 빈곤 문제의 끈끈한 화학적 결합을 예고한다.

이 지점에서 차별과 빈곤의 교집합에 대해서 고민하게 된다. 지금까지 주로 차별의 문제는 정체성, 사회적 인정 등과 연관된 수치심, 자존감 등과 같은 감정의 문제이거나 혹은 분배적 평등과 같은 재화 및 용역의 문제로 인식되었다. 또한 차별은 이주노동자, 장애인, 성소수자, 여성 등과 같이 주로 특정 정체성을 가진 '소수자'들만의 문제로 여겨지는 경향이 있었다. 그런데 우리 사회의 대표적인 소수자 집단 중 하나로 꼽히는 이주노동자들의 차별이 '이주'노동자이기 때문에 겪는 문제일 뿐일까? 가난한 노동자들이 일반적으로 겪는 노동과 빈곤의 어려움을 이주노동자들도 공유하고 있다는 것을 어떻게 이해해야 할까? 밀린 월급을 제대로 받지 못하고 병원비로 삶 전체가 흔들리는 상황은 타파가 이주노동자이기 때문일까, 아니면 가난한 노동자이기 때문일까? 물론 이주노동과 가난한 노동은 비교적 강하게 결속되어 있다고 볼 수 있다. 많은 이주노동자들이 가난한 노동자로 살아가고 있고 또 그럴 수밖에 없기 때문이다. 그렇다고 이주노동의 문제와 가난한 노동의 문제를 동일시할 수만도 없다. 실제로 이주노동자들이 겪는 차별과 한국의 가난한 노동자들이 겪는 차별은 다른 점들도 많기 때문이다.

어쩌면 한국 사회에서 이주노동자들이 하나의 집단으로 인식되는 것 자체가 이주노동자들에 대한 사회적 차별의 존재를 가늠하게 해 준다. 결국 이주의 문제를 차별만으로 이해하려다보면 노동과 빈곤의 문제를 제대로 설명하기 힘들고, 또 노동과 빈곤으로만 이해하려다보면 차별의 문제를 온전히 설명하기 힘들다. 그렇다고 '차별이 빈곤을 낳고 빈곤은 차별적'이라는 식의 단선적인 이해도 뭔가 부족하다. 아주 틀린 말은 아니지만 현실의 다양한 맥락을 풍부하게 이해하고 설명하기에는 부족하기 때문이다. 차별이나 빈곤의 원인을 하나로만 이해하고 설명하는 것은 불가능할 것 같기도 하다. 세상은 정말 복잡하고 각각의 상황과 조건들이 만들어내는 다양한 변주들은 수많은 경우의 수들을 만들어내고 있다. 물론 사회의 구조와 맥락이 만들어내는 정상/비정상, 우등/열등, 아름다운 것/추한 것 등과 같은 위계적 '차별', 분배적 불평등과 빈익빈 부익부 등과 같은 구조적 '빈곤', 이러한 다소 추상적인 개념들로서 경우의 수를 따져가며 큰 줄기를 짚어갈 수도 있을 것이다. 이러한 인식도 분명 중요하지만 이주, 장애, 젠더, 섹슈얼리티 혹은 노동, 빈곤 등과 같은 집합적 동질성을 강조하는 각각의 개념과 집단들이 현실에서는 얼마나 다양한 경우의 수로서 복잡하고 다양한 개별성을 띠고 드러나고 있는지를 인식하는 것 또한 중요하다. 그것들을 풍부하게 설명할 수 있을 때에 비로소 그 수많은 경우의 수들이 공유하고 있는 차별, 노동, 빈곤과 같은 추상적인 개념들도 현실에 군건히 발을 딛고 탄탄하고 풍요롭게 현실을 설명할 수 있을 것이다.

결국 차별과 빈곤이 공동으로 연주하는 수많은 변주들의 개별성과 동질성을 꼼꼼하게 검토하고 주목해야 차별과 빈곤이 복잡하게 얽힌 모습을 제대로 이해할 수 있다. 이를 위해 우리에게는 더 많은 '타파'들의 이야기가 필요하다. 타파와 카투사 A와 중국 동포 유학생 성훈이와 한국에서 죽음을 맞이한 어느 이주노동자와 나, 나아가 더 많은 장애인과 성소수자와 비/미혼모, 결혼이주여성 등 차별받는 모든 이들이 다양한 지점에서 서로 헤어지고 만나는 더 많은 이야기가 필요하다. 이렇게 다양한 주체들이 만들어내는 변주들을 꼼꼼히 살펴봄으로써 '차별'의 개념을 더 확장해내고, '차별'이라는 언어에 한정되지 않는 또 다른 언어와 대응 전략을 만들어낼 수 있을 것이다.

6장

평범함으로 돌아가는 시간
이숙의 이야기

나는 스물여섯 살 여자고, 작은 사무실에서 경리일을 하고 있다. 글을 쓰는 게 꿈이었다. 2년제 대학 문예창작학과를 졸업하니 직장을 구하면 글을 쓸 수 있을지 걱정됐다. 직장을 다니면 회사 일에 집중해야 했다. 등단을 목표로 하면서 직장을 구하는 건 쉽지 않았다. 전공과 관련이 있는 일은 출판사나 기자 정도였다. 출판사는 파주까지 출퇴근을 해야 하고 환경도 열악했다. 기자가 되는 것도 쉽지 않았다. 기자 면접에서 한 친구는 꿈이 뭐냐는 질문을 받았다. 앞으로 글을 쓰고 싶다고 해 면접에서 떨어졌다고 한다. 면접관들은 계속 기자할 사람을 뽑는다고 했다. 회사 입장에선 당연해 보였다. 우리가 볼 땐 기자도 글을 쓰는 일이지만 회사에서 보는 글쓰기는 그것과 달랐다. 자기 작품을 쓰고 싶은 사람이 다른 사람 글을 수정하고 기사를 쓰는 것이 잘 맞지 않기도 했다. 드라마 쪽을 생각하고 방송국 막내 작가로 들어간 애들도 비슷했다. 그 애들을 보면 차라리 아르바이트를 하며 글을 쓰는 게 나아 보였다. 말이 막내 작가지 노예 같았다. 윗사람들 옷 찾아오는 일, 음료수 가져오는 일을 하려고 몇 백만 원 내고 공부를 한 건 아니었다. 그나마 전공과 관련된 일을 하는 건 대학로, 연극 쪽에 있거나 영화 쪽에 있는 선후배들이었다. 그곳에서 조명감독을 한다 해도 관련 업계이긴 했다. 그곳 사람들도 회의가 많았다. 자기 작품을 만들고 싶지만 줄곧 영사실에서 영화 트는 일만 하는 이도 있었다. 조명감독이나 무대감독도 자기 작품을 만드는 일과는 다른 거였다. 글을 써보려고 하다가도 연출자와 작가를 보면 자기 실력이 보잘것없는 것 같아 조명에 뼈를 묻겠다는 친구도 있었다.

문예창작을 배우고 싶어서 4년제 대학을 그만두고 전문대로 온 애들도 있었는데 전문대란 이유로 취업이 되질 않았고 애초부터 원서를 내지 못하는 곳도 있었다. 일부러 전문 기술을 배울 필요가 없었다. 우리는 1, 2학년 때 수업 시수가 많아 그만큼 많이 배웠는데도 전문대는 돈만 내면 갈 수 있다고 생각하는 것 같았다. 국어국문학과는 연구를 한다면 전문대는 글 쓰는 법을 연습하며 배웠다. 글을 쓰는 일은 우리가 나을 수도 있는데 회사는 4년제 국어국문학과 애들만 뽑았다. 4년제 대학에 편입을 할까 하는 생각도 했다. 어른들은 아르바이트를 하며 글을 쓴다고 하면 집에서 놀고 있다고 생각하지만 학교를 다닌다고 하면 그저 공부를 오래한다고 여기니까. 그렇지만 편입 시험을 위해 공부를 다시 하느니 차라리 아르바이트로 일을 하며 계속 글을 쓰기로 했다.

전공과 관련 없는 일들을 알아보며 이력서를 쓸 때 장애인 칸에 표시를 해야 하나 하는 생각이 들었다. 한쪽 눈이 보이지 않지만 사는

데 불편함은 없었다. 오히려 장애가 겉으로 드러나는 게 걱정이었다. 이력서를 내고 면접을 보았지만 쉽게 취업이 되진 않았다. 사람의 첫인상에서 외모가 큰 비중을 차지해서 그런지 면접을 보러 가면 "한쪽 눈이 안 보이시는데 괜찮으시겠어요?"라고 물었다. 내가 걱정되어 물어본 것 같지는 않았다. 내가 일을 제대로 할 수 있을지가 걱정되는 것 같았다. 면접을 보러 들어가다가 문턱에 걸려 넘어진 것도 아니었다. 장애 때문에 면접에서 자꾸 떨어지니 장애인고용촉진법이 눈에 들어왔다. 회사에서 장애인을 의무적으로 고용하긴 해야 하니까 나에게 도움이 될 것 같아 보였다. 하지만 장애인이라고 하면 서류에서 떨어질 것 같기도 했다.

취업 때문에 여기저기 면접을 보러 다니다보니 어릴 적 내 모습이 떠올랐다. 그땐 눈 때문에 사람들이 많은 곳에서 엄마나 아빠를 기다리는 것도 싫었다. 사람들이 많은 곳에 있으면 어린애들은 다가와 놀렸다. 심지어 어떤 어른들은 길을 가다 다시 와서 보고 가기도 했다. 초등학교 다닐 때 병신이라고 놀리는 애들이 많았다. 우리 반 애들뿐 아니라 옆 반 애들까지 쫓아와 놀렸다. 복도를 걸어가거나 쉬는 시간에 앉아 있으면 애들이 우르르 몰려왔다. 애들이 날 놀리는 것보다 우르르 몰려오거나 쫓아오는 게 더 무서웠다. 5학년쯤 되어서야 나의 얼굴 때문에 놀린다는 걸 알았다. 그래서 학교보단 서예학원이 편했다. 어릴 때부터 수술을 받다보니 엄마는 내 몸과 마음이 안정되길 바랐다. 초등학교에 들어가기 전부터 태권도장부터 서예학원까지 여러 학원을 다녔다. 다른 학원들을 하나둘 그만두고 나서도 서예학원은 계속 다녔다. 서예학원 애들은 아무래도 옷에 먹물이라도 튀면 엄마한테 혼나니까 얌전했고 장난도 덜 쳤다. 서예학원을 그만둔 건 중학교 때였다. 나도 여성답게 꾸미고 싶은데 서예학원을 다니면 그럴 수 없었다. 잠깐만 다른 생각을 해도 먹물이 머리에 묻고 옷에 튀었다.

중학교에 올라가서는 거의 친구들과 이야기하지 않았다. 그때 우리 반에 소위 왕따 같은 애가 한 명 있었다. 어느 날인가 담임 선생님이 부르더니 "넌 다른 애들이 왕따시키지 않는 걸 고마워해야 되는데 너도 왕따를 시키네"라고 이야기했다. 그때 내가 왕따를 당하지 않는 걸 고마워해야 하는 건가 하는 생각이 들었다. 그 전까진 생김새가 다를 뿐 다른 애들과 똑같이 일반 학교를 다녔기에 누가 날 도와주고, 동정한다고 생각하지 않았다. 하지만 선생님은 불쌍해서 그러는 거라고 이야기했다. 지나가는 어른이 말했다면 무시했겠지만 담임 선생님의 말이라서 충격이 컸다. 네가 감히 왕따를 시키느냐고 말하는 것 같았다. 애들도 나를 불쌍한 애라고 생각해 동정하는 것 같았다. 그때부터 학교에 가면 애들이 말을 걸지 않아도 쳐다보는 것 같아 신경이 쓰였다. 위축되어서인지 중학교는 그렇게 조용히 지나갔다.

고등학교는 천주교 계열의 미션스쿨이었다. 어릴 때부터 성당에 다녀서 수녀님이 선생님으로 있으니 마음이 편했다. 특별대우를 해주는 건 아니지만 수녀님과 쉽게 이야기도 할 수 있었다. 애들도 날 별로 신경 쓰지 않았다. 고등학교 2학년 때 큰 수술을 받아야 하는데 출석 일수가 모자라 아침에 학교에 들러 출석체크를 하고 병원으로 가야 했다. 그렇게 지내다보니 반 애들이 나를 놀리거나 하지 않았다. 쟤는 아픈 아이라고 생각하는 것 같았다. 그래서 고등학교 시절은 순탄하게 보냈다. 생기가 넘쳤다고 해야 할까? 그래서 놀기도 했다.
  학교 친구들과 놀진 않았다. 그때도 학교에서 친구를 잘 사귀지는 못했다. 고등학생이 되니 애들은 점점 예뻐졌다. 내 눈모양이 못생겨 보였다. 우리나라는 여자는 무조건 예뻐야 된다고 생각하는 것 같았다. 내 얼굴이 못생긴 것 같아 콤플렉스가 생겼다. 내가 못생겨서 아무도 날 사랑하지 않을 것 같았다. 어떤 남자애도 나같이 생긴 애를 좋아할 것 같지 않았다. 요즘은 콤플렉스는 없어졌지만 누가 나에게 예쁘다고 하면 쉽게 믿고 마음을 열었다. 예쁘다는 말에 너무 큰 의미를 두는 것이다.

  그땐 지금보다 단순하게 생각했다. 동갑내기 사이에 있으면 내가 더 못생긴 것 같았다. 미팅 같은 데 나갈 일도 없지만 만약 나갔다고 해도 거기서 나는 이상한 애였을 것이다. 차라리 얼굴이 아니라 팔이나 다리가 다쳤다면 이렇지 않았을 것 같았다. 스포츠머리처럼 하고 다니기도 했다. 지금은 숏커트가 유행이라지만 그땐 여고생이 머리를 짧게 자르고 다니는 것이 드물었다. 사람들이 눈 때문에 나를 쳐다보는 게 아니라 다른 이유로 나를 쳐다본다고, 머리 때문이라고 생각했다. 내가 강해보이면 아무도 나를 무시하지 못할 거라는 생각도 했다.
  나에게 예쁘다고 하는 사람이 없진 않았다. 부모님은 넌 참 예쁘다고 말해주었다. 하지만 나이가 들고 나니 모든 부모들은 다 자식에게 예쁘다고 하는 것 같았다. 장애가 있어서 더 예쁘다고 하는 것 같았다. 다른 사람들은 날 보면 도와주려 하거나 놀리듯이 관심을 가졌다. 혼자서도 할 수 있는데 너무 잘해주려는 사람들은 오히려 불편했다.

내가 못생기지 않았다고 생각하게 된 건 우연이었다. 잡지를 보고 간 인터넷 모임의 언니 오빠들은 내 눈에 별 관심이 없었다. 지금은 스물여섯, 스물일곱 살이 어른으로 생각되지는 않지만 열여덟, 열아홉 살 때는 무척 어른으로 보였다. 거기에서 만난 사람들은 날 보통의 여고생으로 대해주었다. 언니 오빠들과 놀다보니 내 얼굴이 꼭 못난 것 같지 않았다. 그렇게 언니 오빠들과 놀았다. 학교에 가면 공부도 재미없고 나를 이해해주는 사람도 없었다.

어른들의 세계는 나를 평범하게 봐주었다. 그곳에 있으면 나도 평범한 연애, 사랑을 할 수 있을 것 같았다. 학교를 그만두고 집을 나가면 어른이 될 수 있을 것 같았다. 내 장애가 상관없는 사람들의 세계에 들어가고 싶었다. 그대로 있으면 스무 살이 되어 어른의 세계에 갈 수 있는데 수능을 6개월 남겨두고 집을 나왔다. 집을 나오고 나니 언니 오빠들이 돌아오라고 했다. 엄마도 날 계속 찾았다. 인천에서 친한 친구에게 공중전화로 연락을 하다 엄마에게 추적을 당해 부산까지 가기도 했다. 10일 정도 가출을 했다가 다시 집으로 돌아왔다.

수능까지 시간도 얼마 남아 있지 않았고, 글 쓰는 것에 대한 허세도 있었다. 글을 쓰고 싶은데 굳이 대학에 가지 않아도 될 것 같았다. 하지만 부모님은 어디라도 좋으니 대학만은 가길 바랐다.

"너는 다른 사람보다 더 열심히 해야 돼, 그래서 성공해야 돼." 부모님은 항상 내가 다른 사람보다 성공하길 바랐다. "나도 다른 애들처럼 하면 안 돼?"라고 조용히 대꾸하기도 했다. 부모님은 어느 날은 장애가 있는 딸이라 더 챙기려 하다가도 어떤 날에는 네가 얼마나 불편하기에 힘들어하냐고 말하기도 했다. 그럴 때면 눈이 없는 사람이 어떤 기분인지 엄마 아빠가 아냐고 화를 내기도 했다. 부모님이 날 많이 사랑하는 건 알았다. 그땐 나도 기분이 왔다 갔다 했다. 어느 날은 부모님이 예쁘다고 말만 해도 화가 나고, 날 이해한다는 말에도 화가 났다. 엄마가 성공해야 한다고 하면 엄마도 날 병신이라고 생각하느냐고 화를 내기도 했다.

4년제 국문학과와 2년제 문예창작학과에 원서를 냈다. 4년제 대학은 지방에 있는 대학이라 통학을 할 수 없고 학교 인근에서 살아야 되는데 부모님이 반대하셨다. 막내이기도 하고 장애가 있어서 부모님은 집에서 다니길 원하셨다. 대학에 와서는 확실히 자유로워졌다. 학교를 휴학할 수도 있고 쉴 땐 여행도 갔다 올 수 있었다. 고등학교보다 훨씬 편안해졌다. 대학에서는 아무도 나를 놀리거나 괴롭히진 않았다. 고등학교에서는 반에 누군가 하나는 꼭 따돌림을 당하곤 했지만 대학에 오니 고등학교처럼은 아니었다. 하지만 여전히 아이들은 무리 지어 다녔다. 응원단을 하다보니 학과 동기들과 친해지는 게 힘들었다. 애들과 친해지려면 같이 차도 마시고 밥도 먹어야 하는데 난 수업이 있을 때에만 갔다. 그래서 응원단 애들하고만 친하게 지냈다.

응원단에서 신입생을 모집할 때면 언제나 너무 어렸을 때나 나이 들어서는 못하는 활동이라는 말을 한다. 스무 살 때 아니면 어디 가서 이런 옷을 입고 무대에서 뛰어보겠냐는 말로 신입생들의 마음을 흔든다. 나도 그랬다. 응원단을 하면서 내가 불쌍한 장애인이라는 생각이 옅어졌다. 사람들이 보면 술을 달고 빤짝빤짝한 옷을 입고 부츠 신은 애들이지만 우리가 볼 땐 달랐다. 다른 응원단 치맛주름이나 부츠를 보면 우리와 다른 것들이 보였다. 다른 응원단에서 우리 디자인을 훔치면 다 알 수 있었다. 동작도 그랬다. 다른 과가 화려한 동작을 하면 저 과가 우리 과 동작을 훔쳤다고 이야기했다. 응원제를 하는 기간이 되면 서로 동작을 따가기도 하고 훔쳐가는 일도 많았다. 그래서 몰래 숨어서 연습을 하곤 했다.

수업시간 이외에는 무조건 연습만 했다. 스무 살, 스물한 살 때라 몸이 아픈지도 모르고 인대가 늘어나도록 연습을 계속 했다. 응원단 애들과 보내는 시간이 많으니 응원단 애들하고만 친할 수밖에 없었다. 신입생 때부터 2년 동안 응원단을 했고, 복학하고 나서도 후배들이 같이 뛰어달라고 해 잠깐 다시 하기도 했다. 응원단은 2학년 때가 제일 재미있다. 1학년 때는 연습만 하지만 2학년 때부턴 응원제 준비를 하며 기획도 한다. 치료를 위해 휴학을 했다 복학을 하니 동기들이 졸업해 응원단에서 왕 어른이 된 느낌도 들었다. 그러나 복학하고 나서는 응원단보다는 공부에 좀 더 치중했다. 그래도 대학 생활의 절반 정도는 응원단에 바쳤다.

학과 수업은 재미있었다. 원래 관심 있는 분야니까 힘들지 않았다. 문제가 있긴 했다. 기독교 학교라서 졸업할 때까지 필수 수업으로 예배를 드려야 했다. 모자를 쓰고 들어갔다가 모자를 벗지 않았다고 쫓겨났다. 종교행사에 모자를 쓰고 간 게 잘못이었다는 생각도 들었지만 내가 가고 싶어서 간 것도 아니었는데 욕을 먹으니 불쾌했다. 기독학생회 애들이 앞에 나와서 억지로 율동을 따라하게 하는데 다들 잘 따라하질 않았다. 그러면 이 수업을 패스하지 못하면 졸업을 할 수 없는데 그냥 앉아 있지 말고 조금만 따라해달라고 한다. 속으로는 불만이었지만 졸업은 해야 하니 참아야 했다. 고등학교에서도 종교수업을 듣지 않겠다고 시위를 하는데 대학에서까지 아직도 종교수업을 강요하고 있었다. 두 번이나 듣기를 포기하고 결국 졸업 학기 때가 되어서야 가까스로 패스했다.

그때 복지카드도 만들었다. 부모님은 내가 신청하기 전까진 복지카드를 신청하지 않으셨다. 내가 장애인이라는 것을 인정하기 싫었던 것 같았다. 장애인이라고 하면 우대 받기보단 홀대를 받았다. 우리나라는 장애인학교나 특수학교는 잘 갖춰져 있지도 않으면서 조금만 장애가 있으면 그런 학교로 보내라, 일반 학교에선 못 따라 간다고 이야기한다. 내가 장애학교를 다녔다면 거기서 우수학생일 수도 있었다. 하지만 장애인학교나 특수학교를 다니면 주위에선 쟤는 특수학교에 다녀, 저 집 딸이 장애가 있다는 수군거림을 들어야 한다. 비장애인 애들은 자라나면서 부모나 학교의 영향을 받아서 장애인들을 자기와 다른 사람, 심지어 틀린 사람이라고 생각하게 된다. 착한 애들이라도 그저 도와주려고 할 뿐 자기와 같은 사람이라고 생각하지 않는다. 대학에서 나를 놀리거나 괴롭히지 않은 건 대학생쯤 되니 그게 놀릴 거리가 아니라는 걸 알 뿐인 것이다.

성인이 되고 나니 사회에서 주는 혜택을 받지 않을 이유가 없었다. 복지카드는 직접 찾아다니지 않으면 혜택을 받기 어려웠다. 교통카드를 자동으로 할 수 있게 한다는 안내문이 와도 뭔지 알 수 없다. 따로 은행 계좌를 만들라고 하지만 귀찮기도 하고 무슨 말인지 알 수가 없어 하지 않았다. 복지카드를 잃어버리고 나서야 은행에 가니 무임승

차 카드를 만들어줬다. 하다못해 할인 받는 것도 일일이 통신사에 물어봐야 한다. 직접 말하지 않으면 혜택을 주지 않았다. 기업들은 의무가 아닌 건 하지 않으려 했다. 영화관 중에도 할인이 되지 않는 곳이 있다. 인터넷 게시판에 왜 장애인에게 할인이 되지 않느냐고 질문을 올린 적도 있다. 영화관에서는 할인이 의무가 아니라는 답이 돌아왔다. 있는 혜택들도 직접 하나하나 알아봐야 하고 그나마 실질적인 도움이 되는 건 적다.

병원에서도 마찬가지다. 몇 년에 한 번씩은 눈 수술을 받아야 한다. 지금 상태를 유지하기 위한 수술이다. 상처가 남지 않기 위해 성형수술용 실을 쓰면 보험이 되지 않고 일정 부분만 지원이 된다. 하지만 내 경우에 성형은 곧 생존이기도 했다. 목숨의 경각을 다투는 위험한 병은 아니었다. 하지만 우리 사회는 장애가 겉으로 드러나는 여자를 쉽게 받아주지 않았다. 그래서 계속 몇 백만 원씩 써가며 수술을 해야 했다. 대학병원은 선택 진료라 더 비쌌다. 나와 비슷한 어떤 사람은 수술비가 부담스러워 포기하기도 했다. 또 어떤 어른들은 죽을 날이 얼마 남지 않았다며 수술을 포기하고 안대를 하고 다녔다. 결국 나의 장애가 중증이라면 더 많이 지원을 받을 수 있었지만 경증이라서 그 많은 병원비를 엄마, 아빠가 다 부담해야 했다.

직장에 들어간 후 집을 나왔다. 고등학교 다닐 때에도 독립하고 싶었지만 그땐 엄마 아빠가 절대 안 된다고 하셨다. 집에 있으면 여전히 부모님과 다툼이 생겼다. 나는 잘 지내고 있는데 엄마는 내가 장애가 있다는 것에 걱정이 많았다. 엄마가 뒤를 봐줄 수 없을 때 누가 도와주지 않아도 내가 혼자 살아갈 수 있어야 한다고 했다. 나는 혼자 살수 있었다. 집을 나오고 나니 마음이 한결 편해졌다.

혼자 살게 되니 책임져야 하는 일들이 많아졌다. 집에 있을 땐 엄마가 보호막이 되기도 하고 심부름을 해주기도 했다. 냉장고에 비어 있는 음식들, 깜빡거리는 전등, 시끄러운 윗집, 모두 엄마에게 말하면 됐다. 하지만 지금은 직접 이야기해야 한다. 나 대신 누가 해결해주지 않으니 단순한 일에서부터 주인집과의 트러블까지 알아서 해야 한다. 직접 책임지거나 감수해야 할 것들은 내가 하거나 아니면 포기해야 한다. 지금은 좀 괜찮아졌다고 생각하면서도 여전히 낯선 사람과 얼굴을 마주치는 건 어렵다. 그래서 주인집에게 할 말이 있어도 쉽게 말하지 못한다. 문이 고장 나서 삐걱 소리가 났을 땐 한 달 동안이나 고민하다 말했다. 월세집이라서 주인집에서 다 해줘야 하는데 말하는 게 불편해 화장실 전구공사도 내 돈으로 했다. 택배 받는 것도 그랬다. 어느 날 주인집에서 택배를 받은 적 있었다. 기사님과 전화하다가 깜짝 놀라 주인집에 찾아가 죄송하단 말을 몇 번이나 했다. 괜히 귀찮게 하는 것 같기도 하고 마주치는 것도 불편했다. 그 이후로 회사에서 택배를 받아 등에 이고 집에 가기도 하고, 기사님에게 훔쳐갈 거 아니니 집 앞에 두고 가시라고도 했다. 아파트 같은 곳이면 경비실이 있지만 다세대 주택에선 누가 대신 받아주지 않는다. 혼자 살다보니 다른 사람들과 마주할 일이 많았다. 주인집과 부딪치는 것이나 열쇠를 다른 사람에게 맡겨야 하는 것들은 싫기도 하지만 불편하기도 하다.

그래도 음식을 해먹고, 집안 정리도 하는 등 혼자 사는 일에는 소소한 즐거움이 있다. 엄마가 해주지 않은 스파게티 같은 것도 곧잘 해

먹었다. 결혼한 오빠는 엄마 집 근처에 살아 엄마 집에서 밥을 먹곤 하지만 나는 집에서 해먹었다. 집에서 음식을 해먹으니 처음에는 돈이 들지만 시간이 지나자 더 절약이 되었다. 그래도 좀 불편하기도 했다. 어떤 날은 힘이 들어서 밖에서 사먹고 싶을 때도 있는데 짜놓은 식단은 다 먹어야 한다. 음식들 유통기한도 있고 냉장고에 남아 있으면 쓰레기가 되니 말이다. TV에서는 딱 1인분만 할 수 있다고 하는데 실제로 해보면 1인분만 할 순 없다. 마트에 가도 야채들은 꼭 큰 묶음만 판다. 처음에는 큰 묶음이 싸보여서 사긴 했지만 나중에는 유기농이라도 작은 걸로 산다. 어차피 묶음으로 사도 다 먹지 못해 경제적으로 더 손실이었다. 마트도 그렇고 음식을 하는 것도 그렇고 혼자보단 두 명에게 더 맞추어져 있었다.

집에서 독립한 친구들이 동거를 하게 되는 건 생활비 때문이다. 동거를 하면 장보는 것에서부터 여러 가지로 생활비가 절감된다. 월세 부담도 반으로 준다. 하지만 여자가 동거를 한다고 하면 온 세상이 다 들고 일어난다. 요즘은 아니라고들 하지만 마찬가지다. 집주인들도 동거한다고 하면 곱지 않게 바라보았다. 차라리 동거를 할 바에 결혼을 하는 게 나아 보였다. 나도 결혼 이야기가 없진 않았다. 헤어진 남자친구와 사이에 결혼 이야기가 있었다. 장애 때문에 헤어진 건 아니지만 그것도 영향을 미치기는 했다. 그 집에서는 나를 이해해준다며 내가 가진 장애가 유전이 되는지 궁금해했다. 유전이 된다면 아이를 낳지 않아도 된다는 이야기를 하기도 했다. 나를 배려해주려고 하는 말이라 생각하고 그냥 넘겼다. 시간이 좀 더 지나면 상대방도 내 장애에 대해 더 궁금해했을지도 모른다. 내가 연애를 못할 거란 생각은 해보지 않았지만 결혼은 달랐다. 결혼은 상대방 가족이나 부모와도 연관되어 있었다. 부모님들은 첫눈에 장애인이라면 싫어할 수 있을 것 같았다. 대부분의 부모들은 자식이 평범한 사람과 만나길 원하지 않나. 사회의 전반적인 인식이 그랬다. 예전에 어린애가 날 보고 손가락질을 한 적이 있다. 아이 엄마가 쳐다보지 말라고 이야기하며 애를 빨리 데리고 갔다. 저 사람은 좀 아프다고 하면 되는 거였다. 내가 잘못한 것도 아닌데 내가 잘못한 느낌이 들었다.

지금도 치료를 받기 위해 병원에 가면 나와 같은 치료를 받는 중고등학생 또래 애들이 보인다. 그 아이들을 보면 마음이 아프다. 왜 신경질적이고 예민하게 구는 지 알 수 있다. 그 아이가 자신의 장애가 잘못인 마냥 여기게 될까 괜히 걱정된다. 걱정하지 마. 너는 예뻐. 너는 건강해. 너는 그냥 다를 뿐이야. 내가 예쁘다는 말을 기다렸던 그때처럼 그 아이에게 반가운 말을 건네고 싶다. 하지만 거울을 보면서 나 스스로 예쁘다고 말할 수 있는 지금처럼, 그 아이도 예쁘다는 말을 기다리지 않는 아이이기를 바라게 된다. 평범함으로 돌아오는 시간이 나보다는 조금 짧기를. 언젠가 나를 평범하지 않다고 불러내는 세상을 만나게 될 때 그 아이는 나를 다르게 불러주기를.

인터뷰 | 현주, 유인
녹취 | 현주
글쓴이 | 훈창

이숙을 만난 적은 없지만 환하게 웃으며 자신이 어떻게 살았는지 말해주었을 그의 모습이 그려진다. 이숙은 누구보다 많은 생각을 하며 살았을 것 같다. 나는 왜 평범하지 않지? 왜 다른 사람들은 나를 평범하게 대하지 않지? 누군가 평범함에서 벗어나기 위해 살았다면 이숙은 평범함을 찾기 위해 살아왔다. 누군가에겐 벗어나고 싶은 곳, 누군가는 찾아가고 싶은 곳, 이숙의 이야기를 쓰며 다시 평범함에 대해 생각해본다.

열쇠말

취업, **직장**, 등단, 면접, **글쓰기**, 전문대, 원서, **아르바이트**, 편입, 장애인 칸, 첫인상, **외모**, 장애인고용촉진법, 초등학생, **병신**, 서예학원, **연애**, 여성스러움, **왕따**, 동정, 불쌍, 눈 모양, 예쁨, 콤플렉스, 동갑내기, **숏커트**, 부모님, 언니 오빠, **여고생**, 가출, 응원단, 기독교 학교, 종교수업, **복지카드**, 장애학교, 틀림, 의무, 권고, 병원, **성형**, 생존, 선택진료, 수술, 결혼, **손가락질**, 평범

수신확인

경계를 의심하는 반차별운동으로

진경 • 장애여성공감 활동가

거리두기와 거리 넓히기

장애여성단체에서 활동하다보니 잘 모르는 사람들과 일 때문에 만나게 될 때 "우리 조카도 장애인이다" 혹은 "내 친구 동생도 장애가 있다"라는 이야기를 종종 듣게 된다. 그럴 때면 친척이든, 같은 동네사람이든 누구에게나 아는 장애인이 한 명쯤은 있구나 싶다. 그러다가도 장애여성들과 밥을 먹으러 식당에 가거나 지하철을 탈 때, 일상적인 공간에서 마주치는 사람들은 '살면서 한 번도 장애인을 본 적 없었던 것처럼' 신기해하는 시선으로 쳐다보는 경우가 많다. 이런 두 가지 상황의 간극은 무엇일까?

변두리스토리에서 만난 이숙의 이야기는 경증 장애여성들이 경험하는 삶의 한 모습이기도 하다. 사실 경증과 중증이라는 장애에 대한 구분 자체가 이상하기도 하고 명확한 기준이 있는 것도 아니지만 편의상 나누어서 이야기해보자면, 중증 장애인들은 대개 성장과정에서 특수학교나 복지관 등 이용시설에서 만난, 자신과 비슷한 장애인 친구나 동료가 있으며 커뮤니티에 소속되어 있기도 하다. 반면 경증 장애인들의 경우 주변에 비장애인이 대부분인 환경에서 혼자 장애인으로 살아가는 이들이 많다. 그래서 경증 장애인들은 자신의 장애를 감추거나 혹은 장애가 드러나지 않도록 '노력'을 하여 비장애인과 동일해질 것을 강요받는다.

비장애인으로 둘러싸인 환경은 자신의 장애를 더 낯설게 만든다. 비장애인에게 중증 장애인은 나와는 '완전히 다른 존재'이기 때문에 처음부터 안정적인 거리두기가 가능하고, '불쌍한 사람들'로 규정하면서 쉽게 동정의 시선을 던지기도 한다. 그와 달리 경증 장애인은 어쩌면 비장애인에게 그냥 '조금 다른' 사람이고, 그래서 불편하게 느껴질 수 있는 그 거리를 계속 넓혀가면서 다수/정상에 속해 있는 자신의 위치를 확인하고 싶은지도 모르겠다.

'장애인이라는' 사실이 말해주는 것

'장애인이라서 차별받는다'는 얘기를 들으면 어떤 생각이 들까? 대부분의 사람들은 차별받는다는 사실에는 쉽게 동의할 것이다. 하지만 그것이 어떤 차별인지, 그 차별이 개인의 삶에서 어떤 양상을 만들어내는지 짐작해보는 데까지 나아가지 않는다.

사실 '장애'라는 개념은 너무 모호하고, 그 범위가 너무 넓다. 누군가가 장애인이라는 사실 자체는 그 사람이 살아가는 일상과 거기서 경험하는 차별에 대한 어떤 정보도 주지는 않는다. 반차별운동에서는 소수자들의 삶이 한 가지 정체성만으로 설명되지 않는다고 얘기해왔다. 장애인도 성별, 나이, 시설에서 살았는지의 여부, 가족 구성, 경제적인 상황 등에 따라서 각각 다른 경험을 하게 된다. 하지만 그 이전에 '장애인'이라는 정체성에 대한 구체적인 설명이 필요하다. 어떤 장애를 가지고 있는지, 한 가지 장애를 가지고 있는지 중복장애를 가지고 있는지, 외부로 드러나는 장애인지 아닌지, 어릴 때부터 장애를 가지고 있었는지 살면서 사고나 병으로 장애를 갖게 되었는지, 언어 장애가 있는지 아닌지, 신체 장애인이라면 휠체어나 다른 보조기구를 사용하는지 아닌지, 청각 장애인이라면 수화를 사용하는지 수화는 못하고 구화만 사용하는지, 시각 장애인이라면 점자를 사용하는지 아닌지 등등. 구체적으로 얘기하다보면 여러 가지로 나눠지는데 이 모든 사람들을 다 '장애인'이라고 묶을 수 있는가 하는 생각이 들 정도로 너무나 다양하고 각각의 조건들이 다르다.

대부분의 비장애인들은(그리고 많은 장애인들 역시) 장애라는 것이 명확하고 절대적인 구분 선이 있는 개념이라고 생각한다. 하지만 장애인 안에서의 차이는 생각하는 것보다 그 스펙트럼이 넓다. 장애인이라는 정체성을 공유한다고 해도 그 사람이 자신의 장애로 인해 어떤 조건에 놓이는지에 따라 서로 다른 상황을 마주하기도 한다. 그래서 '장애인 vs 비장애인'이라는 구도는 때로 어색할 수밖에 없다. 지적 장애인과 지체 장애인은 삶 전반에서 서로 다른 경험을 하기도 한다. 그리고 상황에 따라서 장애인 A와 장애인 B보다 장애인 A와 비장애인 C가 더 많은 경험들을 공유할 수도 있다.

이숙이 가진 장애는 삶 전반에 걸쳐 계속 영향을 미친다. 가시적으로 드러나는 불이익과 불평등만이 아니라 자존감, 사람들과의 일상적으로 관계 맺음 등에서 그 장애라는 것이 영향을 끼치는 것이다. 그렇지만 대학등록금과 취직 문제, 가족들에게서 나와서 혼자 사는 상황은 전문대를 졸업하고 결혼하지 않은 20~30대 비장애 여성의 경험과 만나는 지점들도 많다.

계단이 있는 식당 앞에 휠체어를 타는 A와 저시력 장애를 가지고 있지만 보행이 가능한 B, 그리고 장애가 없는 C가 함께 있다면 그 순간 A와 B가 아니라 B와 C가 더 비슷한 조건에 놓이게 된다. 반면 이들이 휠체어가 접근할 수 있는 극장에 영화를 보러 갔다면 A와 C는 보고 싶은 영화를 골라서 볼 수 있지만 B는 자막이 있는 외국영화는 보기 힘들다. 이럴 때는 A와 C가 조금 더 비슷한 상황에 놓이게 된다. 장애가 사회적으로 구성된다는 것은 바로 이러한 맥락 때문이다. 장애라는 것이 장애를 가진 개인의 절대적인 상태가 아니며 장애가 사회와 만났을 때, 그리고 그 개인이 다양한 상황과 마주했을 때 어떤 조건에 놓이게 하는지에 따라서 달라지는 것이다.

다시, 간극

일반적인 사회에서는 '비정상적인 것'을 부정적으로 생각한다. 무언가 부족하고 이상하고 부적절한 것으로 여긴다. 하지만 소수자들은 때로는 '정상성'을 오히려 불편하고 껄끄럽게 생각하며 자신의 '비정상성'을 즐기거나 자랑스럽게 내보이는 문화가 있다. 성소수자로서 내 존재를 드러내고 퀴어로서 자긍심을 높이는 퀴어 퍼레이드와 같은 행사에서 우리는 남/녀라는 성별 구분, 이성애를 '정상'으로 간주하는 사회적인 기준을 무너뜨리는 모습을 만나게 된다. 그리고 장애를 감추어야 할 것, 불편한 것으로 생각하는 일반적인 인식을 깨뜨리며 문화예술 활동을 통해 장애를 가진 몸을 드러내며 다른 움직임의 방식, 다른 언어의 방식을 보여주기도 한다. 이처럼 사회적으로 '비정상적'이라고 규정되는 것의 가치를 보여주고, '정상'의 기준을 흔드는 다양한 시도들은 중요한 의미가 있다.

하지만 제도에 의해서 '비정상성'을 강요받는 것은 다른 문제다. 최대한 '비정상적인' 사람이 되어야만 차별을 인정받을 수 있는 현실은 반차별운동의 현장에서 많은 갈등을 일으킨다. 장애인이 어떤 지원을 받거나 복지제도를 활용하려고 하면 스스로 얼마나 '비장애인과 다른지'를 입증해야 하는데 그 과정 자체가 당사자의 자존감과 인격을 훼손하기도 한다. 장애등급을 다시 판정받고, 활동보조 지원 대상인지를 확인받고, 활동보조가 필요한 시간이 몇 시간인지 점검받고, 그럴 때마다 장애인은 '내가 얼마나 할 줄 아는 것이 없는 무능력한 존재인지'를 보여줘야 하며 자신의 '비정상성'을 입증해내야만 한다. 그런 제도와 지원체계는 그 자체로 '장애'를 절대적인 상태로 만들고, 장애인/비장애인의 구분을 더 강화시킨다.

2011년에 개봉한 영화 〈도가니〉는 사회적으로 엄청난 파장을 일으켰다. 이 영화를 보면서 많은 사람들이 가해자들에게 분노했다. 그렇게 분노로 이글대던 사람들이 영화가 끝나자마자 휠체어를 탄 장애인에게 조금의 양보도 하지 않고 우르르 나가서 엘리베이터 앞으로 가는 모습을 보았다. 이런 상황을 마주하면 다시 간극이 느껴진다.

사람들은 언론이나 TV, 영화 등 매체에서 극악한 폭력을 당하고 학대를 받는 장애인의 상황을 볼 때, 그들이 나와 '전혀 다른 존재'이기 때문에 더 쉽게 분노하고 '그런 장애인을 괴롭히는 것은 인권 침해'라고 얘기한다. 언론에서도 극악한 사건이 발생할 때, 그런 사건의 피해자가 될 때 비로소 그 사람의 삶에 주목한다. 하지만 얼마나 더 취약해지고, 얼마나 더 열악한 상황에 놓여야 우리 삶이, 우리가 가진 다른 조건들이 인정받게 되는 것일까? 소수자들은 '피해자' 위치에서 사회가 주목할 만한 사례를 제공할 때만 차별을 이야기할 수 있는 것일까?

연대, 그리고 또 다른 질문들

이숙의 이야기 마지막 부분, 이숙은 병원에서 만난 여고생을 보고 마음이 먹먹해진다. '저 아이도 나와 비슷하구나' 하는 연대감을 느낀다. 그런 외모를 가지고 살아간다는 것은 사람들에게 무시당하기 쉽고, 공격당하기 쉬운 삶일 것이라는 걸 짐작하는 것이고, 아픔의 경험을 공유하는 것이다. 마찬가지로 주변에 다른 장애인 친구나 동료 없이 '혼자' 살아온 장애인의 경우 다른 장애인들과 만나게 되면 그 이전보다 자신의 삶을 더 잘 설명할 수 있게 된다. 중증 장애로 인해 학교도 가지 못하고 대부분의 성장기를 집에서만 보냈던 장애인은 비로소 외출을 하고 자신과 비슷한 장애를 가진 사람을 만나면서 힘을 갖는다.

장애인이라는, 공유되는 정체성과 연대의식은 중요하다. 이를 바탕으로 우리는 사회의 부당함에 저항하고 비장애인 중심의 세계를 바꿔나가며 장애인의 권리를 만들어간다. 특히나 한국 사회에서 '장애인은 비장애인과 너무 다른 삶을 살고 있다', '장애인도 비장애인과 똑같이 살고 싶다'는 주장은 여전히 유효하다.

하지만 그와 동시에 반차별운동은 장애/비장애의 경계를, 그 절대성을 의심해봐야 하지 않을까? 이숙과 이숙이 본 여고생의 모습은 외모로 인해 위축되고, 이상하고 부족한 자신의 어딘가를 가리는 것이 습관이 된 사람들의 모습과 겹쳐진다. 정상적인 몸의 기준, 아름다운 외모의 기준이 강요되는 문화, 그러한 사회에서 살아갈 때, 거기서 조금이라도 벗어나 있기 때문에 자신을 부정하거나 그 기준에 맞도록 나를 바꿔야 한다는 압박을 느끼는 사람들은 장애인뿐만이 아니다. 장애인을 억압하는 근거와 기준이 모든 사람들에게 그대로 적용되고 있다면, '장애'의 문제는 '장애인만'의 문제가 될 수 없다. 그렇기 때문에 우리는 장애/비장애의 경계가 가지는 문제에 대해 더 얘기해야 하지 않을까? 그럴 때 차별의 당사자/비당사자의 구도를 넘어설 수 있는 방향으로 반차별운동이 나아가리라 기대한다.

7장

나에게 온
민우의 이야기

왔어? 어서 와. 집 찾는 거, 어렵지 않았어? 버스에서 내리니까 금방이지? 날이 더워진다. 이쪽으로 와. 물 한 잔 줄까?

뭘 또 사들고 왔어. 그냥 오라니까. 호호, 집 좋지? 천천히 봐. 너도 임대아파트 되면 좋을 텐데. 좀 좁아 보여도 둘이 살 만해.

응, 그 방은 우리 자는 방. 커튼 색깔 괜찮지? 내가 특별히 신경 썼어. 10년은 살 집이라고 생각하니까 내 집 같잖아. 거기가 신혼방인 셈이지.

집들이는 무슨. 그냥 너처럼 이렇게 오면 그게 집들이지. 니들 또 몰려와서 수다 떨기 시작하면 그걸 어떻게 감당하니? 게이들이 좀 수다스러워야지.

아니, 여기 살면서 눈치 주는 사람은 없어. 같이 가는 미용실이 있는데 어쩌다가 혼자 가면 왜 형은 안 왔냐고 묻는 정도……. 특별하게 보는 사람도 없는 것 같아. 그리고 우리 둘 다 별로 신경 안 쓰는 타입이라 여유 있게 지나치기도 하고, 같이 장도 보러 자주 가고.

아, 불편한 건 있다. 여기가 임대아파트잖아. 이게 애인님 이름으로 나온 건데, 임대아파트에는 다른 세대주가 같이 못 살아. 그렇다고 우리가 결혼을 할 수 있는 것도 아니고 사실혼으로 인정되는 가족도 아니잖니. 같은 세대도 못 되고 다른 세대도 못 되고. 어쨌든 당장 기초생활수급을 받으려면 따로 세대 등록을 해야 하는데, 그게 지금 약간 골치 아픈 일이야. 그래도 되니까 좋다야. 너도 잘 알아봐. 임대아파트가 막 나올 때가 있대.

어머, 너는 얼마나 좋은 집에서 사는지 내가 두고 봐야겠다. 임대아파트라고 뭐라 뭐라 하는 소리들은 다 밖에서 보고 하는 얘기야. 뭐가 좀 다르면 차별하는 거지. 어렸을 때 생각해보면 가난하다고 차별하지는 않았는데……. 사람들이 다 마찬가지였으니까.

초등학교 때 선생님이 부모님을 모시고 오라고 하면, 남들이 볼 때는 우리 아버지가 할아버지인 게 약간 창피하긴 했지, 못사는 걸로 차별 당하지는 않았어. 집에 텔레비전이 있는 사람 손들어보라고 하면 손드는 애들을 신기하게 쳐다봤지. 그때 뭘 알았겠니. 지금이야 애들이 같은 아파트에서도 40평은 40평끼리, 50평은 50평끼리 갈라서 논다고 하지만 우리 때는 그런 거 없었어. 못사는 애들이 관심의 대상이 아니라 잘사는 애들이 관심의 대상이었지. 가진 자가 극소수고 다들 평범하니까 거기에 연연하지 않았지.

그럼, 지금은 다르지. 무상급식 할 때 없는 사람만 하자고 하면 그게 차별이잖아. 표가 나니까. 누구는 공짜로 먹고 누구는 돈 내고 먹고, 그게 어떻게 표가 안 나겠어? 그 당시에는 진짜 표가 났지만 문제가 안 됐어. 나는 무상으로 교과서를 받았는데, 책 나눠줄 때도 교과서에 '무상' 도장을 꽝꽝 찍어서 줬거든. 지금이라면 애들 방과 후에 다 집에 간 다음 가져가라고 해야겠지만 그때는 애들 앞에서 받아도 나는 그냥 고마웠어. 주는 사람이 생색내면서 주는 것도 아니고, 보이기 위한 게 아니라 마음으로 주고받는 거라고 느꼈거든.

응, 그게 좀 아쉽지. 둘이 마주 앉을 수 있게 식탁 하나쯤 놓을 공간이 있으면 좋을 텐데. 좁긴 하지. 그런데 어차피 같이 밥먹을 시간이 그렇게 많지도 않아. 나도 매일 출퇴근하는데, 그이는 더 바쁘거든. 주말에 마트 가서 같이 장보고, 뭐 해먹고, 이 방에서 뒹굴면서 지내.

어머, 요 계집애. 너는 눈이 너무 높아서 연애를 어떻게 하려나 걱정이다, 얘. 네가 나이는 어려도, 이쪽에 들어온 건 나랑 비슷한 연차 아니니? 난 서른이었잖아. 한창 꽃다운 시기를 그냥 일하고 돈 버는 데 다 쓰고, 좀 불행하게 보냈지.

나는 전혀 몰랐어. 간혹 그런 생각을 하기는 했지. 스물여섯 살이나 일곱 살 때? 직원들끼리 출장 가면 여관에 가서 요즘 말하는 '야동'을 보잖아. 그럴 때 간혹 생각은 했지. '왜 여자끼리 성행위하는 것도 있고, 여러 종류의 야동이 있는데 남자끼리 하는 건 없을까?' 그런 생각이 가끔 스쳐 지나가듯이, 자꾸 생각났던 건 아니고, 그냥 왜 그런 건 없을까? 그런 게 있으면 볼 만할 텐데……. 그렇게 서른 살까지 온 거야. 누가 나를 좋아하거나 내가 누구를 좋아하거나, 이런 걸 못 느꼈다고.

직장 다닐 때 사귀던 여자가 있었거든. 그때만 해도 동성동본이 결혼을 못하던 때야. 그냥 동성동본이니까 안 되나보다 했지. 아쉽거나 뭔가 끌리거나 그런 게 없었어. 그리고 좀 피곤한 거 있잖아. 여자친구를 만나면 여자니까 데려다줘야 하고, 이런 게 짜증나기도 하고. 내가 혼자 살다보니까 나 스스로를 책임지기도 힘든데 여자친구가 있으면 내가 책임져야 할 것 같은 게 힘들었거든. 남자끼리는 술 먹고 그냥 헤어지면 되니까 편하잖아. 이 동네가 더 심한 줄은 나중에야 알았지. 더 잘해야 되고.

참, 내가 너한테 사춘기라는 소리를 다 듣네. 그랬는지도 모르지. 사춘기가 늦게 온 건지도 몰라, 내가 이쪽으로 눈을 뜨다보니까. 누구한테 관심을 받는다는 건 참 좋은 일이잖아. 여자들이 나한테 호감을 느끼고 좋다고 하면 약간 자랑스러운 기분이 들었다고나 할까. 걔를 좋아하는 것보다는, 그런가보다 하는 거. 오히려 여자애들이랑은 친구로서 좋은 게 많았어. 성적인 느낌은 없었지. 그런데 여기서는 딴판이지, 미친 듯이 적극적인 거야. 나는 그때만 해도 일반적인 사고를 가지고 있었는데 남자애들이 미친 듯이 들이대서, 내가 뚜렷한 것도 아닌데 좀 부담스러웠어. 내가 그렇게 좋은 건가 했는데 나중에 알고보면 꼭 그런 것도 아니야. 쉽게 말해서, 만나는 게 좀 쉬운 거지.

난 또 좀 고지식하거든. 이쪽에 발 들이고 힘들었지. 초창기 때는 같이 자자고 하면 나는 됐다고, 너랑 나랑 살 것도 아니고, 만난 지 한 달도 안 됐는데 뭘 자냐고 그랬다니까. 뭐, 지금은 여우가 다 됐으니까. 지금이라도 예쁜 애가 와서 "형, 우리 자요" 하면 자자고 하지. 호호. 그래도 내가 특별한 사람인 건 아니야. 정말 일반이든 동성애자들이든 함께할 사람은 꼭 존재한다는 거지. 계속 마음이 변치 않는 사람

말이야.

내가 무슨. 너야말로 운동권 아니니? 나는 그냥 아는 형, 동생들 일이니까 신경을 쓰는 거야. 나도 처음 에이즈, 그 HIV 감염된 거 알았을 때는 숨어 있었어. 다들 비슷하잖아. 지원 사업이 있으니까 나도 사람들을 만나게 됐고, 다른 사람들은 어떤 힘든 조건에서 나오게 되는지 알게 됐지. 그래서 지원이 중요해. 사람이 힘에 부치거나 어려운 상황에 처하면 동질적인 사람을 찾게 되잖아. 같은 부류의 사람들을 찾게 되지. 그러다가 상담을 나갔는데 나는 내가 뭔가 줄 수 있다는 마인드로 갔거든. 다니다보니까 내가 얻는 게 있는 거야. 이 사람들이 이런 과정을 거쳐 여기까지 왔구나, 이렇게 살고 있구나, 그런 생각을 하면서 내가 힘을 얻었지. 그래서 다시 직장에 자리를 잡을 수도 있었고. 상담을 하면서 배우게 된 것도 있고, 정보도 좀 있으니까 개인적으로 아는 사람들을 챙기게 된 거지.

나는 그 전에 사회생활을 할 때 하도 고통스러운 일이 많았기 때문에 감염된 거 알았을 때, 어, 그래? 그럼 뭐 한번 넘겨보자, 이렇게 된 거야. 솔직히 나한테는 내가 깨일 수 있는 계기가 되기도 했어. 돈 많이 벌어서 안정적으로 살고 싶은 거야 누구나 갖고 있는 꿈이지만, 이걸 계기로 내가 앞으로 어떻게 살아야 할지, 내 삶에서 가장 중요한 부분을 생각하게 된 거지.

하하. 얄미운 사람들도 있지. 그래도 나처럼 다 겪은 사람들은 모든 걸 다 이해하고 포용하는 부분이 있어. 그리고 우리나라 사람들의 정서가 그런 게 있어. 뭐가 잘못되면 그냥 내 잘못, 내 탓으로 돌리잖아, 뭘 당해도 내가 못 배운 게 한이구나, 이런 식으로 얼렁뚱땅 자기 합리화를 하면서 넘어가잖아. 그런 거 보면 속상하지. 자기가 좀 따지고 발언해야 하는 부분이 있는데 당연하다고 넘기니까, 내가 다 대변해줄 수도 없고. 또 뭘 끝까지 따지다보면 법적인 문제도 나오고 여러 문제가 나오게 돼. 뭐가 억울한 건지 따지려면 어떤 절차나 과정을 알아야 하는 거지. 그걸 모르니까 사람들은 당할 수밖에 없고, 그러니까 최소한 그런 이야기를 들어줄 수 있는 시설이나 공간이 있어야 한다는 거야. 요즘은 뭐 다산콜센터, 자살방지센터, 이런 게 있는데 그게 중요한 게 아니라 정말로 뭘 해줄 수 있어야 하지. 사람들이 울고불고 떠들면 금전적으로 얼마 보상해주고 해결된 것처럼 끝내는데, 근본적인 건 항상 안 되고 있잖아. 항상 문제가 되는 건 특권 계층이야. 민주주의 국가에서도 그런 게 없을 수는 없는 거야.

그래, 사소한 걸 따지고, 걸고 넘어져야 변화가 있을 수 있는 건데, 그게 쉽지 않아. 나도 차별이라고 생각하는 건 많아. 내가 당한 걸 알지. 그런데 억울하다고 말하기 시작하는 순간, 사람들은 그거 하나 가지고 난리라고 말한단 말야. 뭘 쟁취하자거나 바꾸자고 부르짖다보면 싸움이 되기도 하니까 부담스럽지. 그러니까 막상 내가 닥치면 한 번 가서 부탁이나 해볼까, 당사자들은 그 정도지. 네 입장에서는 당사자가 나서서 막 소리를 내고 운동을 강력하게 지지하면, 목소리를 내주면 더 큰 효과가 있으리라고 생각을 하지만, 막상 당사자들은 힘겨루기에서 이길 자신이 없는 거야. 항상 그랬으니까. 항상 권력과 재력이 우선인 사회잖니. 그러니까 취약 계층들은 항상 그럴 수밖에 없어. 예전부터 그렇게 당해왔기 때문에. 저 사람들이 뭘 휘두르고 어떤 걸 했을 때 우리가 얼마나 손해를 보고 얼만큼 당한다는 것을 아니까. 그런 위험 부담을 겪으면서 소극적이 돼가는 거야. 거기에 반론을 하고 이의를 제기할 수 있는 능력이 있거나 생각을 가진 사람들도 자기의 능력을 거기에 사용하고 싶지는 않은 거지. 폭발적으로 힘을 쏟아 부으면 될 수도 있고 맘도 편할 수 있지만, 굳이 험한 길을 택할 이유가 없으니까.

나도 그렇게 돼. 이게 차별인가 하면서도, 좀 서운하다고 생각하면서 그냥 넘어가게 돼. 우리가, 음, 내가 이걸 이해함으로써 다른 사람들이 편해질 수 있다면 그냥 이해하고 넘어가는, 일종의 무관심이랄 수도 있는 거 말이야. 타성에 젖어서 그런가, 이렇게 살다보면 피해가는 법을 알잖아. 저 사람이 나한테 부당한 대우를 할 것 같다 싶으면, 솔직히 그런 게 싫으니까 피해 가는 거야. 내가 지금 일을 하잖니. 회사에 내가 볼 때 좀 거만한 사람이 있어. 그 사람이 똑똑하고 능력 있는 것도 인정해. 그런데 인간적으로 예의에 벗어날 때가 있잖아. 그게 마찰이 되고. 그러면, 막말로 서로 부딪쳐서 좋을 게 뭐가 있어. 능력 없고 자질 없는 사람이 그만둬야 하는 상황밖에 안 되는데. 그러면 나로서는, 내 귀에 거슬리는 소리를 듣기 싫으면, 내가 나름대로 노력을 하는 거야. 맞추는 거지. 그걸 어떻게 보면 사회생활이라고 하겠지.

네 입장에서는 힘들겠지. 그런데 사람들은 똑같아. 자, 부장하고 과장이 있는데 과장이 부장보다 나이가 더 많다고 해봐. 나이나 지위, 체계를 떠나서 이견을 제시할 수도 있고 반론을 제시하거나 따질 수도 있는 거야. 하지만 과장은 괜히 따져서 나이도 어린 사람한테 듣기 싫은 소리를 듣고 싶지 않을 테니까 자기 일만 알아서 하고, 웬만하면 자기가 말하고 싶은 게 있어도 굳이 나서서 말하지 않게 되지. 그걸 또 밑의 직원들은 몰라. 직원들은 과장한테 바라겠지. 부장보다 지위는 낮지만 연륜도 있고 많이 아니까 대신 나서서 대변해주면 좋겠다고 바랄 수도 있겠지. 그러려면 그 사람들이 과장 편이 되고 과장에게 힘이 돼줘야 해. 그렇지 않으니까 과장도 안주할 수밖에 없는 거고, 내가 듣기 싫은 소리만 안 들으면 되는 거고, 그러다보면 자연스럽게 아래 사람들의 목소리를 들어줄 수 없게 되지. 사람들이 다 자기 위치에서 바라는 게 있잖아. 누가 누구를 이끌고 당기고 하는 게 아니란 말이야. 나도 뭘 주도적으로 하고 싶어도 따라주는 사람이 없으면 힘들고, 싸워봐야 내가 모든 사람들을 대표하는 것도 아니고, 왜 혼자 나서서 그러냐는 소리 들을 때도 있고. 내가 경제적으로 아주 여유 있는 것도 아니잖아. 정말 내가 하고 싶은 일을 마음껏 할 수 있는 경제적인 기반이 있으면 다를지도 모르지. 사람에게 가장 중요한 건 의식주인데. 그러니까 힘들어지지.

그래, 먹고사는 문제도 차별투성이지. 내가 과연 내 능력을 충분히 인정받느냐? 인정받지 못하는 부분이 바로 차별이야. 혼자 한 건 인정이 안 돼. 어디 소속돼서, 뭔가로 증명이 되어야 경력으로 받아들여져. 쉽게 말하면 학력 위주라는 말이기도 하고. 어디 가서 내가 이런 일을 1년 했다고 하면 어디서 했냐고 묻지. 그게 공식적인 게 아니면, 누구라도 인정해주는 기관에서 한 게 아니면 그냥 사소한 게 돼버리더라고. 그냥 왔다 갔다 한 것이지, 경력으로 안 쳐주더라고. 여기서 조금, 저기서 조금, 그건 경력으로 안 쳐주는 거야. 옛날에는 한 군데 있으면 그래도 뭐 하나는 잘한다고 하지만 요즘은 그게 안 돼. 한 군데에서 꾸준히 하기가 쉽지 않잖아. 내가 무슨 일을 한 군데서 오래했어도 어느 한순간 그 회사가 없어져버리면 사람도 같이 없어지는 거야. 그러면 경력도 같이 없어지는 거지.

내가 그래도 일을 꽤 했잖니. 나는 중학교 때부터 혼자 벌어서 학교 다녔어. 집이 좀 힘들었거든. 고등학교 때도 아르바이트하러 다녔지. 졸업하고 대학은 6개월 만에 포기했고. 그때만 해도 이렇게 힘들게 벌어서 학교에 다 쏟아 붓느니 그 시간에 직장을 다니는 게 더 나을 거라고 생각했지. 그래서 고등학교 다닐 때 아르바이트했던 회사에 가서 일을 시작했어. 그러다가 군대 가면서 그만두게 됐고. 군대에 갔다 와서 바로 독립을 했는데, 야, 그때만 해도 내가 자존심이 정말 셌지. 제대하고 6개월 놀면서 자살까지 하려고 했어. 너무 지겨워서. 그때 아르바이트했던 회사에서 마침 다시 오라고 연락이 왔는데 너무 자존심이 상했어. 갈 데가 없어서 가야 하는 것 같잖아. 그래서 다른 데 가서 일을 시작했어. 1년 정도 하니까 어느 정도 자신감이 생겼고, 그래서 그 회사에서 다시 오라고 할 때는, 스카우트라고 하기엔 좀 거창하지만, 좀 떳떳하게 간 거지. 내가 여기서도 잘나갈 수 있는데 요청이 오니까 수락을 한 거다, 이렇게 생각하면서 거길 한 10년은 다녔지. 그러다가 회사가 좀 잘못돼서 나왔어.

네가 지금 몇 살이지? 그래, 그때는 자기 위치에 대해 많이들 생각하지. 지금 생각해보면 한창 청춘이었는데, 그때는 서른 살 먹었다고 자랑하고 다녔지. 그러니 직장 그만두고 나와서 어린 애들한테 대리님, 대리님 할 수도 없고. 그래서 사업을 시작했는데 IMF 때문에 한순간에 무너진 거야. 내가 정말 한눈 안 팔고, 오랫동안 한 군데서만 일하며 그 정도 위치, 그 정도 기반을 닦아놓았는데 한순간에 무너진 거지. 아, 정말 공든 탑만 무너졌으면 모르겠는데 아예 그 밑으로 내려앉아버리더라. 빚이 1억 원 정도 되니까 감당할 수가 없는 거야. 앞이 안 보였지. 서른다섯 나이에 식당에서 접시 닦고 설거지하고……. 젊은 친구들을 보면 그런 걸 왜 못할까 하는 생각이 들기도 하는데, 사람들이 손가락질하는 것처럼 배불러서 그런 게 아니라는 것도 이해하지. 내가 해봤으니까. 정말 힘들었거든.

한 6개월 방황했어. 그러다 정신 차리고 그때부터 이런 일 저런 일 정말 많이 했다. 전기, 통신, 유통, 운전도 하고. 그렇게 한창 일하다가 바이러스가 발견이 된 거지. 그냥 힘들고 어지럽고, 특별한 이유 없이 그랬어. 처음엔 머리에 이상이 있다고 했는데, 병명이 딱 나온 건 아니고. 머릿속에 뭐가 있는지 알려면 수술을 해야 한다고……. 그때 병원에서 임의로 검사를 한 거야. 나는 그렇게 충격을 많이 받지는 않은 것 같아. 의사 이야기를 대충 들으면서 나는 거둬줄 사람도 없고, 어떤 치료를 받을지 모르겠지만 운전은 계속하기 힘들겠다는 생각을 했어. 밤새 일을 해야 하는 직업이었으니까. 그만뒀지. 지금 생각해보면 그때 왜 내 동의 없이 검사를 했을까 싶지만 따지려 해도 뭘 알아야 따지는 거잖아. 내 동의가 필요하다는 것조차 몰랐으니까. 그리고 그때 의사가 내 옆에 보호자가 있는데도 그냥 얘기를 했어. 그것도 지금 생각하면 웃기는 일인데 그때만 해도 그냥 듣고 있었지. 네가 그때 나를 알고 있었더라면 그냥은 안 넘어갔겠지?

뭘 지금 와서 새삼 따질 것까지야……. 그리고 내가 계속 거기서 진료를 받잖아. 그 사람도 잘 몰라서 그런 일이 벌어진 거고, 나름대로 의사로서 본분을 지키려고 신경을 많이 쓰는 사람이야. 차별이 있었다면 분명히 고쳐야 하고, 문제화할 수도 있겠지만 의사로서 기본적인 마인드는 있었고, 모르고 한 행동이었고, 그러면 굳이 이슈화할 필요는 없다고 생각해. 막 시끄럽게 하면 다른 데서 더 조심하고, 여러 사람이 그 혜택을 받을 수도 있지만 한 사람을 매도하는 게 될 수도 있잖아. 그 사람은 고의로 한 게 아니라 실수였는데. 아무래도 나 같은 경우는 넘어가는 편이랄까. 처음엔 아예 이해를 못하니까, 그런 거 문제 삼는 사람들을 보면 나도 가만히 있는데 고맙다는 생각이 들기도 했지. 하지만 요즘엔 가끔 이용하는 것처럼 보일 때도 있고······. 그래도 뭐가 문제인지는 알게 됐지.

사실 민감하게 생각하면 사소한 것 하나하나 다 그렇지만 내 입장에서는 아무것도 아닌 것들이 있다고. 내가 병원에서 링거를 맞으면 거기에 'HIV+'라고 적혀 있어. 그럼 병원에 있는 사람은 알지. 그래도 솔직히 신경 쓰이지 않아. 누가 병문안을 와도 그래. 물론 내가 잘 모르는 친구가 오면 부담이 되지. 친구들이 온다고, 어디 입원했냐고 난리 치면서 물어보는데 그럴 때는 당황스럽지. 오라고 해야 하나, 말아야 하나. 내가 정말 편하려면 따져야 하는 거야. 그런데 나 같은 사람은 '야, 다음에 와' 하고 말하지. 아니면 링거를 뗄 때, 그 시간에 오라고 하거나. 무뎌졌다기보다는 넘어가는 방식을 익히게 된 것 같아. 조금이라도 불편하면 따지는 성격이라야 하는데 나는 그냥 맞춰가는 스타일이야. 아, 잠깐만, 계속 전화가 오네. 전화 좀 받을게, 미안.

미안, 미안. 통화가 좀 길었지? 야, 사과 좀 먹을래? 잠깐만. 이거 먹어봐. 진짜 맛있더라. 그저께 우리 애인님이랑 마트 다녀왔거든. 색깔이 너무 고와서 샀는데 진짜 맛있더라.

전화? 별일 아니야. 네가 레옹 알던가? 걔가 응급실을 갔나 봐. 아주 급한 건 아니지만, 우린 대학병원에 가야 하는데 휴일이라 진료는 안 되니까. 거기에서 자기가 계속 밀린다고 전화한 거야. 자꾸 지연되고, 남들 진료 다 끝나면 그때서야 진료 받고. 이런 게 차별이라고 볼 수도 있지만, 한편으로는 응급실이면 정말 위급한 환자가 왔을 때 그 환자를 먼저 봐야 하는 게 당연한 거잖아. 내가 먼저 왔는데 왜 기다려야 하느냐고 따질 수만은 없다는 거지. 이건 그냥 하는 얘기지만, 나는 자기가 특별하다고 생각하는 것 자체가 차별받는 거라고 생각해. 내가 감염인이니까 차별받는 게 아니라 내가 사람인데 왜 차별받아야 하나, 이런 맥락에서 생각해야 하는 거야. 물론 감염인이기 때문에 차별받는 게 분명히 있지. 그런데 상대적일 수도 있잖아. 가끔 보면 요만한 거 가지고 날뛰는 사람도 있어.

나는 어려운 과정을 다 넘어왔잖아. 그러니까 누가 약간 곤란한 상황을 겪었다고 하면 알아서 헤쳐 나오길 바라게 되는 것도 같아. 남들이 그런 어려운 상황을 편하게 넘길 수 있도록 같이 그 상황을 고치려고 하는 게 바람직한 건데 나이 먹어서 더 그런지, 나도 다 겪었던 거야, 이렇게 넘어가게 되는 거지. 왜 시집살이를 해본 시어머니가 시집살이를 더 시킨다는 말도 있잖아. 나는 더 힘든 걸 헤쳐 왔는데 조그만 거 가지고 앵앵거리면 짜증이 나는 거야. 너무 바라기만 하는 사람은 또 얄밉잖아. 물론 감염인이라서 반드시 보호를 받아야 할 때가 있지만, 감염인이기 때문에 이런 것은 꼭 해줘야 한다고 바로 연결되는 것은 아니라고 생각해. 감염인이라는 이유만으로 요구한다고 설득력이 생기는 것은 아니라는 거지. 타당성이 있으면 당연히 해줘야지. 그런데 그것이 정말 누가 봐도 평등한, 동등한 입장에서의 요구여야 한다는 거야.

아니, 누가 따지지 말자고 했니? 따지더라도 제대로 따져야 한다는 거지. 억울한 건 따져야겠지. 그런데 사실 하나하나 따지고 난 뒤에 집에 와서 후회하는 경우도 있잖아. 피곤하기도 하고. 이 나이 먹고 그것까지 따져가며 살아야 되나 싶어. 한 번 똥 밟았다고 생각하면 되는 건데. 예를 들어 택시를 타야 하는데 승차 거부를 하면 짜증나잖아. 따지고 싶은데 나도 예전에 택시 운전을 해봐서 그 사람들의 심정을 알아. 역 앞에서 30~40분 기다렸는데 기본요금밖에 안 되는 거리를 가자고 하면 누가 좋다고 하겠냐. 따지고 싶은 마음이 없어져. 그리고 운전하고 가는데 누가 새치기하면 창문 열고 지랄, 지랄 할 수 있지만 그냥 가라, 사고 나면 나만 손해고 열 받아도 나만 손해고, 그러니 그냥 가라, 이렇게 되는 거지. 택시 기사들도 안정적 보수가 있으면 굳이 승차 거부를 할 필요가 없어. 처우가 안 되니까 불편한 관계가 자꾸 유발되는 거야. 새벽부터 나와서 청소하는 아주머니들도 있어. 그런 사람들한테 관심을 가져야 하는데 어떤 사람은 '월급을 100만 원씩 받으면서 더 달라고 하냐?', '자기가 저 정도 대우만 받아도 저렇게 시끄럽게 안 한다' 그렇게 생각하잖아. 더 많은 걸 요구하는 게 나쁜 게 아닌데, 같이 힘을 합쳐서 뭘 해야 하는데 그게 안 돼. 정부에서 하는 건 없는 놈들끼리 이해하면서 살라는 거잖아. 그 이상은 요구하지 말라는 거지. 거기에 대고 같이 싸워야 하는데, 우리는 그 안에서 우리끼리 싸우게 되는 거야.

어휴, 나도 모르겠다. 내가, 아는 동생들한테 무슨 일 생기면 가만있지는 않잖아. 그래도 사실 어떤 부분이 차별이고 편견인지는 잘 모르겠어. 진짜 취약 계층은 더 그래. 계속 살아온 과정이 그렇기 때문에 더 그런 거야. 주변에서 이렇게 하는 게 차별이라고 생각하고, 나는 또 그런 걸 알려줘야 한다고 생각은 하는데 돌아보면 나도 대부분 지나고 나서야 아는 거야. 아무 힘없는 사람들이 모르고 차별을 받는 거지. 사실 내가 떳떳하게 나설 수 없는 게 차별이거든. 내가 당당하게 나가서 내 이야기를 해야 되는데 사회가 목소리를 낼 수 없게 만들잖아. 내가 내 테두리를 만드는 게 아니라 사회가 그런 테두리를 만들고 있다고. 어떤 사람들의 목소리를 꼭 강압적으로나 법적으로 규제하는 것만 차별이 아니야. 다 자유롭게 다루지만 스스로를 어떤 테두리에 속하도록 몰아가지. 너도 생각해봐. 직장에서 자기가 감염인이라고 말하는 사람이 어디 있냐? 법적으로는 해고할 수 없게 돼 있지. 안전장치는 돼 있어. 그런데 차별이라는 건 보이지 않는 거야. 너는 여기 있으면 안 된다는 무언의 압력 같은 거. 목소리를 내려면, 진짜 어떤, 한 사람이 인생을 걸고 해야 되는 거야. 같은 상황, 같은 처지에 있어도 누가 대표성을 가지는 건 아니야. 나는 나로서 얘기하고, 또 다른 사람은 그 사람 얘기를 하고. 그런데 우리가 그렇게 다 같이 나서서 얘기하는 건 힘들잖아. 그게 바로 사회구조에서 나오는 차별이야. 지금 당장 아무런 피해가 없으니까 사람들은 무의식적으로 지나가지. 그 대신 그만큼 권리를 보장받을 수 없는 거야.

나도 다른 쪽 친구들을 만나서 술 먹고 놀고 진솔하게 살아온 얘기들을 나누다보면 그래도 항상 한구석에 요만큼은 내가 다 털어놓을 수 없는 게 있어. 사람들이 다 그렇겠지만, 그걸 탁 털어놓아야 정말 자유로울 수 있는 건데 가슴 한쪽에 항상 뭔가 남아 있는 거지. 그렇다고 그걸 꼭 다 얘기해야 하는 건 아니야. 그게 가식이라고 생각하지도 않아. 다들 그렇게 한 가지 정도는 감추고 있는 게 있어. 그런데 감추는 게 자기의 프라이버시나 자존심 때문에 자발적으로 감추는 거면 상관없는데 어떤 환경이나 현실 때문에 감출 수밖에 없는 상황이라면 그건 다르다는 거지. 또 문제는 당하고 있으면서도 모르고, 그걸 표현할 수 있는 능력도 없는 경우야.

나도 어릴 때는 주도적이거나 나서지는 않았어. 소극적인, 내성적인 성격이었지. 아마 지금처럼 말도 많아지고 이것저것 나서서 하게 된 건 감염되고 나서였을 걸? 나는 불편한 게 있으면 감수하고 넘어가고 약간 소극적이었는데 남들에게 이해시켜야 할 것들이 많아지니까 말도 많아지는 거야. 옛날에는 농담도 할 줄 몰랐어. 어릴 때는 동네, 학교 친구가 전부잖아. 동네에서 인문계 간 친구도 있고 실력이 안 되니까 공업계 가는 애들도 있고, 나도 아주 똑똑한 편은 아니었고 중간에서 왔다 갔다 하면서 애들을 중계해주는 역할? 내가 정말 똑똑하고 잘났으면 한쪽 무리하고만 어울리고 다른 쪽은 신경 안 쓸 수도 있지만 나는 그렇게 특별한 것도 아니었고, 내가 좀 왜소하지만 덩치 큰 애들하고도 잘 어울렸어. 쉽게 말해서 좀 논다고 하는 애들하고도. 공부만 파고드는 스타일은 아니었고 그렇다고 맹하지도 않았고. 친한 애들이랑 밤도 새보고 소주도 마시고. 불량스러웠던 것도, 막 휩쓸린 것도 아니고 그냥 영화 보러 가고, 누구 집이 비었다고 고스톱 치러 가자고 하면 가고……. 이것저것 두루두루 왔다 갔다 하는, 어중간한 스타일이야.

그렇구나, 나도 막내인데. 나는 막 의존적이지는 않아. 부모님이 일찍 돌아가셨지. 형이랑 누나가 있는데 나이 차이가 많이 나. 생활이 그렇다보니 독립적일 수밖에 없었어. 형제들하고 나이 차이가 많이 나니까 오히려 조카들이랑 비슷한 또래인 거지. 그래서 막내니까 관심의 대상이었던 게 아니라 막내지만 관심 밖의 대상이었어. 조카들이 우선이니까. 그래서 혼자 노는 경우도 많았어. 좀 색다르게 놀았다고 할 수 있지. 거짓말이 아니라 내가 초등학교 들어가기 전에 연대에서 한양대까지 걸어서 놀러 다니던 사람이야. 나는 연대 근처 형 집에 살고 한양대 근처에 우리 큰누나네 집이 있었거든. 지금은 유치원이나 어린이집이 있지만 그때만 해도 학교 들어가기 전에는 놀러갈 데가 없었어. 그래서 누나네 가서 혼자 놀다가 심심하면 슬슬 나와서, 거기 학교가 하나 있었는데 들어가서 수돗가에 물 다 틀어놓고 누워 있기도 하고. 그러면 수위 아저씨가 쫓아와서 엄마 누구냐면서 데리고 가고, 가족들은 막내를 잃어버렸다고 난리치고, 그때는 전화도 없었으니까. 뭐 항상 특이하게 놀았어. 그러니까 사람이 평범하게 사는 게 행복한 거야, 남들 사는 것처럼. 누가 옆에 있으면 존재만으로 만족하는 거, 죽고 못 사는 게 아니고, 그냥 집에 쓸쓸히 들어가지 않는 게 행복이지. 내가 요즘 행복하잖니, 호호.

어머, 그러게, 어쩌다 머리 아픈 얘기만 한창 하고 벌써 시간이 이렇게 됐네? 내가 너처럼 젊은 애들이랑 놀려고 하면 이제 몸이 안 따라줘. 그래서 집으로 불렀는데 별 얘기를 다 하게 됐다, 애. 가끔 필요한 거 있으면 연락해. 애인 소개시켜주는 거 말고는 다 해줄게, 하하. 너도 고생 좀 해봐야지. 임대아파트 알아보고.

그래, 내가 아무리 바빠도 네가 오는 걸 막을 수 있니? 버스 타는 데 찾아갈 수 있지? 조심해서 가. 안녕.

이렇게, 나이가 또 다녀갔다. 해마다 찾아오는데도 익숙해지지 않고, 나는 괜히 나를 변명해야 할 것만 같다. 그래도, 나이가 드는 만큼 속도 들어 조금은 더 단단해지겠지?

인터뷰 | 민성, 미류
녹취 | 민성
글쓴이 | 미류

그는 파란만장하다는 말로 자신의 이야기를 시작했다. 그리고 민우의 이야기는 끊임없이 흔들린다. 그래서 누군가는, 민우가 도대체 무슨 이야기를 하고 싶은 건지 묻고 싶을 수도 있다. 차별에 맞서 싸우자는 것인지, 굳이 문제 삼지 말고 넘어가자는 것인지. 평범하다는 것인지, 특별하다는 것인지. 그러나 하나만 기억하자. 그 흔들림을 만들어내는 것이 차별이라는 점을. 사회가 만든 테두리와 자신이 붙박고 싶은 자리가 어긋날수록, 흔들리지 않고는 살아내기 어렵다는 것을. 그러니 질문은 민우가 아니라 사회를 향해야 한다.

열쇠말

임대아파트, 연애, 결혼, 여자친구, **동성애자**, 일반, 운동권, 에이즈, **감염인**, 상담, 정보, **법**, 합리화, 특권 계층, 민주주의, **당사자**, 일, 나이, **취약 계층**, 권력, 사회생활, 목소리, **따지다**, 먹고사는, 학력, 경력, 아르바이트, 대학, **IMF**, 빚, 바이러스, **병원**, 검사, **프라이버시**, 동등한 처우, **없는 놈들끼리**, 테두리, 권리, 가족, 평범하게, **애인**, 세대주, **가족구성권**, 가난

수신확인

인간의 자격? 물음표를 의심하자

토리 • 성소수자차별반대 무지개행동 활동가

감추고 살 수 있거나 없거나

겉으로 보기에는 모르지만 남들과 다른 부분이 존재하는 사람에게 '차별'이란 무엇일까, 혹은 무엇을 차별이라고 정의할 수 있을까. 민우는 겉으로 얼핏 보기에는 다른 이들과 차이가 없다. 다만 차이가 있다면 임대아파트라는 조금은 빈곤한 환경에 살고 있고, 수입이 적거나 안정된 직장이 없으며, 정기적으로 병원을 찾아야 하고, 가족이나 친지가 주변에 없는 정도이다.

사실 감염인이 아니라도 우리는 민우와 같은 환경의 사람을 주변에서 꽤 많이 볼 수 있다. 드물지 않게 만날 수 있는 사람들(대부분은 한국인, 비장애인, 남성)이 어떠한 차별의 지점을 겪어왔는지, 혹은 왜 다른 사람과 조금은 다른 삶을 살게 되었는지에 대한 상상력은 우리에게 많이 부족하다. (어쩌면 당사자에게도 부족할지 모른다.)

 우리는 민우의 이야기가 시작되고 나서 한참을 지나서야 민우가 'HIV/AIDS 감염인'임을 알게 된다. 그 후에도 민우는 우리에게 'HIV/AIDS 감염인'으로서 더 낯선 차별의 경험에 대해 들려주지 않는다. 민우는 주로 '어떤 차별들을 당했는가'하는 것보다 '차별로도 불릴 수 있는 이러저러한 상황들을 어떻게 받아들여왔는가' 하는 것을 털어놓는다. 소위 소수자나 차별 당사자에게 기대할 수 있는 '피해자'의 어법을 발견할 수 없는 것이 민우 이야기의 특징이다.

 민우와 많은 피해자, 소수자들과 다른 점은 민우가 감염인이라는 사실을 드러내지 않고, 그 사실의 전파를 통제할 수 있다는 부분에 있다. 만약 민우의 상태가 급격히 나빠져서 사람들이 '젊은 사람이 왜 저렇게 건강이 안 좋은지'를 의아해하게 여길 상황에 놓인다면 민우가 감염인이라는 사실은 보다 쉽게 드러났을 것이고, '차별'이란 용어로 설명할 수 있는 부분도 훨씬 많아질 것이다.

 그러나 아직 증상이 나타나지 않는 'HIV/AIDS 감염인'으로서 민우의 존재는 매우 친밀한 사람과의 관계 속에서나, 혹은 정기적으로 병원에 가야 하거나, 원치 않는 의료서비스를 받아야 하는 응급 상황 속에서 드러난다. 어쩌면 직장에서의 과도한 건강검진 등으로 주변에 알려질 수도 있을 것이다. 이렇게 감염인이라는 사실이 알려지게 되면 원치 않는 상황들이 계속 만들어질 것이기 때문에 감염인들은 되도록이면 그러한 상황들을 최소화하거나 통제하도록 노력하게 되고, 그 노력은 감염인 개인의 몫으로 남겨진다.

수용하거나 협상하거나

민우는 자신이 상황을 꽤 잘 통제하고 있고, 감염인임에도 잘 살아왔다고 생각한다. 그리고 다른 감염인들도 그렇게 할 수 있길 바란다. 그러나 모든 감염인들이 민우처럼 통제를 잘할 수 있거나 (차별적) 상황을 수용하기는 어렵다. 민우 역시 늘 성공할 수 있는 것도 아니다. 드러내지 않는 존재, 겉으로는 '평범'한 이들의 존재가 드러날 수 있는 매순간마다를 당사자 개인이 통제하기란 쉽지 않다. 환자를 집중 '케어'하는 시설인 병원은 역설적으로 환자가 어떤 존재인지 드러내 버리며 자신의 책임을 회피한다. 병원이 환자를 위험한 존재로 지정하는 순간 민우는 치료를 받으며 친구들의 병문안도 받지 못하게 된다. 만약 직장인이라면 감염 사실을 모르는 직장으로부터 치료 시간을 보장받지 못하거나, 보장받더라도 다른 이유를 '적절히 잘 둘러대야' 할 것이다. 민우의 경우는 이러한 상황들을 그나마 잘 통제하고 자신에게 편한 환경이 될 수 있도록 노력한 피나는 협상의 결과다.

성소수자운동 활동가이자 성소수자인 내 삶은 이러한 감염인의 삶과 유사한 점이 있다. 가까이, 혹은 친밀한 관계를 맺는 이들 중에서도 일부에게만 성소수자의 정체성을 공유한다. 성소수자의 정체성이 불가피하게 드러날 수밖에 없는 상황은 갑자기 응급실에 실려 갔다거나 임종을 맞이하게 되어 그 사람의 동반자가 누구인지 드러나게 되는 상황, 또는 내밀한 성적 접촉을 누군가에게 들킨 상황 등일 것이다. 응급실에 가거나 임종이 임박한 상황 등 급박한 경우를 제외하고는 성소수자의 성정체성은 대부분 '알리지 말아야 할' 사적 영역에 속한다. 파트너와 길을 거닐 때 어느 정도 거리를 유지할지, 손을 잡을지 말지, 직장 동료와 있다가 파트너에게 연락이 올 때 어떻게 둘러댈지 등 매순간 '사생활'을 드러내지 않기 위해 판단하고 노력해야 한다. 감염인들이 감염 사실을 드러내지 않기 위해 노력하는 것과 유사한 부분이다.

감염인의 경우 성소수자보다 한 걸음 더 나아가 외부에 알려지더라도 어떠한 자세를 취해야 할지 늘 고민하게 된다. 성소수자의 경우 외부에 성적지향/성별정체성을 알릴 '의무'가 없지만 감염인의 경우 '후천성면역결핍증예방법'과 같은 법에 따라 의사가 감염인의 존재를 알릴 '의무'가 있기 때문이다. 감염인의 인권과 상관없이 의사가 감염 여부를 알아내고, 감염 사실을 정부에 알리고, 이사할 때나 사망할 경우 신고하게끔 한 것이 초창기 후천성면역결핍증예방법이다. 법적으로 감염인의 사생활은 인정되지 않는다. 그럼에도 감염인들은 그 상황을 수용하거나 적응하고, 협상해야 한다.

민우의 경우 병원 의사가 민우의 동의 없이 임의로 검사하여 감염 사실을 '원치 않게' 알게 되었다. 서구에서는 사생활 침해라고 여겨졌을 상황이다. 그는 의사가 분명히 자신의 권리를 침해한 것은 맞지만 의사에게 계속 진찰받아야 하는 상황에서 굳이 더 문제 삼을 필요가 없다고 여겼다. 자신에게 꼭 필요한 제반 환경을 '불편하게' 만들고 싶지 않은 것이다. 그러나 이러한 편한 환경을 만들어내는 것 외에, 민우는 다른 고민을 더 해야 한다. 민우의 이야기에서처럼 택시기사와 청소 아주머니가 더 안정된 대우를 받으며 일할 때 다툴 일이 줄어들고 서로를 더 많이 이해할 수 있지만 현실은 그렇지 못하다. 꼭 필요한 문제를 지적하지 않아서 더 불편한 상황이 초래될 수도 있으며, 왜 그때 말하지 못했는가를 안타까워하며 불편을 온몸으로 절감해야 할 때도 있다. 결국 한 발 더 물러나면 사회를 더 많이 이해해야 하는 위치에 놓이게 된다.

감염인이 아니어도 사람이라면

차별과 싸우기 위해서 민우가 제일 중요하다고 생각하는 것은 의외로 '나는 특별하지 않다'는 점이다. '특별하지 않은 나'로서 차별이 안 된다고 이야기할 수 있어야 정당성을 가지며, '특별하다'고 생각하는 것 자체가 차별받는 것이라 여긴다. '감염인이라서' 차별받는 게 아니라 '사람인데' 차별받는 것이 문제라는 것이다. '감염인으로 차별받기'는 상대적일 수 있는 문제이며, 많은 사람들이 감염인이라서 차별받는 문제를 부당한 것으로 여기지 않을 수 있다는 것이 민우의 생각이다.

사실, 감염인에게 '특별하지 않다'는 인식은 매우 소중하다. 그동안 감염인은 사회적으로 '특별한' 존재로, '위험이 되는' 존재로 인식되고 관리되어왔기 때문이다. 감염인이 '우린 특별하지 않다'고 주장하는 것은 감염인 또한 다른 사람들과 똑같은 권리를 가질 수 있다는 근거가 된다. 그러나 이 주장은 감염인이 '특별하지 않은 존재'임을 증명해야 한다는 전제가 깔려 있다.

민우가 '감염인'으로 차별받기보다 '사람'으로 차별받고 있다고 말하는 것이 더 설득력을 가진다고 생각하게 된 배경에는 민우 스스로

가 차별 행위들과 싸우고 견디면서 타협했던 경험이 있으며, 그 타협을 통해 얻게 된 하나의 적정선이자 감염인 집단의 맏형으로서 집단을 유지하기 위해 만든 규범일 수 있다. 또한 차별 당사자가 차별에 대하여 스스로 갖는 엄격함으로 이해할 수도 있다.

모든 차별에 현실적으로 대항하기도 힘들고, 모든 삶의 문제를 모두의 문제로 생각하는 것도 어렵다는 게 민우가 현실적으로 사회 안에서 버텨내는 방식이다. 너무 꼬박꼬박 따지는 것이 어려운 이유를 민우는 사회의 구조적인 문제 때문이라고 생각한다. "싸워봐야 내가 모든 사람들을 대표하는 것도 아니고", "경제적 여유가 있는 것도 아니"고 사회 조직 속에 있다보면 서로 침범하기 어려운 각자의 몫이 있다는 것이다.

그러나 '특별하지 않은 존재'를 증명하는 것과 '차별받아서는 안 된다'고 주장하는 것은 다르다. '차별받고 있다'는 얘기는 누구나 차별의 대상이 될 수 있음을 내포한다. 감염인도, 혹은 비감염인도 예외가 될 수 없다. 하지만 '감염인'으로서 차별받는 것보다 '(특별하지 않은) 사람'으로서 차별받는 것이 중요하다는 인식은 '감염인'의 정체성을 이중으로 부정해야 가능하다.

'감염인이 아니어도 사람이라면'이라는 말 속에는 '감염인이 아닌 사람'이라는 정체성이 민우에게 가능하다는 의미가 담겨 있다. 우리는 '여성이 아니어도 사람이라면'이라는 언급이 무척 이상하거나 부적절하다고 여기지만 '감염인'이나 '성소수자'의 경우 이와 비슷한 언급이 자주 등장하는 것을 경험한다. 성소수자일수록, 감염인일수록 소위 '기본적 인간'으로 차별받는 것이 진정한 차별이라고 하지만 '여성이 아닌 인간의 조건'을 상상하기 어렵듯, '성소수자/감염인이 아닌 인간의 조건'이란 것 또한 별개로 존재하지는 않는다.

'누구라도 인간이기 위한'

단지 민우가 '감염인'이기 때문에 상대를 더 많이 이해해야 한다거나 억울한 부분도 세세히 따져보아야 한다고 생각하는 것은 아닐 것이다. 감염인이 '특별한 사람'이 아닌 '주변의 흔한 사람'으로 보이기 위해서는 스스로 필사적인 노력을 기울여야 하기 때문이다. 감염 여부를 드러내더라도 별 문제가 되지 않는 방식으로 드러내야 한다고 여기는 민우의 생각에는 '별 문제가 없어야' 인간의 자격을 획득하고, 차별에 대한 발언권을 얻거나 인정받을 수 있다는 전제가 깔려 있다. 그러나 감염인이 아닌 사람들은 그렇게 많이, 혹은 자주 '인간의 자격'을 고민할 필요가 없다. 왜 감염인이 아닌 사람들에게는 당연한 권리의 주장이 감염인에게는 자신의 존재를 인정받는 것과 직결되는 문제가 될까. 다시 생각해보면, 민우의 얘기 전체가 어쩌면 드러나지 않는 차별의 증거일 것이다.

8장

세상의 중심에서
서윤의 이야기

강북의 임대아파트에 살아요. 두 살 때부터 살던 집인데 여기서 가깝지는 않죠. 청소년 레즈비언들 사이에서 '신공'이라 불리는 신촌공원에서 서윤을 만났다. 서윤은 신공에서 청소년 성소수자들을 대상으로 상담 활동을 하는, 레즈비언 청소년이다.

인터넷으로 알게 됐어요. 레즈비언들이 많은 데가 있다고 해서 왔는데, 평일 저녁 시간이라 그랬는지 아무도 없고 담배 피우는 이성애자 커플만 가득했죠. 두 번째 갔을 때 일차 면접을 봤어요. 일차 알아요? 카페 같은 걸 빌려 일일찻집을 열어서 같이 노는 거예요. 그렇게 사람들이랑 어울리기 시작했는데 그때 신공에서 뭘 한다며 얼쩡대던 성인들이 있었어요. 하하, 그때 프로그램 이름이 엄청 길었는데 지금도 정확히 기억나요. 물론 그때는 저 놀기에 바빴지만요.

할머니, 아버지, 고등학교 1학년인 남동생이랑 같이 살아요. 어머니는 따로 살고요. 우리한테 알려주지 않고 이혼하셨어요. 서윤은 초등학교 저학년 때부터 어머니가 기억에 없었다고 했다. 집안 살림을 제가 했어요. 여자로서 왠지 제가 해야 할 것 같은 마음이 들어서요. 어릴 때는 키가 작아서 하고 싶은 만큼 할 수 없었지만 요즘은 할머니가 입원했다, 퇴원했다, 계속 그러셔서 저랑 아버지가 해요. 잘해야 한다는 강박관념이 있었어요. 큰딸이고 동생은 말을 더듬어서 학교에 늦게 들어가다보니 저한테 관심이 쏟아졌지요. 너만 믿는다, 이런 게 은연중에 느껴졌어요. 그리고 이혼 가정에서 자란 자녀는 사춘기 때 삐뚤어질 확률이 높다고 생각하잖아요. 그게 너무 싫었어요. 아버지와 어머니가 두 분 사이의 일로 이혼한 건데 그것 때문에 내가 다르게 생각되는 게 싫어서, 조금 더 잘해야겠다고 생각했던 것 같아요.

 그렇다고 남들이 원하는 모습으로 살 생각은 없었어요. 애초부터 맞춰 살겠다는 마음은 없었죠. 어릴 때부터 여자를 더 좋아한다는 걸 알았어요. 초등학교 때 좋아했던 사람은 다섯 살 많았는데 마침 레즈비언이었어요. 어릴 때 알게 된 사람들 중에 우연인지 레즈비언이 많았고 열린 생각을 가진 사람도 많았어요. 내가 레즈비언인 걸 다른 사람들이 알면 어떻게 생각할지 걱정했던 적도 있죠. 왠지 사람들이 조금 실망할 것 같아 두렵기도 했어요. 하지만 누군가를 좋아하고 사랑하는 것만으로도 충분히 예쁘고 아름답지 않나요? 굳이 머리 아프게 생각하지 않기로 했어요. 저한테는 동성애가 더 정상인 것도 같고요.

 인터넷에서 같이 어울릴 사람을 찾기도 어렵지 않았어요. 물론 커뮤니티에서 만나는 사람들은 다시 거기에서 놀지 않으면 보기 힘들고 연락이 끊기기도 하지만, 나 혼자 이렇게 사는 게 아니라는 생각을 하면 불안하지는 않아요. 고등학교도 자퇴했고 직업도 없으니 조금 불안하기도 하지만요. 그래도 서윤의 얼굴은 활짝 웃고 있다. 세상이 서윤과 함께 웃어주지 않는다는 것쯤은 서윤도 잘 알았다. 그것을 깨닫는 데는 그녀의 학교생활만으로도 충분했다. 제 헤어스타일도 영향을 줬을 거예요, 초등학교 고학년 때부터 계속 짧은 머리였거든요, 장난을 치다가 긴 머리카락이 엉켜서 자르게 됐는데 그 후로 쭉 이래요, 라고 서윤이 말했지만 어느 순간 아웃사이더가 되어 있었던 것은 외모 때문만은 아니었다.

어색했어요. 중학교에 입학하고 보니 한 반에 사람도 갑자기 많아지고, 그저 학년이 다른 것일 뿐인데 선배라고 부르며 따르기를 원하는 사람들도 있더라고요. 어리둥절하는 사이에 내가 아웃사이더가 돼 있더라고요. 그때 마음을 붙였던 곳이 싸이월드 미니홈피였어요. 홈피 주소를 핸드폰 번호로 해둔 게 결정적이었죠. 다이어리에 온갖 얘기들을 다 써놓았으니까요. 중학교 2학년 때 전교적으로 왕따를 당하게 됐죠. 아마 싸이월드 미니홈피의 다이어리에서 소문이 번져 나갔나 봐요.

화장실에 체육복을 갈아입으러 들어가면 아이들이 문을 두드리면서 "야, 흥분되냐?"라고 외치기도 했어요. 수학여행을 갔을 때는 애들이 핸드폰을 가지고 장난을 쳤어요. 제가 애인과 문자를 나누다가 잠이 들었는데, 누군가 애인한테 헤어지자는 문자를 보낸 거예요. 비밀번호를 걸어놓지 않았다가 당한 거죠. 게다가 제가 특별히 소중한 사람들을 모아놓은 그룹 주소록을 아예 지워버렸더라고요. 아침에 일어났는데 문자랑 부재중 전화가 수십 통 쌓여 있고 애인이 꺼이꺼이 울면서 전화를 해서 아이들이 장난친 거라고 겨우 달랬어요. 그때 애들이 보낸 문자가 '좋은 남자 만나'였어요. 그래서 다행이었죠. 애인이 날 믿어줬거든요. 며칠 후에 한 아이가 와서 쟤들이 핸드폰으로 장난치는 걸 봤다고 일러줬는데, 자기는 말리려고 했지만 그럴 수 없었다고 했는데, 저는 왠지 그 아이가 장난을 친 거 같아요.

제가 좀 철없었던 게, 동네 도서관이나 길이나 놀이터에서 애인이랑 놀면 분명히 사람들이 볼 텐데, 딱히 놀 만한 데가 없기도 했지만 다른 사람들이 보든 말든, 그 애들이 내 인생에 한 치의 도움도 줄 수 없을 텐데 굳이 의식할 필요가 없다고 생각했어요. 동갑짜리 애들한테는 어차피 관심도 없을 때였고. 내가 다른 애들한테 뭘 한 것도 아닌데 그저 다르다고 괴롭히는 게 우습기만 했어요.

중3 때는 한 아이가 전학을 왔는데 저처럼 머리가 숏커트이고 바지교복까지 입고 다니는 아이였어요. 역시나 그 아이를 신공에서 마주치게 됐죠. 그때 그 아이가 해준 얘기가, 전학 오자마자 애들이 자기를 화장실로 데려가더니 서윤이는 레즈비언이고 담배를 피운다고 말을 하면서 같이 놀지 말라고 했대요. 참 유치하다며 같이 웃었어요. 서윤은 학교를 다니는 내내 그런 반응들을 무시했다.

나한테 적대감을 가진 아이들한테 다정하게 대할 필요는 없잖아요. 사실 어떻게 말을 해야 할지 몰랐던 것도 같아요. 내가 왕따를 당하는 걸 선생님도 알았지만 아무 도움이 안 됐어요. 고등학교에 올라가서는 조금 달라져야겠다고 생각했어요. 암울한 중학교 시절과는 다르게 보내고 싶었어요. 생각이 바뀐 건지 성격이 바뀐 건지는 알 수 없지요.

중3 때 나갔던 촛불집회 때문인지도 몰라요. 선생님이 심심하면 청계천에 가보라고 스치듯 말했는데, 거리에 나와서 행동하는 사람들이 그렇게 많다는 사실에 감동해서 눈물을 쏟았어요. 안에서 꿈틀꿈틀하는 무언가가 폭발하지 못해 애가 타기도 했고요. 연행된 적도 있어요. 경찰이 집으로 전화했는데 아버지는 괜찮다고 말해줬어요. 넌 아무런 잘못 없어, 거기 있으면 내가 데리러 갈게. 그 후로도 오후에 집 나설 때면 아버지가 손 흔들며 연행 잘되고 오라는 농담도 하시곤 했거든요, 라며 서윤은 어깨를 으쓱했다.

고등학교에 가서는 또래 아이들과 친해지려고 친하게 지내고 싶다는 표시를 막 내고 다녔어요. 성공했다고 보기는 어려워요. 중학교에서 세 명이 같은 고등학교에 갔어요. 한 명은 초등학교부터 같이 다닌 앤데 말을 몇 번 해봤을 뿐이에요. 친하지도 않았고 친하게 지내고 싶은 마음도 별로 없어서 조금 거리를 뒀는데, 어느새 그 아이가 같은 반 아이들과 전부 친해져버렸어요. 그리고 저에 대해 좋지 않은 얘기를 하고 다녔어요. 서윤은 결국 다섯 손가락에 꼽힐 정도의 아이들하고만 약간 친해진 상태로 고등학교를 다니게 됐다. 이성애자 친구는 두 명이에요. 중학교에서 같이 올라왔던 한 아이와 그 애의 친구, 그리고 어느 학교에나 한 명쯤은 있는 레즈비언 친구.

원래 가고 싶던 학교도 아니었어요. 또래들은 유치하고 같이 놀고 싶은 마음도 없어서 그냥 검정고시를 볼 생각도 했어요. 학교 제도도 마음에 안 들었고요. 대안학교를 초등학교 4학년 때부터 알아봤는데 집에 돈이 없어서 갈 수 없었어요. 고등학교 올라갈 때 아버지한테 학교 다니고 싶지 않다고 얘기했어요. 음악과 관련된 학교를 가고 싶다고 했는데, 거기 나와서 뭐하고 살 거냐 하고 아버지가 물으니 말이 막히더군요. 아버지는 절대 허락하지 않을 것 같았어요. 마음을 접고 어디로 갈지 알아봤어요. 이름 때문에 골랐어요. 학교 이름에 '문화'가 들어 있었거든요. 저는 문화에 관심이 많았어요. 다른 나라의 문화, 다른 종교의 문화, 또는 특정한 사람들이 모여 있을 때의 문화가 궁금했죠. 얼떨결에 들어가보니 학교는 특성화를 시작했고, 제가 배우는 건 컴퓨터, 컴퓨터, 컴퓨터, 제가 썼던 과가 무슨 과인지도 몰랐어요. 기계치거든요. 애들이 어떻게 하면 컴퓨터를 그 정도로 못 다룰 수 있냐고 물을 정도였죠. 그런데 일주일에 다섯 번은 컴퓨터 앞에 앉아 있어야 했어요. 내가 여길 왜 왔지? 회의감이 들었어요. 실업계 고등학교라서 아쉬운 건 아니었어요. 집안 형편 아는 사람들은 저한테 공부해서 대학 가라는 말을 못했어요. 중학교 1학년 때 아버지가 사고를 당해 일을 못하시니까, 일을 해서 돈을 벌라는 얘기는 들어봤지만요. 국어와 수학을 좋아하는 서윤은 그렇게 고등학교를 다니게 됐다.

선생님 때문이었어요. 아마 중학교에서 같이 올라왔던 아이가 담임선생님한테 얘기한 것 같아요. 지나가듯 흘렸는지 찾아가서 고자질했는지 모르지만 모든 얘기를 한 것 같아요. 그날은 몸이 아파 조퇴하려고 선생님을 찾아갔어요. 제가 중학교 때부터 계속 몸이 안 좋았거든요. 고등학교 때도 조퇴를 가끔 했고, 학교에서 병원으로 바로 실려 간 적도 있어요. 그때 선생님이 뭐라고 했더라? 과히 좋지 못한 표현이었는데, 기억이 잘 안 나는데, 그 아이에게 들은 얘기를 선생님이

멋대로 해석하고 저한테는 묻지도 않고, 조금 폭력적인 단어를 써서 성정체성에 대한 말이 들어간, 무슨 말을……. 그때는 제가 아파서 생각도 잘 못하고 넘어갔고, 그냥 내가 그렇게 비칠 수도 있구나 생각하면서 넘겼어요. 하지만 서윤은 그 일로 학교를 더 다녀야 하나 고민을 하기 시작했다고 한다.

처음에는 학교를 그냥 안 갔어요. 학교에 가겠다고 가방을 메고 나와서 도서관에 가거나 서점에 가서 혼자 책을 봤어요. 시간이 좀 지나니까 선생님이 아버지한테 전화를 했어요. 아버지가 저를 불렀어요. 아버지는 스스로 약간 진보적이라고 생각하는, 조금은 보수적인 분이에요. 다시 한 번 생각해보렴. 저는 아무리 생각해도 학교를 계속 다닐 수 없을 것 같다고 말씀드렸어요. 설명을 할 수는 없었어요. 부모님한테 뭔가 설명하기 시작하면 울게 되거든요. 그런데 이날 아버지가 조심스럽게 물어봤어요. 너 레즈비언이니? 먼저 터놓아주셨어요. 그걸 차마 아니라고 할 수 없어서 말했어요. 네. 그래, 네가 참 힘든 길을 가려고 하는구나. 지금도 아버지가 완전히 받아들이시는 건 아니에요. 아버지는 참 표현을 못하시고, 제가 자퇴하는 것도 속으로 삭히는 편이세요. 그래도 얼떨결에 커밍아웃 아닌 커밍아웃을 했어요, 라고 말하는 서윤의 목소리는 부드러우면서도 단단했다.

동생은 알고 있었어요. 어머니가 집에 계시지 않아 제가 엄마처럼까지는 아니더라도 동생을 보살폈고, 늘 저에 대해 설명을 하면서 알려줬어요. 이건 이상한 게 아니란다. 할머니도 아마 아실 거예요. 오래 사귄 애인들은 거의 집에 한 번씩 왔으니까요. 한 달 내내 집에서 같이 살았던 친구도 있고요. 그때 할머니가 사귀냐고 진지하게 물어보셨던 것 같아요. 어머니는 방학 때가 되면 만나는데 아직 말을 못하겠고요. 집안에 성소수자 관련 책들과 온갖 자료들을 모아둘 수 있어서 편해요. 학교를 나온 서윤은 더 넓은 세상을 얻었다. 어릴 때부터 늘 주위를 맴돌았던, 잘해야 한다는 생각도 자연스럽게 옅어졌다. 그런데 학교를 그만둔다고 학생도 그만둘 수 있는 건 아니었다.

어디를 가나 어느 학교에 다니느냐고 물어보는 사람들이 있어요. 몇 살이냐고 물어봐서 열아홉이라고 하면, 아 고등학생이구나. 그러면 어떻게 말을 해야 할지 모르겠더라고요. 학생 할인 받을 때도, 학생이냐고 물어봐서 아니라고 하면 할인 안 되고 열아홉이라고 대답하면 알아서 할인해줘요. 사실 학생 할인 받으려고 교복 입고 돌아다닐 때도 있는데, 학생이냐고 물으면 움찔하게 되더라고요. 학교에 안 다닌다고 하면 사람들이 어떻게 볼지 짐작이 되니까, 그 편견을 깨기 어려울 거라고 생각하니 더 대답하기 어려워져요. 이제 익숙해질 만도 한데 질문을 받을 때마다 울컥해요. 열아홉이면 고3인 게 당연하다고 생각하는 사람들은 스무 살이 되면 대학생이냐고 물어볼 게 뻔하겠죠. 서윤이 이야기하며 내게 동의를 구하듯 말끝을 올렸다.

대학에 안 가면 인생을 포기하는 거라고 생각하는 사람들을 만나면 화가 나요. 알바를 구하려고 해도 나이를 물어보고 학교에 다니느냐고 물어보죠. 자퇴한 아이들만 고용하는 곳이 아니고서야 자리를 쉽게 내줄 리가 없는데, 오전에 하는 알바를 구하려다보니 거짓말을 할 수도 없고, 부모님 동의서를 받아야 하는 것도 싫어요.

일도 빡세요. 패스트푸드점에서 두 달 일했어요. 첫날은 마침 손님이 폭풍처럼 몰아닥치는 날이었죠. 첫째 날은 닦기, 둘째 날은 메뉴 외우기, 셋째 날은 상황 보면서 일손이 필요한 일 돕기, 넷째 날은 계산기 찍기, 다섯째 날부터 본격적으로 일을 시작했어요. 그냥 매장에 던져졌죠. 손님들도 각양각색이에요. 주문 받고 보니 재료가 없어서 손님에게 얘기했는데, 자기 시간 어떻게 할 거냐며 책임지라며 항의하는 사람도 있었어요. 1분밖에 안 지났는데요. 같이 일하는 알바생들이랑은 일로 부딪쳐요. 주방에서, 카운터에서 서로 맡은 역할이 있는데 어디에선가 어긋나는 일들이 생겨요. 그럴 때 자기한테는 아무 책임도 없는 것처럼 뒤로 쏙 빠지는 사람들은 같이 일하기 싫죠.

매니저, 사장들도 싫기는 마찬가지죠. 매니저가 손님들에게 말할 때 높은 솔 톤으로 끝을 올리래요. 저는 그게 안 돼요. 사모님은 머리를 길러서 묶고 다니면 예쁠 거래요. 여러 번 얘기하면서 은근히 강요하는 거죠. 그래야 남자들이 좋아한다는 말도 덧붙이면서요. 풋, 제가 단기 알바로 호텔 서빙을 하다가 그만둔 이유가 그건데. 검정색 굽 없는 구두, 검정색 머리, 혹시 머리가 길면 묶어서 망으로 감싸고, 반드시 치마를 입으라고 해서 그만뒀거든요. 그래도 학교를 떠나온 지금이 너무 좋아요.

열아홉 살이라는 참 좋은 시간을 열일곱, 열여덟처럼 학교에서 보내버리고 싶지 않아요. 어차피 내 길이 아니라고 생각해서 그만둔 거예요. 열아홉, 이 나이에만 느낄 수 있는 감정들, 이 나이만 할 수 있는 일들을 할 거예요. 학교는 학교라서 좋은 점도 있지만 학교라서 모든 걸 충족시킬 수 없어요. 슬픈 현실이죠. 고등학교 1학년 때 거리에서 청소년 동성애자들이 무대에 섰던 걸 봤고, 가입만 하고 활동하지 않던 커뮤니티를 다시 찾아 들어갔고, 신공에서 프로그램을 진행했던 단체를 찾아가게 됐고, 그래서 여기까지 왔어요. 어릴 때 기웃거렸던 커뮤니티는 나보다 다들 나이가 많았고, 또래들이 잔뜩 모여 있는 학교에서는 나눌 얘기가 없었으니까요. 나는 이반이고 애들은 일반이라는 건 결정적인 차이였죠. 신공에서는 다르거든요. 또래를 만난다는 것이 엄청 설레요. 신공에 가기 전날에는 잠을 설쳐요. 가서 어떻게 해야 하지? 무슨 말을 해야 하지? 그 아이들의 인생을 어떻게 하겠다는 건 전혀 없어요. 파도에 휩쓸려간 모래사장의 발자국처럼이라도 서로에게 영향을 줄 수 있지 않을까요?

저는 말이 별로 없었어요, 초등학교 때는 실어증에 걸렸나 걱정할 정도였어요. 그런데 말이 적은 게 아니라 생각을 한 번 더 했던 거예요. 지금도 모든 사람들에게 쉽게 말을 건넬 수 있는 건 아니지만, '동성애자는 아직'이라고 말하거나 생각하는 사람들을 만나면 따지기도 하고 같이 이야기도 나눠요. 상대가 흐지부지 말을 흐리면 말하고 싶은 욕구가 더 불타오르기도 하고요. 예전에는 비관적이었던 것 같아요. 지금은 나처럼 암울한 친구들을 생각하면 아무 말도 않고 지나칠 수가 없어요. 나도 한 번쯤은 차별을 받았잖아요. 내 친구들이 차별받는 걸 알면서 내버려둘 수가 없어요. 지금은, 누구도 어떤 이유로든 차별을 받아서는 안 된다고 생각하니까, 그리고 내가 차별을 받았을 때 나는 어떤 생각을 했고 어떻게 느꼈는지 다시 생각하면 넘어갈 수 없으니까요. 물론 말이 안 먹히는 사람들도 있죠. 내 얘기를 들을 것 같지 않은 사람한테는 그냥 한 번 말하고, 들을 것 같은 사람들한테는 조곤조곤 조금 더 얘기하고요. 그런데 '여자는 패야지' 같은 말을 들으면 생각이 멈춰버려요. 얘기를 해야 할 때 잘하는 게 아직 어렵지만, 멈춰버린 생각을 재빨리 챙겨서 다시 찾아가 말하는 방식으로 시간차를 줄이고 있어요. 지금 신공에서 하는 상담프로그램에서 교육을 맡은 것도 말을 많이 할 수 있기 때문이죠.

신공은 현실을 직면하게 되는 곳이기도 했다. 저는 탈반이라는 말을 별로 좋아하지 않아요. 탈반이라는 말은 알아요? 고개를 끄덕였다. 이성애가 일반적이라고 전제되는 현실에서 동성애자들은 스스로를 이반이라고 부르기 시작했다. 이제는 다르다는 의미를 살려 성소수자들 모두를 일컫는 용어로 자리 잡기도 했다. 탈반은 이반이 아닌 삶을 선택하고 떠나는 이들의 모습에 붙는 말이다.

며칠 전까지만 해도 같이 놀던 애가 갑자기 떠나면, 때로는 슬프고 때로는 밉고 때로는 우스워져요. 그런데 떠날 수밖에 없게 만드는 부당한 상황들이 있거든요. 사회는 동성애가 비정상이라고 끊임없이 말하고, 부모님한테 버려질까봐 걱정하는 친구들도 있고요. 저는 그 친구들과 우정, 때로는 애정을 나눴다는 사실 자체를 소중하게 간직하려고 해요. 언젠가 자기는 레즈비언인 것 같다는 생각이 다시 들면, 저를 찾아와주기를, 나는 또 그렇게 찾아온 친구를 토닥토닥해줄 수 있기를 바라고 있어요.

저는 내년에 검정고시를 보려고 해요. 공부하고 싶은 것이 생겼거든요. 음악도 미련이 있지만 집안의 원조 없이 하기에는 돈이 너무 많이 들어 당장은 못할 것 같아요. 저는 심리학을 배우고 싶어요, 상담심리요. 여기에서 상담 활동을 한 영향이 컸죠. 담배 피우고 술 먹는 십대에 대한 시선에 둘러싸여 있던 그때 무언가 해주고 싶다고 나타

났던 존재들, 인생을 무의미하게 흘려보냈을지도 모르는 시간에 내가 무언가 할 수 있고 하게 됐다는 것. 누구도 차별받거나 상처 받지 않는 세상을 만들고 싶고, 사랑하는 사람과 알콩달콩 예쁘게 살고 싶어요. 올해는 학생이 못해볼 만한 걸 하는 게 목표예요. 그 시간에 거기에서 뭔가 했을 거라고 상상도 못할 만한 일들을 해보는 것이요. 나중에 십대 레즈비언들이 마음껏 놀 수 있는 공간도 만들 거예요. 하하, 요즘 근자감 쩔어요.

서윤은 근자감, 근거 없는 자신감이라고 말했지만 그녀의 자신감이 근거 없어 보이지만은 않았다. 나는 변두리 신공에서 서윤을 만났는데, 그녀는 세상의 중심에서 환하게 웃고 있었다.

인터뷰·녹취 | 현주, 깡통
글쓴이 | 미류

나는 서윤의 녹취록을 읽으며 서윤일 리가 없는 한 사람이 떠올랐다. 비슷한 나이의 그녀는, 누가 봐도 숱한 차별과 폭력의 한가운데서 살아남은 사람인데, 너무나 밝고 당찼다. 그리고 그녀는 원대한 미래를 설계하고 있었다. 나는 그녀의 환하고 시원한 웃음을 어떻게 마주해야 할지 몰라 슬쩍 물러서면서도, 그녀의 생기 넘치는 힘에 이끌려 성큼 다가가기도 했다. 서윤과 내가 서 있는 자리의 거리를 헤아리고 싶었다. 서윤의 기억 속에 버무려진 이야기들, 서윤의 꿈이 뿜어내는 세상을 마주하며, 그 거리에서 서윤을 응원하고 싶다.

열쇠말

신공, **청소년**, 실업계 고등학교, **레즈비언**, 임대아파트, 일차, 이혼, 아버지, **커뮤니티**, 헤어스타일, 아웃사이더, 아웃팅, **또래**, 왕따, 촛불집회, 거리, 이성애자, **학교**, 선생님, **자퇴**, 커밍아웃, **아르바이트**, 대학, 일, **탈반**, 상담

수신확인

"네가 있을 곳을 정해줄게"

깡통 • 반성매매인권행동 '이룸' 활동가

한 사람이 어떤 이야기들을 품고 살아왔는지 가늠하는 것은 가능할까? 어디서 태어나고 양육자와 무슨 이야기를 나누고 자랐는지, 학교생활은 어땠는지, 싫어하는 과목과 좋아하는 선생님, 어떤 집에 살고 누구와 고민을 나누고 무슨 책을 읽고 어떤 음악을 들었는지, 좋아하는 연예인과 옷 입는 스타일은 뭐였는지, 주로 수다를 떠는 사람은 누구였는지를 들으면서 누군가를 어느 정도는 알고 있다고 생각할지도 모른다. 사람들은 대부분 별로 다르지 않은 성장과정을 겪는다고 생각한다. 그렇다면 그런 스토리를 들려주는 사람이 실업계 고등학교를 다니다 학교를 중간에 그만둔 10대라면, 보태서 여자를 사랑하는 레즈비언이라면 어떨까?

'탈학교', '10대', '레즈비언', '여성'이라는 한 사람을 나타내는 수식과 정체성을 접하면서 우리는 자연스레 완성된 서사를 떠올릴 수도 있다. 서윤의 이야기를 읽으면서 삶의 한 지점, 사건들마다 부닥쳤던 차별 상황이 나오길 기다리며 '그럼 그렇지' 하고 수긍할 준비가 되어 있던 나를 돌아보자면 말이다. 예전에 어느 청소 노동자를 인터뷰할 때 그 노동자는 '여기엔 차별 없어요'라는 말을 했다. 하지만 곧이어 그 청소 노동자는 직원들이 자신들을 얼마나 인격적으로 무시하고 함부로 대하는지 줄줄 이야기를 쏟아냈다. 서윤도 본인이 겪어온 시간 속에서 굳이 '차별'을 발굴하여 설명해주지 않았다. 과연 이들과 나에게 차별은 같은 걸까? 차별은 어떻게 구성되기에 개개인에게 다른 얼굴을 내밀고 있는 걸까?

개인적 감정과 사회적 차별의 온도차

나는 실업계 고등학교를 나왔다. 어느 날은 인문계열 고등학교 학생들이 옆을 지나가면서 우리 교복을 걸레라고 했다. 물론 정말 안 예쁜 교복이라 우리조차 싫어했지만 그들이 단순히 미학적인 관점에서 던진 말이었다면 얼굴이 화끈거리도록 창피한 감정이 남아 있었을까 싶다. 당시 교복 치마를 짧게 몇 번씩 접어 올려서 입던 유행과 다르게 지역 명문이라 불리는 학교 학생들이 일부러 치마를 길게 내려 입었던 것은 다른 표식으로 구분되기 위해서였다. 내가 어찌해볼 수 없는, 밖으로 드러날 수밖에 없는 학교 교복을 향한(정확히는 실업계 학교와 실업계 학교를 가게 된 나의 서사를 제멋대로 구성해내는) 사람들의 반응에 나는 어떻게 대응할지 몰랐다. '걸레'라는 단순하고 직설적인 단어

하나가 주는 모욕적이고 부끄러운 감정이 오랫동안 남아 있었음에도, 그냥 어쩌다 한 번 벌어진 해프닝쯤으로 치부해버렸다. 그렇게 생각하는 것이 맘이 편했기 때문이다.

특정 연령과 의복, 특히 교복은 자연스럽게 시간대별로 무엇을 해야 하는지, 어떤 공간에 있어야 하는지를 지시하고 사람들에게 인식시켜준다. 평일 낮, 교복을 입었든 안 입었든 10대 청소년으로 보이는 사람은 '학생'이란 지위로 짐작되고 왜 이 시간에 학교가 아닌 공간에 있는지 끊임없이 질문을 받아야 한다. 보호받아야 할 대상이 되어 학생 할인 같은 소소한 혜택을 누리기도 하지만 '학생'이 아닌 채 사람들의 질문과 시선을 다시금 자신에게 되물어야 할 때 움츠러드는 것은 어쩔 수 없다.

서윤은 자신의 성정체성을 폭력적인 방식으로 조롱하고 드러내는 또래들과 선생님이 있던 학교에서 일상적인 괴롭힘에 직면해 있었다. 침묵과 무시라는 대응 전략을 구사하다가 그 전략으로도 견디지 못하는 감정적 상태에서 스스로 학교 밖으로 걸어 나왔지만 사람들은 학교 밖 청소년을 낯선 존재로 여기며, 그들에게 의아하고 불편한 시선을 던진다. 서윤은 학교 안에서는 성정체성에 가해진 괴로움을 견뎌야 하고 학교 밖에서는 불편한 질문과 시선을 감당해야 했다.

개개인들이 느끼는 감정은 생각이나 판단보다 빠르게 자신을 지배한다. 차별은 이런 감정과 동떨어진 거대한 체제 같아서 각자 느끼는 감정과 바로 연결되지 않는다. 개개인의 감정은 그냥 개인적인 것, 사소한 것으로 여겨지게 된다. 나 역시 창피한 감정을 느꼈지만 사소한 사건으로 치부해버렸고, 서윤도 학교 밖으로 탈주하였던 것이다. 학별/학력/여성/성정체성에 가해진 차별로 해석하기까지 많은 시간이 걸린 이유이기도 하다.

찾아 헤매야 하는 공간과 사람

'신공'에서 서윤은 또래들에게 철저히 배척되고 고통 받아야 했던 자신의 정체성을 차분하고 깊이 있게 들여다보게 되었다. 해방구 같은 '신공'에 모여든 10대 레즈비언들. 동일한 정체성의 집합만으로 특별한 공동체성을 느끼고, 말이 없던 아이는 하루 종일이라도 수다를 떨 수 있는 사람들과 섞이면서 좋았던 적도 있고 나빴던 적도 있었다. 공고한 이성애 중심 사회에서 교육, 연애, 결혼, 임신과 출산, 취업의 과정에 개입하고 이미 정해놓은 방향을 강요하는 질문과 주문들을 받으면서 각자의 길을 모색하는 것도 목격했다. '탈반'으로 어제까지 함께 어울렸던 이들과 단박에 관계가 끊기는 경험을 하기도 했지만 커뮤니티 안의 비난과는 달리 그들을 이해할 수 있었다. 학교에서 또래들이 자신을 괴롭힐 때, 서윤이 무시하는 방법을 썼던 것처럼 각자의 전략으로 선택하는 것이라 생각하기 때문이다. 하지만 아쉬운 마음이 드는 것은 어쩔 수가 없다. 어렵게 찾아 헤매고 맘 붙인 공간과 사람들은 거기에서 왜 또 탈주하고 삭제되어가는가.

우리는 홀로 뚝 떨어진 상태에서 선별적으로 관계를 맺을 수만은 없다. 원하지 않는 곳에도 가야 하고 사람들과 통성명을 하는 등 일상적인 대화도 나눠야 하며, 직장에서 동료들을 만나야 한다. '신공' 같은 특별한 공간과 거기서의 해방감은 존재 자체로 빛나기도 하지만 그곳이 아닌 대부분의 곳에서는 그냥 자신을 그 자체로 읽어주지 않는다. 더 많은 시간을 보내는 것은 '신공'이 아닌 나머지의 공간, 거기서 만나는 사람들인데도 말이다. 그럼에도 누군가는 섬처럼 떠있는 '신공', 또 다른 이름의 '신공 커뮤니티'를 찾아 헤매야 한다. 학교 밖으로 나온 서윤은 반차별적인 공간인 '신공'에서 행복했지만 서윤의 삶은 오롯이 '신공'에서만 진행되지 않는다. 엄마가 부재한 집안의 장녀로 집안일에 대한 부담감을 느끼고, 친인척들에게 바르게 성장하길 요구받고, 아르바이트를 하는 곳에서는 여성적인 외형으로 바꾸기를 주문받는 등 중첩적인 차별 상황에 놓여 있다. 서윤은 배우고 싶은 것을 위해 대학에 갈 것이고, 여성으로서 직장생활도 하게 될 것이다. 사회가 부여한 거대한 서사에서 개인의 문제로 대응 전략을 세우고, 그러다 상처받은 뒤 또다시 자신이 허용되는 곳을 찾아 헤맬 수만은 없다. 그렇기에 특정 장소와 특정 사람에게 한정된 공동체성이 아니어야 한다. '신공'에서만 허용되는 사람이 아니라 어디서나 생생하게 드러날 수 있도록 정서적인 '신공'이 확장되고 일상이 이루어지는 '신공'이 되어야 한다.

하나둘, 그 이상의 상상력을 갖자

청량리 성매매 집결지에서 여성들을 만나는 일을 했던 나는 그 여성들과 밥도 먹고, 술도 먹고, 병원도 같이 가고, 경찰서와 법원에서 온 서류들도 같이 보며 대응 방법을 찾는 등 청량리 안에서 복닥거리는 시간을 보냈다. 집결지 유리방과 고작 100여 미터도 안 되게 떨어진 센터에서 차 마시고 웃던 언니들 중에 유리방 근방에서 마주치면 고개를 슬쩍 돌리는 경우도 꽤 있었다. 여성단체를 극도로 싫어하는 업주가 여성단체 활동가와 이야기하는 것을 보고 싫은 소리를 할까 걱정되었기 때문이다. 담배 한 갑, 음료수 한 잔도 가게까지 배달해주는 집결지 내 매점을 이용할 때나 집결지 내 주변 상가에 갈 때는 철저하게 성 판매 여성이라는 정체성으로 자신을 맞추고 살지만, 집결지 밖에서는 외형으로는 드러나지도 않는 자신의 일을 스스로 경계하여 행여 불편한 시선을 받을까봐 어디를 가든지 택시를 타는 습관을 보이기도 한다.

청소년통행금지라는 푯말 외에는 사방이 뚫린 집결지라는 공간은 물리적 제약이 없더라도 안팎의 생활방식을 다르게 만드는 힘을 가지고 있다. '성매매'와 '성 판매 일을 하는 여성'에 대한 사회적인 낙인과 차별을 여성 스스로 체감하고 있기 때문이다. 특별한 사건을 겪어야만 체득되는 것이 아니다. 주변에서 들려오는 소문, 동료와의 수다, 텔레비전과 인터넷 매체들을 통해 어떤 이들을 특정한 대상으로 만들고, 특정한 공간 밖으로 나오는 것을 용인하지 않는 상황을 반복해서 겪어왔기 때문이다. '주택가까지 성매매 경악'이라는 문구는 꽁꽁 사매져야 할 불온하고 오염된 대상과 환경이 봉인을 풀고 벗어났다는 생각을 은연중에 드러낸다. 사회는 호들갑을 떨며 불편한 심기를 비치며 금지나 규제, 근절의 언어를 쏟아낸다. 이런 반응은 한 사람의 삶과 권리에 집중해 이야기될 수 있는 많은 것들의 상상력을 제한하고 있다.

나 아닌 누군가를 없는 사람으로 취급하거나 '너희들이 있어야 할

곳을 정해줄게'라며 눈에 띄지 않는 물리적이거나 심리적인 장소로 몰아넣고 선을 그어버릴 때 그 누군가는 이중생활을 한다는 자괴감을 가지게 되고 맘 편히 자신을 드러낼 수 있는 곳을 찾아 헤매게 된다. 그리고 그 고단함을 그들끼리만 감내하게 만든다. 비정규직 노동자, 성 판매/성노동자, 여성, 성소수자, 장애인, 청소년이나 누구든지 특별한 정체성으로만 불러내는 것은 선을 긋고 눈에 띄지 않는 장소로 몰아넣는 것일 수도 있다. 하지만 한 사람의 삶은 단일한 정체성으로 설명될 수 없다. 하나의 정체성이 한 사람의 모든 것을 설명하기도 하지만, 극히 일부분만을 보여주기도 한다.

  레즈비언 정체성을 가진 여성과 성 판매 이성애 여성의 정체성은 삶의 어떤 지점에서 한 사람을 동일하게 흔들었다가 다른 길에 놓이게 할 수도 있다. 가령 결혼제도는 레즈비언에게 가족 구성권, 시민결합 등의 고민과 좌절을 던져주지만 성 판매 이성애 여성에게는 법과 제도를 이용할 때 별다른 어려움을 주지 않는 것처럼 말이다. 불연속적이고 복합적인 정체성을 한 지점에서 포착하여 차별 상황에 처하게 하고 차별의 언어로 호명하는 것, 그것을 통해 정체성에 관한 모든 질문이 대답되어지길 강요하거나 기대해서는 안 되는 이유이기도 하다. 차별의 언어에 방어적으로 대응하는 것보다, 차별 의식이 퍼져 있고 그에 맞서는 법과 정책이 없는 사회를 바꾸며 반차별에 대한 의미 있는 사회적 논의를 이끌어내는 것이 먼저다. 우리의 일상에서 이미 삶의 면이 이리저리 맞닿아 있음을 알아차리지 않는다면 우리는 누구도 이해할 수 없다.

9장

내 일, 내일
명희, 영석, 영은의 이야기

1. 명희 이야기

　명희는 미끄러지지 않으려고 다리에 힘을 준다. 눈이 내리는 날은 힘들다. 4시 반에 집에서 나설 때는 가로등 불빛이 전부라 더욱 조심스럽다. 그렇게 병원 현관에 닿으면 다리가 풀린다. 사람들의 신발에 묻은 눈은 염화칼슘을 먹고 들어온다. 바닥이 찐득찐득하고 까맣게 변하는 것은 순식간이다. 젖어 있을 때 얼른 닦으면 좋은데, 한 사람이 아니라 몇 백 명이 다니니 얼른 닦을 수가 없다. 말라버리기 전에 조금이라도 더 닦으려고 아무리 몸을 바쁘게 움직여도 대리석 바닥은 검은 발자국들로 어지러워진다.
　3월이면 봄인데 주책없이 눈이 내린다는 생각을 하며 명희는 대걸레를 들고 로비부터 닦기 시작한다. 사람들이 오가기 전 로비와 계단을 청소하고 나면 화장실이다. 명희가 청소 일을 하는 병원 외래는 저녁이 지나면 사람이 없다. 하지만 입원한 환자를 간병하거나 방문한 사람들이 종종 외래 화장실을 이용하기 때문에 전날 청소를 해두고 가도 밤사이 치울 것들이 생겨난다. 다음은 외래병동이다. 명희가 맡은 청소 구역은 병원의 외래병동 중에서도 방사선과다. 청소 일을 하다보면 병원에 오는 사람의 99퍼센트는 영상을 찍으러 오는 것 같다. 사람들이 정신을 못 차릴 정도로 많이 다닌다. 청소를 해야 하는 구역도 엄청나게 넓다. 소변기 통이 빠져서 흘러버리거나 환자가 바닥에 갑자기 설사를 하거나 무슨 시술을 하다가 피가 흘러나오거나 하면 재빨리 가서 닦아야 하는 것도 힘든 일 중 하나다. 외래병동까지 한 바퀴 청소를 마치고 나니 벌써 점심시간이다. 명희는 눈발이 잦아드는 걸 보며 휴게실로 발을 옮긴다.

점심시간이 아니면 휴게실에 다녀올 엄두가 나지 않는다. 하루 종일 청소를 하다가 잠깐 짬이 날 때 다녀오기에는 휴게실이 너무 멀다. 층이 다른 것도 문제지만 사람 수에 비해 너무 좁기도 하다. 둘러앉아 도시락을 먹으려면 기념사진을 찍을 때처럼 한쪽 어깨를 겹치고 비스듬히 앉아야 한다. 몇 달 전부터 아침밥은 직원식당에서 먹는다. 노동조합이 힘겹게 싸워 겨우 얻어낸 성과다. 명희는 점심밥도 식당에서 먹고 싶다. 새벽마다 도시락을 챙겨야 하는 잠깐의 시간을 아끼는 것도 좋고, 청소 도구들을 내려놓고 가벼워진 손으로 기지개 켜고 심호흡 한 번 할 수 있는 작은 여유도 좋다. 식비가 채워진 직원용 카드를 긁고 밥을 먹는 맛도 뿌듯하다. 조금씩 나아질 것이라는 기대를 하며 휴게실 문을 연다. 도시락을 여는 손놀림들이 날쌔다.

명희는 도시락을 꺼내 들고 미순과 은옥 사이에 앉는다. 강릉이 고향인 은옥은 동료 중 가장 나이가 어리다. 그래도 말 씀씀이가 야무져 명희가 가장 든든하게 여기는 동료다. 텔레비전에서나 보던 데모를 나가게 됐을 때도 명희는 은옥을 따라 다녔다. 휴게실 안에는 이미 이야기꽃이 피고 있었다. 목소리가 큰 미순의 말이 먼저 귀에 들어온다.

"사람들은 청소 일이 얼마나 힘든지 몰라. 그중에서도 병원 청소 일이 더 힘들다고. 외과 병동에 선희 씨는 전에 건물 청소 일 하다가 여기로 옮겼는데 거기보다 훨씬 힘들다잖아."

"사람들이랑 계속 부딪치는 게 정말 힘든 것 같드래요. 직원들은 깐깐하고 환자나 보호자들은 까탈스럽고. 집에서도 누가 침대 밑을 윤이 나게 닦기나 하나요? 그런데 침대 밑에 먼지가 조금이라도 있으면 보호자들이 당장 항의하고. 새벽에 안 깬 사람들이 있어서 조금 늦게 가면 일찍 치워주지 않는다고 뭐래, 조금 일찍 가서 불 켜고 부스럭거리면 잠 못 자게 굳이 새벽부터 한다고 뭐래, 어쩌라는 건지 맞출 수가 있어야지요."

"그러게 말이야. 걸레질하고 쓰레기 비우거나 하다보면 아무리 조심해도 침대에 부딪힐 때가 있잖아. 며칠 전에는 대걸레가 침대에 살짝 부딪혔는데 보호자가 갑자기 화를 버럭 내서 입원실에 있던 다른 환자들까지 놀랐잖아. 내가 미안하다고 얘기하고 나오긴 했지만 기분이 안 좋더라고."

"다른 입장 돼보기가 쉽지 않나 봐. 그래도 사람이 그러는 게 아닌데, 유난히 그런 사람들이 있는 것도 같아."

"그러게요. 우리도 보면 명희 언니 같은 사람도 있고 안 참고 버럭 성내는 사람도 있으니깐. 그래도 병원이니 아무래도 청소도 더 신경 쓰고 아픈 사람들 마음이라도 편하라고 웬만하면 해달라는 거 해주는데도 사람들이 청소가 단순노동이라고 제일 밑바닥으로 보는 건 문제예요. 작년에 데모할 때 유령이라는 말을 썼는데 정말 딱 맞는 말이지 않드래요? 용역회사에서도 안 알아주고 병원 직원들도 안 알아주고 기술이 없다고 대우를 안 해주니까. 세상에 모든 일을 다 기계로 돌린다고 해도 그럴 수 없는 게 청소 일인데요."

명희는 조용히 사람들의 이야기를 듣는다. 어렸을 때부터 청소는 언제나 명희의 일이었다. 돈을 벌기 위해 청소 일을 시작한 건 이제 1년쯤 됐다. 청소 일을 시작하고 나서는 길거리에 쓰레기 떨어진 걸 보면 줍게 됐다. 공공화장실을 가도 휴지가 쓰레기통 밖에 떨어져 있으면 눈이 그리로 갔다. 그 전에도 길거리에 담배꽁초가 떨어져 있으면 보기 싫기야 했지만, 일을 하고 나서는 그게 남일 같지가 않았다. 청소 일이 진짜 중요한 일이라는 생각이 들면서 더욱 그랬다.

"그렇지, 사람이 해야 하는 일이지. 그러니까 남자 화장실 들어가는 것도 청소 노동자의 특권이잖아. 막 청소하고 있으면 남자들이 들어왔다가 여자 화장실 들어왔나 하고 깜짝 놀라서 나갈 때도 있고. 재밌지 않아?"

"미순 언니 성격도 참······. 저는 그래도 아직 불편하던데. 남자들이 문을 닫고 들어가 있을 때는 괜찮은데 들어가다가 소변 보는 남자가 있으면 내가 놀라서 나와요."

"청소 일 하는 수십 명 중에 남자는 열 명도 안 되는데 왜 청소도구 함이나 걸레 빠는 데는 다 남자 화장실에 있을까, 희한하게. 병원은 사람들이 워낙 많이 왔다 갔다 하니까 청소한다고 밖에 표시하고 못

쓰게 할 수도 없고."

"그래도 여자 화장실에 남자가 가는 건 더 불편한 일이지 않을까?"

청소 일을 하는 칠십 몇 명 중에 남자는 열 명도 되지 않는다. 청소 도구를 꺼내기 위해서든, 걸레를 빨기 위해서든, 청소를 하기 위해서든 남자 화장실에 가야 하게 만들어놓은 이유를 알 수가 없다. 병원은 워낙 사람들이 많아서 크게 물청소를 할 때나 못 들어오게 문밖에다 표시를 하지만 보통 때는 그냥 해야 한다. 그렇다보니 다들 요령이 생긴다.

"명희 언니, 이번 주 토요일 쉬는 주라요?"

은옥이 불쑥 말을 건다.

"왜, 뭐 좋은 거 있나?"

미순이 잽싸게 끼어들며 물어본다.

"우리 동네 아주머니 한 분이 지난주에 어딜 다녀왔다는데 그렇게 좋드래요. 하도 자랑을 하니 몸이 근질거려서요. 미순 성님도 같이 가실라우?"

"아유, 나는 우리 영감이랑 아들 내외랑 이미 어디 가기로 했어, 호호. 명희 씨 같이 다녀와."

"아, 나도 이번 주말에는 가족들이 다 모여서 저녁이나 먹자고 했는데. 은옥 씨 재밌게 놀다와."

혹시 시간이 되면 같이 가겠다는 말을 덧붙일까, 말까. 명희는 있지도 않은 저녁 약속을 불쑥 얘기해버린 걸 반쯤 후회한다. 미순의 얘기를 듣고 괜한 자존심이 생긴 듯도 하다. 가족들과의 저녁식사가 거짓말은 아니었다. 남편 쪽 집안에 결혼식이 있어 두 아들은 지방에 내려갈 것이다. 명희도 같이 다녀올까 생각해보지 않은 것은 아니지만 이미 가지 않으려고 마음을 먹었다. 노동조합에 가입해서 사람들과 함께 싸우면서도 사람들과 어울리는 게 부담스럽다. 남편이 세상을 뜬 건 다들 아니까 숨길 수 없지만 숨길 수 있었다면 숨겼을 것이다. 자신 앞으로 빚이 있다는 얘기나 큰아들이 결혼은커녕 직장도 없다는 얘기 같은 것들은 꺼내지 않았다. 사람들이 무시할까봐 두려운 것이다. 같은 사람들끼리 잘난 사람, 못난 사람 차별을 하고 자기보다 상황이 안 좋으면 더 무시하는 세상. 남편이 죽은 후 명희가 만난 세상은 그랬다. 도와주지도 않으면서 어려운 사람들을 하찮게 생각한다. 시집 식구들이 그걸 가장 먼저 알려줬다. 며느리까지 모두 전라도가 고향인 집안에서 명희 혼자 고향이 경상도라고 동서한테도 미움을 받았다. 남편이 죽고 나니 기별도 못하고 지내던 친정 식구들은 안부라도 묻는데 시집은 모른 척 내몰았다. 명희는 어디에서든 우습게 보이고 싶지 않았다. 명희가 은옥을 따르는 이유 중 하나도 그것이다. 은옥은 이혼을 하고 아이들이 중학교에 다닐 때부터 혼자 키웠다. 그래도 은옥은 어디 한구석 주눅 들어 보이지 않았다.

"우리도 주 5일만 일하면 참 좋겠드래요. 웬만한 건물들은 주 5일이라 청소 일도 쉬니까 가끔 주말에 여유 있게 놀러도 다니겠죠? 우리는 주말에도 번갈아 쉬니까 다 같이 어디 가볼 수도 없고 말이에요."

"그래도 예전엔 주말 연장근무가 7시까지였는데 노조가 항의해서 1시간 줄인 거라며?"

"그랬지. 그래도 아직 멀었어. 12시에 일 끝나고 6시까지 연장근무하는데 시간은 3시간만 달아주니 그것도 바꿔야지. 3시간이 그냥 기다리는 시간이라고는 하지만 꼼짝도 못하고 여기 있어야 하는데."

오래 일을 한 사람들은 명희가 아쉽다고만 생각하며 지나치는 일들을 콕콕 집어 얘기한다. 뭐가 문제고 어떻게 바꿔야 하는지, 한 발 먼저 얘기한다. 작년에 병원과 싸울 때 명희는 마지못해 따라다녔다. 처음이라 모든 게 생소했다. 하지만 명희는 가만히 있으면 아무것도 바뀌지 않는다는 걸, 따라다니는 동안 알게 됐다. 명희는 동료들의 이야기를 들으며 몇 년 후 자신의 모습을 그려본다.

오후 일이 시작된다. 연장근무가 없는 날이니 4시면 퇴근을 할 테고, 집에 들어가 밥을 먹고 아들 먹을 밥을 챙겨놓고, 집 청소를 하고 어제 널어둔 빨래를 개키고, 또 뭔가 하다보면 9시가 될 것이다. 자고 나면 또 하루가 시작된다. 그래도 똑같은 하루가 되돌아오는 건 아니라고, 명희는 빗자루를 꼭 쥔다.

2. 영석 이야기

정만이 사무실로 들어오며 또 화를 낸다.
"에이, 돈을 두 배로 받으면 일도 두 배로 잘해야지. 이건 뭐 번번이 엉망이니."

사무실에 있던 동료들이 다들 한마디씩 거든다. 정규직이 개통한 전화의 애프터서비스를 다녀오고 나면 언제나 속이 터진다. 일을 나갈 때 아예 고생 많겠다고 한마디씩 위로하며 보낸다. 이럴 때 저녁 먹으며 소주나 한잔 하자고 사람들을 추스르는 것은 언제나 영석이다.

어둑해지는 거리에서 어디로 가자고 말하는 사람은 없어도 자연스럽게 발길이 향하는 곳이 있다. 정만이 가게 안으로 성큼 걸어가 자리를 잡는다. 따라 들어간 현규가 메뉴판도 보지 않고 서둘러 김치찌개와 공기밥을 시킨다. 정만은 담배를 입에 물고, 소주 두 병을 먼저 달라고 덧붙인다. 밑반찬과 소주가 테이블에 내려지자마자 잽싸게 뚜껑을 여는 것은 정만이다. 정만은 제 잔에 소주를 따라 한 입에 벌컥 넘기고 깍두기 한 조각까지 베어 문 뒤에 사람들에게 소주를 따라준다.

"어딜 가나 얌삽이들이 있어. 쉬운 집, 가까운 집은 다 지들이 가고 어려운 집만 남겨놓고. 한 집에 얼마, 이렇게 임금을 똑같이 계산하는데 이런 식이면 문제 아냐?"

"그러니까 도급이고 하청인 걸 어쩌겠수?"

현규는 정만과 달리 좀처럼 화를 내지 않는 편이다. 영석이 정만을 거든다.

"아무리 그래도 똑같은 일 하는 건데 심하지 않냐? 내가 처음에 전화국 일 시작했을 때 사무실을 보고 깜짝 놀랐잖아. 큰길에 비까번쩍한 건물을 보면서 들어왔는데 쭉 찾아 들어가다보니까 무슨 지하주차장 같은 창고가 사무실이래. 의자도 다 떨어져서 어디 길바닥에서 주워왔나 싶더라. 뭐 돼지우리도 아니고."

영석이 전화국 하청 계약직으로 일을 시작한 지는 오래됐다. 지금은 생계를 해결하려고 아르바이트처럼 하면서 다른 일터 노동자들과 연대하는 활동을 하지만, 처음에는 전화국에서 노동조합을 만들고 단체 행동도 준비하느라 애를 썼다. 첫 6개월은 힘들었다. 처우도 문제였지만 사람들이 서로 인사도 별로 나누지 않았다. 영석은 그만두고 철도공사를 가보려고 했다. 마침 철도공사 직원을 뽑는 시험이 한 달 남았다는 소식을 들었다. 아예 지방에 내려가 공부만 하면서 시험을 준비하는 사람이 있다고 해서 쫓아 내려갔다. 영석은 시험에 떨어졌고 아르바이트라도 시작해야겠다면서 친구에게 연락했고, 마침 친구가 알아봐준 자리는 다시 전화국 하청 계약직이었다.

전에 일하던 전화국과 달리 사람들은 잘 뭉쳤고 술도 자주 마셨다. 다른 전화국보다 단가도 높았다. 다른 전화국이 한 건에 8,000원일 때 여기는 9,000원이었다. 하지만 전화국에 직접 고용된 것이 아니기 때문에 하청업체에 따라 불안정해지는 건 어쩔 수 없었다. 해가 바뀌면서 들어온 하청업체는 통신업계에서 소문난 악덕 업체였다. 영석과 동료들은 호락호락하지 않았다. 현장 관리자가 시킨다고 그냥 하지는 않았다. 해야 할 일은 하고, 하지 않아도 될 일은 정중히 부탁해야 해줬다. 하청업체는 결국 4명을 해고했다. 매일같이 대책모임이 열렸다. 사람들이 모이면서 점점 친해졌다. 일을 할 때에도 전봇대에 올라가면 서로 끌어주고 알아서 도와주는 분위기가 됐다. 몇 번 모이다보니 시간을 정해 다 같이 일을 하지 말자고 뜻을 모으기도 했다. 물론 회사는 반격을 준비했다. 일할 사람을 20명 남짓 미리 준비해놓고 당시 일하던 사람들을 모두 계약 해지하겠다고 통보했다. 12월 1일이었다. 그냥 물러설 수는 없었다. 하청 노동자의 임금이 30퍼센트 이상 깎인다는 소문도 들렸다. 노동조합을 설립했다. 집회신고도 했다. 전화국은 난리가 났다. 일할 때는 자기랑 상관없다고 발뺌하던 원청은 노동조합이 설립됐다고 하니 직원들을 직접 보내 사찰을 했다. 노동조합을 설립한 이들 중 3명은 다른 전화국들을 순회하는 선전전을 시작했다. 다들 비슷한 처지에 있는 다른 전화국들에서 연락이 오기도 했다.

계절이 한 차례 바뀔 때쯤 영석은 다시 전화국으로 들어갔다. 하청 계약직 노동자들과 함께 싸우기 위해 현장으로 갔지만 거기는 싸늘한 분위기였다. 6개 팀으로 나뉘어 있는데 팀별로 술을 먹으면서 다른 팀장 욕을 했다. 전화국 일이라는 게 한 사람이 일을 못하면 다른 사람이 고생을 할 수밖에 없다. 그렇다보니 누가 일을 잘 못하면 욕을 할 수밖에 없었다. 그래도 영석은 서로 욕하는 분위기가 영 마뜩치 않았다. 술자리에서 누가 다른 사람 험담을 하거나 비방을 하면 자기도 모르게 버럭 화를 냈다. 시간이 흐르면서 사람들을 두루 사귀게 됐다. 나이 터울도 크게 문제가 되지 않았다.

동료들한테 자주 욕을 먹는 친구가 있었는데 얘기를 듣고 보니 어머니가 불치병을 앓으셔서 고생하고 있었다. 그런 친구를 술자리에 불러 다른 동료들과 마음 터놓게 하는 것도 영석의 일이었다. 어느새 사람들이 친해지고 모이기 시작했다. 임금을 좀 올려보자는 얘기도 나오고 근로조건을 바꿔보자는 말도 나왔다. 그러나 단체행동까지 해보지는 못했다. 하청업체의 소장이 잔머리를 쓰며 사람들을 크게 두 팀으로 나누어 관리하고 있었다. 소장이 권력을 유지하기 위해 노동자들을 줄 세우는 것이었다. 사람들은 불만이 있어도 나서지 않았다. 괜히 나섰다가 찍히면 다른 전화국에 가기도 어렵다보니 중요한 순간에 사람들은 꺾이곤 했다. 저마다 가진 사정을 혼자 힘으로 넘어서기는 어려웠다.

"참, 현규야. 정훈이 결혼 얘기는 어떻게 된 거냐?"

"깨진 거지 뭐. 하청이라는 걸 알고 나서 연락도 안 된대요. 개 집도 괜찮게 살고 연애도 그렇게 재미나게 하더니 이유도 제대로 못 듣고 갑자기 연락이 끊겼다네요."

"뭐 이건 아무 데서나 다 차이네. 회사에서는 툭하면 나가라고 하고, 사람을 문짝 다루듯이 하고, 어떻게 하면 피땀을 짜먹을까 궁리나 하고. 결혼도 못하네? 똑같은 일을 하는데 하청이라고 하면 능력이 없는 사람 취급하지. 우리는 이렇게 사는데 정규직은 일도 제대로 안 하면서 돈은 다 받고, 욕 안 나오게 생겼냐고? 개들은 고용이 보장됐으니 뭐 대충대충 하면 되는데, 우리는 시간대별로 쪼이고 늦게까지 시키는 일 하고, 토요일도 평일처럼 나와 일하고, 일요일도 교대로 나와서 일하고……."

"비정규직이 다 그렇더라. 내가 조선소나 자동차 하청 노동자들이랑도 얘기해봤는데 다 비슷해. 일은 더 많이 하는데 임금은 절반밖에 안 되고. 젊은 사람들이 일하는데 일이 얼마나 힘든지 못 버티고 나가는 사람도 많대. 전에 일하던 전화국에 20대가 10명 들어왔는데 다 3개월도 못 버티고 나가더라고. 딱 한 명이 버티고 있길래 얘기 좀 했더니, 형은 놀고 어머니는 아파서 누워 있대. 지가 생계를 책임지지 않으면 집안이 궁지에 몰리니까 악으로 버티는 거라. 그러니까 노총각이 이렇게 많을 수밖에. 거기는 우리랑 하청 구조가 조금 달라서 돈 벌 때는 왕창 버는데 일이 없을 때는 건설 노동자처럼 쉰다더라고. 왜 장가를 못 가는 걸까 얘기하다가, 그래 여유가 없어서 못하는 거다, 이러더라고. 육체적으로도 피곤한 일인데 시간에 쫓기기까지 하니까 스트레스가 장난이 아닌 거지. 스트레스가 쌓이고 피곤하면 멍하니 편안히 있어야 되거든. 아니면 뭐 취미 생활을 하거나. 그런데 스트레스를 술로 풀고, 피로는 안 풀리니까 연애도 귀찮고."

"저도 그런가 봐요. 저는 일요일이면 2시까지 자요. 일어나서 세수하고 밥 먹고 텔레비전 보고. 발로 리모컨 끌어다가 그냥 걸리는 대로 보는 거야. 제가 택배 일을 했었잖아요. 택배도 새벽같이 일어나서 밤늦게까지 일하거든요. 와이프가 그래도 기술 하나 배워야 되지 않겠냐고 해서 여길 온 건데 반년 지나니까 내가 이상해. 택배 일을 할 때는 그래도 일요일에 가족들 데리고 나들이도 가고 그랬는데 여기 와서는 일요일에 집 밖으로 나온 적이 한 번도 없어. 담배 피우러 집 밖에 나오는 거 말고는 안 움직여져요."

"그게 다 이유가 있는 거야. 전화국은 어딜 가든 빡세. 우리한테도 동호회 같은 게 필요하다고. 아는 형 중에 철도에서 해고된 형이 있는데 조합원들이랑 래프팅도 가더라고. 여가를 즐기는 거 보니까 너무너무 부러워. 비정규직한테는 그런 게 없잖아."

"직장생활이 힘든 거지. 내가 회사 다니며 제일 힘들었던 게 뭔지 아냐? 방학이 없는 거. 한 5년 일하니까, 어디 교통사고 나서 딱 일주일만 병원에 누워 있고 싶은 생각이 간절하더라. 에휴, 술이나 처먹자. 사는 것도 술 넘어가듯이 술술 풀리면 좋겠구만. 자, 잔들 채워."

"술 작작해라. 그래도 여기는 사람들이 다 똑같은 게 좋아. 20대든 환갑을 넘겼든 다 똑같은 일을 하잖아. 누구를 만나도 얘기가 통하고. 일 나갔다가 들어오면서 한숨 쉬면 왜 그러는지 대충 다 짐작하잖아. 예전에 중소기업에서 사무 쪽 일도 했는데 거기는 서로 안 친해. 나는 개발실이었고 다른 친구는 생산라인이었는데 둘 다 공고를 나왔고 나이도 똑같은데, 일이 달라서 그런지 그 친구는 열등감 같은 걸 가지더라고."

"네가 모범생이라 그랬겠지. 공고도 수석으로 졸업하고 직장 상사들한테 똑똑하다는 소리, 칭찬도 많이 들었다며? 나는 학교 다닐 때부터 지각도 밥 먹듯이 하고 자퇴서만 몇 번 쓰고, 졸업하고서도 칭찬이란 건 들어본 적이 없다고. 열등감이 문제인 게 아니라 세상이 생산라인이랑 사무실을 다르게 보는 거지. 그러고 보니 내가 야학을 잠깐 다닌 적 있는데 한 대학생이 그런 얘기를 하더라. 자기는 학교 다닐 때 나 같은 아이들이 진짜 이해가 안 갔대, 하하. 만나고 보니 자기가 잘못 생각했던 것 같더라고 고백을 하는 거야."

"학교를 어떻게 다녔든 결국 학력이 꼬리표야. 내가 처음 다닌 직장이 유명한 전자회사거든. 공고 졸업하고 들어갔으니 운이 좋았지. 그런데 가끔 저녁에 회식하면 하는 얘기가 다 다른 사람 흉보기야. 누구는 일도 못하는데 무슨 대학을 나와서 승진했다, 자기는 전문대를 나왔지만 일은 더 잘한다, 이런 얘기들인 거지. 사실 고졸이 승진하려면 대학 나온 사람들보다 짧아도 5년은 더 걸리고 그랬어. 그러다가 어느 날인가는 내 입에서도 그런 말이 나오더라고. 이 사람 유식한 척하더니 전문대였네? 나는 딱히 고졸이라 차별받는다고 생각해본 적은 없거든. 그런데 다른 사람들도 그랬을 거 아냐. 어, 이 사람 공고 졸업했네? 화들짝 놀랐지."

영석은 집이 어려워 인문계 고등학교는 생각하지도 않았다. 그래도 손재주가 좋아 선생님들마다 미술을 해봐라, 제도를 해봐라 권하던 학생이었다. 무선으로 전기를 공급한다거나, 어떤 기구를 설계한다거나 할 때면 꼭 그 원리를 찾아보곤 했다. 녹이 슬면 어디에서부터 녹이 스는지, 녹슬기 전 색깔과 녹슬고 나서의 색깔이 어떻게 다른지, 다른 이유는 무엇인지 궁리했다. 지금도 영석은 가끔 프라모델을 사서 조립하고 색깔을 입혀 찍은 사진을 인터넷에 올리곤 한다. 새로운 고수가 등장했다는 인터넷 댓글도 달린다. 하지만 손으로 무언가를 만들어낸다는 것의 즐거움만큼 노동의 고단함을 알게 된 것도 고교시절이었다. 수업이 끝나면 청소를 하고 저녁을 먹었다. 저녁은 3년 내내 라면이었다. 저녁을 먹고 나서 밤 10시까지 기능경진대회를 준비하며 기능을 연마했다. 취직이 잘된다는 이유로 시작한 동아리 활동은 자체 인턴 활동인 셈이었다. 집에 들어가서 눈 감았다가 뜨면 아침이 왔고 7시면 학교로 출근했다. 방학이면, 저녁때만 하던 기능 연마를 하루 종일 했다. 영석은 쇠를 깎으며 학창 시절을 보냈지만 오히려 육체적으로 편한 직장에 가고 싶다는 생각이 들었다.

　졸업 후 영석은 국내 최고의 전자회사에 공채로 입사했다. 매일 쇠를 깎다가 사무실로 출근한다는 것이 어색하기도 했다. 그러나 정작 어색한 것은 사람들이었다. 하루는 꺽다리 대리가 오더니 한소리를 했다. 괜히 남 도와주지 말라고, 자기 일은 자기가 챙겨야 한다는 말이었다. 사무실에서 막내인 영석에게 일은 할 만하냐고 다독거리는 사람이 한 명도 없었다. 그 회사에서 3년을 일하는 동안 편안하게 웃어본 적도 없었다.

　직장생활을 시작하고 얼마 지나지 않아 영석은 교회를 다니기 시작했다. 다양한 사람들과 사는 이야기를 나누고 싶었고 지혜롭게 살고 싶었다. 동네 후배를 따라 교회 청년회를 나갔다. 청년회는 대부분 대학생이었다. 직장생활을 전혀 이해하지 못하고 심지어 잘난 척만 하는 청년회 사람들과의 만남은 그리 유쾌하지 않았다. 대학 문화를 모르니 끼기도 어려워 이질감이 생겼다. 다들 진보적인 교회라고 했고 그렇기도 했지만 배타적이기도 했다. 그런데 노동자학교는 달랐다. 빨간 글씨의 노동자학교 광고지를 보게 된 건 우연이었다. 술에 취해 전봇대 앞에서 오줌을 누다가 그걸 보고 눈이 번쩍 뜨였다. 무턱대고 찾아간 그 곳에서 《전태일 평전》을 함께 읽기도 했고 봉제 일을 하는 누나들이 자신의 일에 대해서 얘기해주기도 했다. 집회도 나가고 구호도 외쳐봤다. 4개월이란 짧은 시간 동안 영석은 달라졌다.

"그런데 형은 그 좋다는 직장을 도대체 왜 그만둔 거유? 남들은 유학까지 갔다 와서 줄 서고 기다려도 쉽게 못 들어가는 직장을 제 발로 나오는 사람은 어떤 사람인 거야?"

"딱 꼬집어 얘기하긴 어렵고. 군대 다녀와서 계열사로 복직했거든. 기계 설계하는 일이라 일은 재미있었어. 출근을 일찍 하는 대신 퇴근도 빨라서 좋았고. 그런데 회사에서 내가 뭐하고 다니는지 다 알고 괴롭히기 시작한 거야. 노동운동도 하고 싶은데 그 회사에서는 어렵고, 하지만 돈은 벌어야 하니 그만둘 수도 없고. 그런데 회사에서 나가라고 하더라고. 그냥 나왔지. 그때 IMF 터지고, 아버지는 암 선고를 받고, 나는 감옥 가고."

영석은 열심히 노동자학교 활동을 했다. 문학반 반장도 맡았다. 군대에 다녀와 다시 일을 할 때까지도 가족들은 별다른 눈치를 채지 못했다. 그러다 갑자기 영석이 감옥에 갇히게 되자 가족들은 많이 놀랐다. 아버지가 암 투병 중인데 당시 가족들 중에 돈을 버는 사람이 없었다. 영석이 퇴직하면서 받은 주식을 처분한 돈으로 생계비와 병원비를 때웠다.

　감옥에서 나온 후 영석은 직장생활을 조금 하다가 피시방을 시작했다. 남들은 가게를 차렸다고 성공했다는 소리를 하기도 했지만 이 돈 저 돈 긁어모아 겨우 차린 피시방이었고, 얼마 지나지 않아 이게 할 짓이 아니라는 생각이 들었다. 하루 종일 자리를 지켜야 하니 화장실에 큰일 보러 가기도 어려웠다. 돈을 많이 투자하는 사람이 이기는 싸움이라는 걸 깨닫기까지는 오래 걸리지 않았다. 사람들과 어울리는 직장생활이 그립기도 했다. 카운터를 지키는 동안 직장인을 주인공으로 한 만화를 즐겨봤다. 아침 조회 때 부장이 라면을 먹지 말라고 해서 직원들이 평소에 잘 가는 집 말고 다른 라면집에 갔다가 부장을 딱 마주치는 장면을 본 순간, 영석은 직장 동료들과 라면 한 그릇 먹고 담배 한 대 태우며 사무실에 들어오던 시절이 그리워졌다. 결국 영석은 피시방을 정리하고 다시 직장생활을 시작했다. 얼마 뒤 한 친구가 전화국에서 일해보지 않겠냐고 제의했고 긴 시간을 돌아 지금 이 자리에 앉아 있는 것이다.

　"너도 어지간히 파란만장하다. 그러면서 싸우는 사업장들까지 찾아다니면 힘들지 않냐?"

　"하하, 나는 사람들이랑 같이 있으면 신나. 어울려 놀면 힘들지도 않고. 너야말로 왜 그렇게 열심히 싸우냐?"

　"나는 열 받는 건 못 참아. 누가 씨부리고 있으면 바로 펜치 확 집어던지지. 그래도 내 문제가 아닌 데까지 신경 쓰는 건 아직 자신 없다."

　"저는 정만이 형만큼도 자신이 없는데요, 뭐. 그래도 형들이랑 같이 있으면 마냥 지금 같지만은 않을 거라는 생각도 들어요."

"그렇지. 모든 사람이 평등해지는 날이 오겠지. 그게 인권이라고, 누구나 인간답게 살 권리가 있다잖아."

"인권이 밥 먹여주냐? 한 달에 50만 원 버는 사람하고 500만 원 버는 사람은 레베루가 다르니 어울릴 수가 없어. 50만 원 버는 사람들끼리는 저 살기 바빠서 못 어울리고. 그러고 보면 세상에서 제일 평등한 자리가 술자리 아니냐? 하하."

3. 영은 이야기

오르막을 아슬아슬하게 오르던 마을버스 한 대가 장미빌라 앞에 서 멈춘다. 집까지 50미터만 더 걸어 올라가면 된다. 장미, 비둘기, 행복, 영원. 이름만 다르고 생김새는 똑같은 빌라들을 지나면 다가구주택 하나가 동네의 끝을 지키고 있다. 2층은 주인집이고 1층에는 아주머니 한 분과 아들 2명이 같이 사는 집, 그리고 그 옆에 내가 사는 방 한 칸짜리 집이 있다. 1층이라고는 하지만 현관 반대쪽은 땅에 묻혀 있으니 반지하인 셈이다. 학교 도서관에 나가 공부하고 집에서는 잠만 잘 요량으로 지난 가을 이사를 왔다. 전철로 1시간 반이 걸리는 집과 학교 사이의 거리가 내 미래를 1년 반 이상 유예시킬 것만 같아 예전에 살던 집을 나왔다. 처음 맞은 겨울은 쌀쌀했고, 이제 맞게 될 여름은 눅눅할 것이다. 그래도 친구들이 사는 고시원보다도 싼 값에, 고시원이 아닌 집을 구했다는 것으로 마음을 달랜다.

"영은 학생, 오늘은 일찍 들어오네?"

"네, 집 정리 좀 하려고요. 오빠가 사는 동네에 누가 버리려고 내놓은 책상이 있는데 깨끗하다고, 오빠가 내일 가져온대요. 아주머니도 오늘은 일하러 안 가셨나 봐요?"

"응, 격주로 토요일은 쉬거든. 집에서 뭐 안 해먹는 것 같던데 와서 저녁 먹어. 나도 혼자야."

안 그래도 저녁을 먹고 올까 하다가 귀찮아서 그냥 온 걸 후회하던 참이다. 옷 갈아입고 가겠다고 말씀드리고 집으로 들어간다. 아직도 한기가 돈다. 날씨가 풀리는데 집은 여전히 한겨울 같다. 그래도 내일 오빠가 돌아가는 길에 두터운 겨울옷들은 보내기로 했다. 겨울옷들은 부피가 커서 좁은 방 안에 쌓아두기도 싫고 싸들고 전철을 타기도 싫다. 다시 겨울이 오기 전에 시험에 합격해서 이 집을 떠날 거니까, 하고 중얼거리며 보낼 옷들을 한쪽으로 모아본다.

막상 옆집에 가서 밥을 먹으려니 조금 어색하다. 집에서 잠만 자니 별로 마주친 일이 없다. 옆집 아주머니께는 이사 오던 날 못을 박으려고 망치를 빌리며 인사드린 게 전부다. 집 밖에서 몇 번 아주머니를 본 적은 있다. 학교 도서관에서 집으로 오는 가장 빠른 지름길이 캠퍼스 안에 있는 대학병원 로비를 가로지르는 길인데 거기서 대걸레를 들고 있는 아주머니를 봤다. 그때는 멀리서 보고 긴가민가했는데 며칠 지나 식당에서 아침밥을 먹을 때 얼굴을 분명히 봤다. 병원식당은 학생식당보다 비싸서 한 달에 한 번쯤 보신한다는 생각으로 가곤 하는데 거기서 유니폼을 입고 식사하시는 아주머니를 봤다. 굳이 아는 척하기도 어색해서 그냥 밥만 먹고 나왔다. 아는 척했을 때 아주머니가 반가워할지, 불편해할지 짐작이 안 됐기 때문이다.

"영은 학생, 어서 와서 밥 먹어."

아주머니가 부르는 소리를 듣고 현관을 나선다. 처음 들어와본 아주머니 집은 방이 세 개다. 현관 맞은편 열린 문틈 사이로 영정사진인 듯한 남자 사진이 슬쩍 보인다.

"어제 해둔 고등어조림이 많이 남았어. 애들 먹으라고 해놨는데 거의 안 먹어서 늘 내가 다 먹어."

"밥은 제가 뜰게요."

아주머니는 밥그릇과 밥주걱을 챙겨주고는 냉장고에 있는 밑반찬들을 꺼내 밥상에 올린다.

"와, 오랜만에 먹는 진수성찬이에요."

"이거 콩잎 장아찌인데 밥에 얹어서 먹어봐. 경상도에서 먹는 거라 먹어본 적 있을까 모르겠네."

"밥에 넣는 콩, 그거 잎이라고요? 신기하다. 맛이 특이하네요."

아주머니는 김이 오르는 고등어조림도 내 쪽으로 슬쩍 밀어주신다. 푹 졸인 무를 입에 넣었더니 흐물흐물 녹아내리며 단물이 흐른다.

"가끔 일찍 들어오면 밥 먹으러 와. 공부할 때는 공부에 집중해야지."

"그러려고 집 나온 거예요. 집에 있으면 아무래도 집안일을 안 할 수 없잖아요."

"나는 집안일 하려고 집에서 나왔는데. 오빠가 서울로 대학을 왔거든. 국립대학이어서 등록금은 3만 원인가 5만 원 했는데 하숙비가 한 달에 13,000원이었어. 그래서 방을 구해 자취를 하기로 한 거야. 우리 때는 시골에서 농사 지어 공부시키는 게 보통 일이 아니었어. 딸 아들 차별도 심해서, 집안에 여유가 있었으면 다 학교에 보냈겠지만. 그래도 여동생은 딸이어도 자기가 돈 벌면서 검정고시를 봤지. 머리가 좋았거든. 나는 사실 공부도 안 했고 어디를 나간다는 생각도 못했어. 여동생이 공부하러 서울 간다고 할 때, 나는 김장하고 밥해 먹이려고 서울 온 거지. 그때가 스무 살이었는데. 학생은 지금 몇 살이야?"

"저는 올해 스물세 살이에요."

"그렇구나. 나는 스물두 살에 결혼해서 애 키우기 시작했는데. 애기가 애기를 낳은 거지. 그때도 이른 결혼이기는 했어. 서울 올라와서 친구 소개로 스물한 살에 남편을 만나 다음 해에 식도 안 올리고 같이 살기 시작했지. 아이 낳게 되니까 집에서 결혼을 시켜줬지. 그때 뭘 해놓았어야 하는데. 내가 좀 멍청했던 것 같아. 야망도 없고 뭘 해야겠다는 생각도 없었거든. 돈 되는 일을 하려면 배운 게 있어야 하는데 그걸 몰랐지. 지금 무슨 공부해?"

"공무원 시험 준비하고 있어요. 붙기 어렵다고는 하지만 붙으면 그래도 평생 마음은 놓을 수 있을 것 같아서요."

콩잎 장아찌는 조금 짜다. 밥알을 입에서 꼭꼭 씹어 짠 기운을 넘긴다. 물이 어디 있을까 슬쩍 찾아보지만 보이지 않는다.

"그래, 요즘 젊은 사람들이 공무원 시험 많이 본다더라. 나도 아는 사람한테 들었는데, 시청 공무원 중에 청소 일도 그렇게 경쟁이 높데. 우리 아들들도 빨리 자리를 잡아야 하는데 아직도 공부만 하네. 큰놈은 조그만 사업을 하다 몇 번 실패하더니 새삼스럽게 공부를 다시 하겠다지, 작은놈은 전문대 합격해놓고도 다니기 싫다고 다시 4년제 들어갔고. 자기 취직하면 엄마는 일하지 말라는데 언제 취직하려나? 아르바이트해서 학비를 조금씩 보태니 학교는 겨우 보내는데 앞으로 걱정이야. 영은 학생 오빠는 무슨 일 해?"

"오빠요? 저도 잘 몰라요. 노동조합 같은 거 하는 모양인데 얘기도 별로 안 하고, 굳이 궁금하지도 않고, 그냥 그래요."

"좋은 일 하는 사람이네. 나도 지금 청소 일을 하면서 텔레비전에서나 보던 데모도 하고 그랬는데 노동조합이 필요하더라고. 가만히 있으면 월급 몇 백 원도 안 올려줘. 아직도 어색하긴 하지만 몇 번 노동조합을 따라다녀보니까 보이는 게 있더라고. 나는 내가 비정규직이라고만 생각하지 않아. 물론 병원에 직접 고용된 정규직은 아니지. 하지만 병원에서 함부로 못해, 같이 싸우니까. 우리 싸울 때 가끔 사무실에 와서 도와주는 젊은 총각이 있는데 학생 오빠도 그렇게 똑 부러진 사람이면 부모님 속을 썩이진 않을 거야."

아주머니 말대로 오빠가 집에 걱정을 끼치는 사람은 아니다. 하지만 나는 늘 뭔가 못마땅하다. 오빠가 단단히 자리를 잡지 못할수록 내 마음은 더 단단해지는 것 같다. 머릿속에는 점점 취업, 생계, 부양 같은 단어들이 가득 들어찬다. 목이 탄다. 아주머니에게 물 한 잔 달라고 부탁드렸더니 주전자에서 보리차 한 잔을 따라주신다.

"귤도 좀 먹고 가. 집 밖에 나와 있으면 과일 잘 못 먹지?"

"네, 감사합니다. 오빠는 남들이 다니고 싶어도 못 다니는 회사를 다녔어요. 그런데 갑자기 그만두더라고요. 사실 좀 이해가 안 가요. 그래도 집안 어려울 때 오빠가 애쓰기는 했죠. IMF 터졌을 때 아버지가 암 선고를 받으셔서 생활비에 병원비에 걱정이 말이 아니었는데 오빠가 벌어둔 돈이 있어서 겨우 넘겼으니까요. 아버지 간병할 때도 오빠가 고생 많이 했고요. 그때 오빠가 피시방을 했는데 14시간 동안 피시방을 지키다가 병실에서 자고 다시 나가고 그랬어요. 큰언니는 몸이 너무 약했고, 작은언니는 나 몰라라하는 분위기, 저는 학교 다니고. 그때 오빠가 많이 힘들었을 거예요."

밥상이 치워지고 귤 몇 개가 덩그러니 올라왔다. 귤껍질을 벗겼다. 얼굴이 화사해질 정도로 달지도 찡그려질 정도로 시지도 않다. 그저 들큼한 향기가 입 안으로 들어온다. 시원한 물이 입을 적시는데 머리까지 차가워지는 듯하다.

"IMF 때 고생 안 한 집 없지. 우리 집도 그때 남편 사업이 망해서 고생했어. 내가 애들만 키우다가 우연히 일을 시작했거든. 세 살면서 여기저기 이사 다니다보니까 옷 만드는 작은 공장들이 동네에 있더라고. 그래서 기술도 배울 겸 스웨터 만드는 일을 했어. 많이 벌지는 못해도 기술을 배우니까 좋더라고. 처음 일을 시작했을 때는 내가 안 벌어도 끼니가 어려운 정도는 아니었는데 남편 사업이 안 되니까 사정이 달라졌어. 내가 더 벌어야 되게 생겼는데 중국으로 일이 많이 넘어가서 일감은 오히려 줄어든 거지. 일이 월급제가 아니라 도급이었거든. 그때부터는 어디 일감이 있으면 거기 가서 일하는 식으로 여기저기 돌아다녔어. 미아리도 갔다가 수유리도 갔다가. 일감이 있으면 많이 버는데 없을 때는 하나도 못 버는 거야. 차라리 조금 벌어도 꾸준한 게 낫겠다고 생각했는데 누가 지금 하는 청소 일을 소개해줬어. 사실 할 수 있는 일이 이것밖에 없겠더라고. 식당 일을 해볼까도 했는데 나는 체력이 안 따라줘서 못하겠더라고. 사실 청소 일이 이렇게 힘든 줄 모르고 시작했어. 시작하고 얼마 안 돼서 우리 남편도 암에 걸려서 죽었어. 애들 공부도 시켜야 하니까 더 일을 그만둘 수가 없지.

그래도 집에서 가까우니 차비 안 들고, 4대보험이 되니까 든든하기도 하고."

"여자가 일 구하는 건 정말 어려운 것 같아요. 공무원은 시험 보는 거니까 여자들한테 더 유리하다는 얘기도 있는데 선배들 말을 들어보면 그렇지만도 않은 것 같아요. 시험 준비할 때 집에서 지원해주는 것도 다르고, 합격해서 들어가도 일하면서 힘든 게 많대요. 결혼이라도 하면 집안일도 도맡아서 해야 하고."

"그래도 요즘은 많이 달라지지 않았나? 옛날에야 집안일은 다 여자가 했지만 요즘은 남편이든 아들이든 집에 먼저 들어간 사람이 하는 게 원칙이라잖아. 예전에는 도와달라고 해야 도와줬는데 이제는 그냥 하는 걸로 바뀌었다는데? 여자가 예전에는 살림만 차렸지만 이제는 바깥에서 돈을 벌고 그 돈을 다 집에서 쓰니까."

"맞아요. 그런데 세상이 그렇게 빨리는 안 바뀌는 것 같아요. 우리 엄마도 낮에 일하시는데 집안일은 거의 엄마가 다 해요. 오빠도 말로는 다 같이 해야 하는 것처럼 얘기하지만 자기 일이라고 생각하지 않는 것 같거든요."

"그래, 세상이 그렇게 금방 달라지지는 않을 거야. 그래도 이제 중학교까지 무상으로 밥을 준다니까, 세상이 조금씩 변하기는 하는 것 같아. 영은 학생은 공부 잘해서 힘든 일 안 하고 살면 좋겠다."

"헤헤, 감사합니다. 밥도 맛있게 잘 먹었어요. 저 때문에 휴일에 쉬지도 못하신 거 아니에요? 저도 집 정리해야 돼서 이만 가볼게요."

"응, 가끔 집에 일찍 들어오게 되면 저녁 먹으러 넘어와."

현관문으로 번져 나오는 형광등 불빛을 뒤로 하고 나오니 까무룩

하늘이 사라진다. 공부를 열심히 하면 다르게 살게 될까? 청소하고 빨래하고 밥하고 설거지하는 일, 사람을 키우고 돌보고 보살피는 일은 내가 무슨 일을 하든 내 일로 남아 있을 것 같다. 그런 일을 직업으로 하는 여성들과 그런 직업에 기대어 배운 일을 하는 여성들 사이의 거리는 얼마큼일까? 문득 나는 어떻게 살고 싶었던 걸까 궁금해진다. 졸업을 미룬다고 불안이 덜어지지 않는다는 걸 알고 시험 준비를 시작했는데, 시험에 합격해도 달라지지 않을 것 같은 불안이 그 자리에 있었다.

인터뷰 | 미류, 지연, 훈창
녹취 | 지연, 훈창
글쓴이 | 미류

명희와 영석은 '비정규직 노동자'로 섭외되었다. 집안일을 하려고 집을 떠나, 줄곧 집안일을 하면서, 지금은 집안일이 아닌 청소 일도 하는 명희는, 자신이 비정규직이라고만 생각하지 않는다고 했다. 남들은 가고 싶어도 못 간다는 직장에서 일을 하다가, '일'을 둘러싼 관계를 바꿔보려고 조금은 더 불안정한 일자리를 찾아가 활동가로 살아가는 영석도, 명희와는 다른 이유로, 비정규직 노동자만은 아니다. '비정규직'은 어떤 노동자를 부르는 이름이 아니라, 내 '일'이 내 삶을 압도해버리는 상황을 부르는 말로 이해되어야 한다. 그래서 집안일도 해야 하고 남들이 가고 싶은 직장도 가야 하는 허구의 인물 영은은, 아직 비정규직 노동자가 아니지만 이미 비정규직이다. 그러나 내 일은 명희도 영석도 영은도 비정규직이 아닐 것이다. 우리가 '비정규직'의 의미를 이해한다면, 내 일을 내 것으로 만들기 위해 함께 싸운다면.

열쇠말

병원, **도시락**, 청소, 휴게실, 직원식당, **노동조합**, 밥, **데모**, 단순노동, 용역회사, **남편**, 청소 노동자, **화장실**, 경상도, **가족**, 빛, 아들, **딸**, 며느리, 주5일, 휴일, 연장근무, 정규직, 전화국, 계약직, **하청**, 단체행동, **연대**, 아르바이트, 비정규노동자대회, 관리자, 원청, **계약 해지**, 근로기준법, 집회, 사찰, **나이**, 임금, 근로조건, **결혼**, 수익, 고용보장, 건설 노동자, **스트레스**, 직장생활, 피로, 동호회, **학력**, 공고, **열등감**, 승진, 노동, 취직, 교회, **노동운동**,

국가보안법, 암, IMF, 퇴직금, 피시방, 평등, 공부, 대학, 등록금, 자취, 검정고시, 공무원, 전문대, 비정규직, 최저임금, 간병, 병원비, 엄마, 기술, 일감, 도급, 식당, 여자, 4대보험, 차비, 집안일, 살림, 무상급식

수신확인

노동과 삶, 그 끝없는 톱니바퀴

나영 • 지구지역행동네트워크 활동가

그림자, 낯설지 않은 이야기

청소 노동자 명희 씨는 그림자 같은 존재다. 늘 누군가의 뒤에 있지만 우연히 시야에 들어오거나 신경 써서 보지 않는 이상 그녀의 존재는 잘 보이지 않는다.

때론 사람들이 명희 씨에게 그림자이기를 요구하기도 한다. 병실을 청소할 때 그녀는 가급적 소리 내지 않고, 어딘가 부딪히지도 않으면서 그 공간의 사람들에게 거치적거리는 존재가 되지 않아야 한다. 남자 화장실을 청소할 때도 서로에게 폐가 되지 않기 위해서 그녀는 그저 그림자로 그 공간에 존재해야 한다. 그런데 그녀는 집에서도 그림자 같은 존재이다. 남편과 자녀들에 대한 돌봄노동을 평생 해왔지만 누구도 그녀를 그림자가 아닌 사람으로 살아갈 수 있게 해주지 못했다. 그렇게 그녀는 병원에서 하루 종일 그림자로 일하다가 집에 와서 또다시 그림자로 살아간다.

중요한 건, 명희 씨가 그림자가 된 것이 그녀가 병원 청소 일을 해서도 아니고, 어느 순간 갑자기 이루어진 일도 아니라는 사실이다. '가난한 집에서 태어난 딸'로서 학업의 기회는 아들인 오빠에게 양보해야 했고, 자기 기회를 찾는 대신 동생을 돌보아야 했던 그녀는 이미 누군가의 그림자로 살아오고 있었던 것이다. 그리고 슬프게도 이것은 우리에게 전혀 낯설지 않은 이야기이다.

중앙고용정보원이 매년 실시하는 산업별 직업별 고용구조조사(OES)에서 나타나는 청소 노동자 성별 비율은 여성 81.6%, 남성 18.4% 수준이다. 그리고 남성들의 경우 50~60대에 연령 편중이 심한 반면, 여성들은 연령 분포대가 비교적 넓은 편이다. 즉 상대적으로 직업 선택의 폭이 넓은 남성들은 젊었을 때 다른 일을 하다가 퇴직 등의 계기로 청소 일을 시작하게 되지만, 애초에 직업 선택의 폭이 좁은 여성들은 이른 나이부터 청소 일을 시작하게 되는 것이다.

경제활동 참가율 그래프나 평균 연봉 그래프를 보면 남녀 간의 차이가 더욱 뚜렷하게 나타난다. 남성들은 30~40대에 가장 높은 경제활동 참가율을 보이며 연봉도 최고 수준에 이르지만 같은 시기에 여성들은 결혼과 육아 등으로 인해 경제활동 참가율이 뚝 떨어졌다가 40~50대를 넘어서면서 다시 경제활동으로 진입하는 M자 곡선을 보이는 것이다. 게다가 40대를 넘어선 여성들의 평균 연봉은 남성 연봉의 절반 수준밖에 되지 않는다.

이러한 현실을 봤을 때 명희 씨의 경험은 단지 명희 씨만의 경험이 아님을 알 수 있다. 성장과정에서의 경제적 어려움과 성차별적 환경이 다시 성, 학력, 나이, 직업에 대한 차별로 일생에 걸쳐 복합적으로 이어지는 것이다. 그런가 하면 명희 씨의 일인 청소 노동은 동료 은옥 씨의 말대로 '세상에 모든 일을 다 기계로 돌린다고 해도 대체할 수 없는 일'이지만 누구도 그 가치를 제대로 알아주지 않는 일이다. 사회에 필요한 노동력을 생산/재생산하고 우리의 삶을 유지시키며 사회와 경제가 계속 순환할 수 있게 하는 가장 기본적이고 필수적인 요소가 바로 가사노동인데 사회적으로 가치가 전혀 인정되지 않다보니 '사회화된 가사노동'이라고 할 수 있는 청소 노동, 식당 노동, 가정관리사 노동, 돌봄/요양 노동 등에도 그 가치가 그대로 적용되어 차별과 위계를 심화시키는 것이다. 결국 집 안에서도 집 밖에서도 계속해서 가사노동과 돌봄 노동을 수행할 수밖에 없는 많은 여성들은 평생 그림자로 살아갈 것을 보이지 않게 강요당하는 셈이다.

게다가 여성이라는 조건은 불안정한 고용조건과 맞물려 더욱 차별적이고 폭력적인 상황을 만들어낸다. 2006년 한국비정규노동센터가 국가인권위원회의 연구 용역으로 수행한 〈청소노동자 노동인권 실태조사〉에 따르면 10%의 여성 청소 노동자들이 성적 불쾌감을 경험했고, 그중에서도 공공부문인 병원과 교통기관에서 근무하는 노동자의 경우 그 수치가 20%에 달했다. 소속 업체가 자주 바뀌고 관리자의 말한마디로 징계나 해고가 가능하다보니 감시와 폭언, 성희롱과 같은 관행들이 아예 여성 노동자들을 관리하는 구조적인 장치 역할을 하고 있는 셈이다.

이러한 조건 속에서 명희 씨는 더 이상 그림자로 남기를 거부하고 노동조합 활동을 통해 스스로를 사람으로 드러내고자 동료들과 함께 싸웠다. 청소 노동자가 최소한 밥을 먹을 수 있는 공간, 휴식을 취할 수 있는 공간이 있어야 하며, 안정적이고 안전한 노동환경에서 일할 수 있어야 한다고 주장했을 때, 그제야 비로소 사람들은 청소 노동자가 그림자가 아닌 사람이라는 사실을 인식하게 되었다.

노동조합에 가입하면서 "텔레비전에서나 보던" 데모까지 하게 된 명희 씨도 바쁜 일상에서 잠시라도 청소도구들을 내려놓고 기지개를 펼 수 있는 여유를 청소 노동자의 당연한 권리로 쟁취할 수 있었다. 그리고 이제는 비정규직이라는 조건을 넘어 힘들지만 계속해서 권리를 찾아나가고자 한다. 하지만 그녀에게는 아직 많은 어려움들이 남아 있다. 일터에서 노동자의 권리를 쟁취하는 것 말고도 저학력, 저소득층, 여성이라는 조건이 만들어내는 수많은 사회적 차별의 연결고리들이 그녀의 삶에 복잡하게 엮여 있기 때문이다. 명희 씨가 일터에서뿐만 아니라 사회와 집 안에서도 더 이상 그림자로 남지 않게 되도록, 우리는 그녀와 함께 이 연결고리들을 풀어나가야 한다.

일터와 삶터를 오가며 엮인 차별

한편, 영석 씨의 이야기를 읽다보면 홍준표 전 한국통신 계약직 노조위원장이 떠오른다. 그는 2009년 〈참세상〉과의 인터뷰에서 한국통신 노동자들의 역사를 이야기한 바 있다.

1990년대 초반 한국전기통신공사가 한국통신으로 민영화를 시도

하면서 도급회사 직원들을 직접고용 계약직으로 바꿨다. 경제위기가 오자 계약직 노동자들의 임금을 88만 원까지 깎아내렸고 2000년 노동조합을 조직한 계약직 노동자들 모두에게 계약 해지를 통보했다. 그리고 당시 정규직 노동조합의 연대가 절실했던 상황이었음에도 정규직 노조는 끝내 그들을 조합원으로 받아들이지 않았다. 한국통신 노동조합이 2000년 12월 18일 명동성당에서 파업투쟁을 시작했을 때 이미 400명 가까운 계약직 노동자들이 명동성당 안에 있었지만 정규직 노동자들은 같이 싸울 수 없으니 나가달라고 요청했다고 한다.

홍준표 전 위원장의 이야기를 통해 우리는 전화국 하청 계약직 노동자인 영석 씨의 삶을 짐작해볼 수 있다. 아마도 영석 씨 역시 홍준표 전 위원장처럼 회사의 압박과 정규직-비정규직 사이의 차별이 가져오는 이중의 억압 속에서 몇 배는 힘든 투쟁을 해야 했을 것이다.

그러나 힘든 건 일터에서의 투쟁만이 아니다. 명희 씨의 이야기가 그림자가 아닌 사람으로 살기 위한 고단함을 보여준다면, 영석 씨의 이야기는 사람이면서도 사람답게 살아가기가 얼마나 어려운지를 보여준다. 전화국의 하청 계약직으로 일하는 그는 학교를 졸업하고 직장생활을 시작하면서부터 끊임없이 사람다운 삶을 살아보기 위해 애써왔다. 하지만 처음 간 직장은 아무리 남들이 부러워하는 최고의 기업이어도 일하는 동안 편하게 한 번 웃어볼 수도 없을 정도로 삭막했고, 복직한 계열사에서는 노동운동을 한다는 이유로 괴롭힘을 당해야 했다. 가족들이 어려움에 처하면서 피시방을 차렸지만 화장실 한 번 제대로 못 가고 카운터를 지키고 있어야 했고, 그나마 경쟁에서 살아남기도 쉽지 않았다.

많은 사람들의 바람대로 열심히 일하면 어느 정도 먹고살 만해지고 그래서 여가도 즐기며 여유롭게 살 수 있게 된다면 좋겠지만, 이 역시 비정규직에겐 꿈같은 이야기다. 차별의 연쇄 고리는 승진과 급여의 차등, 수시로 엄습하는 해고의 압박으로 이어져 열심히 일해도 먹고살 만해지기 어렵기 때문이다. 학력에 대한 차별과 정규직과 비정규직, 하청 계약직 사이의 차별, 그리고 그 속에서도 마치 등급처럼 갈라지는 직책과 급여의 차이는, 사람이지만 동등한 사람이 아님을 서로에게 끊임없이 재확인시켜준다. 그 삭막한 계급사회에서는 살아남기 위해 '괜히 남 도와주지 말고 자기 일만 챙기라'는 상사의 조언이 당연한 진리가 되어버린다. 매일의 고단한 노동은 모처럼의 휴일에도 사람들을 만나거나 여가를 즐기기 어렵게 만들고 그러다보니 다양한 인간관계도, 연애도 쉽지 않게 된다.

똑같이 공고를 나왔어도 사무직이냐 생산직이냐에 따라 달라지는 대우와 열등감, 전문대를 나온 동료에 대해 자신도 모르게 느꼈던 차별적인 생각이나, 교회에서 만난 같은 또래의 대학생들 사이에서 느끼는 문화적 이질감에 대한 영석 씨의 이야기는 차별이 얼마나 삶의 공간을 오가며 치밀하게 엮여 있는지 확연히 보여준다. 살아온 환경, 집안의 경제적 조건이나 수입에 따라 여가도, 연애도, 즐기는 문화도 모두 달라진다. 고등학교를 나와 기술을 가진 남성 비정규직 노동자 영석 씨와 학업도 제대로 못 마치고 평생 가족들을 돌보며 살아 온 나이 든 여성 비정규직 노동자 명희 씨의 삶은 또 얼마나 다른가. 영석 씨와 명희 씨가 만난다면 무엇에 대해 함께 싸우고, 무엇을 위해 서로 연대해야 할까.

우리는 연결되어 있다

아마도 언젠가 영은 씨와 영석 씨는 아버지의 병원에서 명희 씨와 같은 청소 노동자를 만났을 것이다. 그들에게도 아버지의 병실에서 마주친 청소노동자는 그저 그림자에 불과했을지 모른다. 그리고 두 사람의 어머니도 명희 씨처럼 집안에서 누구도 알아주지 않는 그림자 노동을 해왔을 것이다. 명희 씨는 어느 날엔가 텔레비전에서 데모하는 영석 씨를 보았을지도 모르겠다. 명희 씨의 두 아들은 영석 씨가 겪어온 것과 같은 차별을 겪지 않겠다고 계속 공부를 하고 있다. 여자라서 공부도, 일도 쉽지 않았던 명희 씨의 이웃이자 공무원 시험을 준비하고 있는 영은 씨는 여전히 변하지 않은 가정과 직장에서의 남녀차별을 이야기한다. 모두가 각자의 삶을 살고 있는 것 같아도 차별은 이렇게 뿌리 깊게, 서로의 삶 속에 연결되어 있다.

명희 씨와 식사를 마치고 나오면서 영은 씨는 생각한다. '공부를 열심히 하면 다르게 살게 될까.' 하지만 영은 씨의 질문에 대한 답은 우리 모두 이미 알고 있다. 명희 씨가 평생 수행해온 가사노동과 돌봄 노동에 대한 사회적 가치가 달라지지 않는다면, 그림자가 아닌 사람으로 살기 위한 그녀의 투쟁에 함께할 수 없다면 영은 씨의 삶 또한 크게 달라지지 않을 것이다. 사람답게 살아가기 위한 비정규직 노동자 영석 씨의 싸움이 아니라면 명희 씨의 두 아들의 삶도 영석 씨와 그리 달라질 수 없을 것이다. 또한 노동의 가치를 달리하기 위한 명희 씨의 싸움은 영석 씨의 노동의 가치에 대해 새로운 영향을 미치게 될 것이고, 비정규직 노동자로서 명희 씨와 영석 씨의 싸움은 서로에게 큰 힘이 되어 돌아올 것이다.

  차별은 성별, 직업, 학벌, 나이 등에 따라 쉽게 분리되어 나열되지만 알고 보면 이렇게 모두 치밀하게 엮여 있다. 어느 한순간, 특정한 누군가에게 발생하는 것도 아니다. 차별을 만들어내는 사회의 구조들이 서로 연결되어 우리 모두의 삶의 궤적 속에 세세하게 녹아들어 있기 때문이다. 그래서 우리는 연대할 수밖에 없는 것이다. 자신의 삶 속에서 서로의 삶을 발견하며.

10장

남은 이야기

일터에서, 우리는 어떻게 만날까

미류 • 인권운동사랑방 활동가

혜숙은 식당에서 만나자고 했다. 인터뷰를 하기에 편안한 장소를 알려주면 찾아가겠다고 물었을 때, 혜숙은 자신이 일하던 식당을 알려줬다. 약속된 시간에 식당으로 찾아가니 식당에서 일하는 분들이 혜숙에게 웃으며 안부를 물었다. 무슨 이유로 그만두게 됐는지 알 수 없었지만, 혜숙은 그 식당에서 일하던 때를 그리워하는 듯했다.

"여기는 내가 여자 탈의실에서 옷 갈아입어도 사람들이 이상하게 안 보고 불편하게 생각하지 않았어."

혜숙은 수십 군데가 넘는 식당에서 일을 했다. 그녀의 이야기에 등장하는 식당은, 일하는 시간은 길고 임금은 많지도 않고 반기는 사람을 만나기도 쉽지 않았던 일터다. 그런데 자신이 살아온 이야기를 꺼내야 하는 인터뷰 장소로 어떤 식당이 떠오른 이유는 무엇일까? 그 식당에서 밥을 만드는 사람이 아니라 밥을 사먹는 사람으로 앉아 있는 혜숙의 마음은 어떤 것이었을까?

우리는 흔히 '떠날 수만 있다면 떠나고 싶은 곳'으로 일터를 기억하고 경험한다. 누가 갑이고 누가 을인지를 묻는 유머가 떠도는 것은 '근로자 을'이라는 사회적 신분의 위치가 너무나 명백하고 그 경험이 보편적이기 때문일 것이다. 한편에서는 일터가 '떠나고 싶지 않지만 떠날 수밖에 없는 곳'이 되기도 한다. 신자유주의가 사회 구석구석을 장악하면서 정리해고나 비정규직은 일상적인 풍경이 되었다. 떠날 수만 있다면 떠나고 싶은 곳, 떠나고 싶지 않지만 떠날 수밖에 없는 곳은 하나의 분명한 사실을 알려준다. 일터는 아직 우리의 장소가 되지 못했다는 것. 이런 상황에서 '차별을 당함직하다'고 여겨지는 도드라진 정체성을 갖는 사람들을 만났으니, 고통은 훨씬 강렬할 수밖에 없을 것이라 짐작해볼 만도 하다.

그랬다. '변두리스토리 프로젝트'에서 만난 이들이 들려준 일 얘기는 괴롭고 힘겨운 이야기들이었다. 하지만 삶의 어떤 순간들에 솟아오르기도 하고 사라지기도 하고 배경처럼 희미하게 드러나기도 하며 삶에 뒤섞여 전해진 일 얘기에서, 그/녀들은 언제나 주인공이었다. 일터에서 그/녀들은 피고용인으로만 존재하지 않았다. 일을 하는 사람인 노동자로서 자긍심을 갖는 장소이기도 하고 자신을 이해해줄 사람을 기다리고 친구를 만나는 기쁨을 누리는 장소가 되기도 했다. 일터는 그/녀들이 살아가는 장소 그 자체였다. 변두리스토리 주인공들의 이야기는 고통의 서사이기보다는 협상의 서사였다.

그래서 우리가 읽어내야 할 것은 일과 관련된 수많은 에피소드들이 아니다. 그/녀들을 일터에서 내모는 힘이 무엇인지, 그에 맞서기 위해 우리가 만들어야 할 힘이 무엇인지를 읽어내야 한다. 이런 질문을 품고 변두리스토리 주인공들이 들려준 이야기를 다시 더듬어보자.

말할 수 있는 것과 말하지 못하는 것

변두리스토리의 주인공들도 대부분의 사람들처럼 일을 구하고, 저마다 어려움을 겪는다. 그런데 어려움을 겪게 되는 이유는 모두 다르다. 서윤은 나이가 적어서 일을 구하기 힘들고 명희는 나이가 많아서 일을 구하기 힘들었다. 트랜스젠더 여성인 혜숙이 일을 구하려고 전화를 하면 '남성 같은' 혜숙의 목소리만 듣고 절반의 전화가 끊긴다. 나머지 절반은 혜숙의 설명을 들어주지만 자신이 여성이라고 말하는 혜숙을 이해하지 못한다. 비혼모인 승민은 일을 구할 때마다 아이는 어떻게 할 거냐는 질문을 듣는다. 결혼을 한 사람은, 남편이 있는 사람은 다르냐는 승민의 반문은 정확한 지적이지만 승민이 유독 그 질문을 들어야 하는 현실은 여전하다. 타파는 한국에 와서 대학을 졸업했지만 가구공장에서 일하는 이주노동자로 살아가게 된다. 특정한 정체성은 어떤 삶의 경로를 지정해주는 것처럼 보인다.

일자리를 구하는 것만 문제는 아니다. 일할 때에도 사람들은 '도드라진' 정체성을 문제 삼을 것이다. 그래서 숨길 수 있다면 숨겨야 한다. 혜숙은 트랜스젠더 여성임을 밝히지만 자신의 전과에 대해서는 말하지 않는다. 다시 문제를 일으킬 수 있는 사람이라고 볼 것이 뻔하기 때문이다. 명희가 자신의 가족 얘기를 동료들에게 별로 하지 않는 이유도 주위 사람들에게 무시당하기 싫기 때문이다. 사실 누구나 일하면서 만나는 사람들에게 말하는 것과 말하지 않는 것들이 있다. 감추고 싶은 것이 드러나지 않도록 이력서에 불필요한 정보를 요구하지 못하게 제도를 개선하기도 한다.

그러나 말하지 않는 것, 캐묻지 않는 것이 우리가 원하는 전부는 아니다. 말할 수 없어서 관계가 허전해지거나 말하지 못해서 더욱 불리한 처지에 몰리게 되기도 하기 때문이다. 민우는 주위 사람들에게 굳이 자신의 감염 사실을 얘기하지 않는다. 하지만 가끔은 마음 한구석에 아주 조그맣더라도 털어놓을 수 없는 것이 있다는 게 아쉽고, 때로는 여기 있으면 안 된다는 무언의 압력 같은 것을 느낀다. 민우는 자신이 원하지 않아서 말하지 않는 것과 말할 수 없어서 감춰야 하는 것은 다르다고 주장한다.

무언가 말할 수 없어서 감춰야 할 때 그것은 자신의 존재를 온전히 인정받기 위해 필요하면서도, 드러내는 순간 동등한 사람으로 인정받기 어렵게 되는 무엇이다. 그리고 그것에 정체성이라는 이름이 쉽게 붙는다. 물론 그것은 한 사람의 정체성을 구성하는데 중요한 열쇠말이기도 하다. 하지만 문제가 마치 정체성으로부터 비롯되는 것처럼 여겨지는 착시 현상을 주의해야 한다.

한 사람이 어려움을 겪게 되는 이유가 하나로 수렴되는 것도 아니다. 이숙은 글을 쓰며 살고 싶다. 돈 버는 데 집중하면 글 쓰는 일에 소홀해질까 걱정된다. 그런데 글 쓰는 일로 먹고사는 문제가 해결되는 직장은 거의 없다. 설령 그런 직장이 있더라도 전문대 졸업이라는 학력은 도전 자체를 어렵게 한다. 그렇다고 아르바이트를 하면서 글을 쓴다고 하면 사람들은 그냥 놀고 있다고 생각하기도 한다. 이숙은 먹고살아야 하니까 글 쓰는 일과 무관한 일을 구한다. 그런데 고용차별을 해소하기 위해 만들어진 장애인고용촉진법 때문에도 갈등하게 된다. 지원서에 장애인이라고 표시하면 의무고용제 덕에 득이 될 수도 있지만, 장애인이기 때문에 서류심사에서 떨어지지 않을까 조바심이 난다. 장애인이라서 고용되는 게 아니라 그 일을 잘할 사람이라서 고용되기를 바라지만 면접을 볼 때마다 면접관들은 눈부터 쳐다본다.

이숙의 이야기를 장애, 학력, 여성 등의 말을 사용해 설명하려는 시도는 미끄러질 수밖에 없다. 다만 일을 하면서 불리한 점이라고 여겨지며 배제되거나 공격당하게 되는 것들이 있음은 분명하다. 병을 앓고 있다는 것, 혼자 아이를 키우는 여성이라는 것, 장애가 있다는 것, 나이가 너무 많거나 적다는 것 등은 일터에서 반기지 않는 속성들이다. 어떤 일을 가장 잘할 수 있는 사람을 구하는 기준은 그 사람의 역량을 보고 점수를 더하는 방식이 아니라 그 사람의 소수자성을 찾아내 점수에서 빼는 방식으로 작동한다. 그렇게 노동자 '일반'의 모습이 요구될 때 사람들은 자신으로부터 소수자적 정체성을 삭제해야 하는 갈등에 빠진다. 숨길 수 있다면 숨겨야 한다. 숨길 수 없다면 그것을 대체하는 또는 극복하는 모습을 보여줘야 한다. 그것이 어렵다면 더욱 불리한 노동조건을 받아들여야 한다.

물론 일터라고 해서 서로 잡아먹으려 드는 사람들만 있는 것은 아니다. 대부분 대졸의 학력을 가진 사람들이 일하는 직장에서 공고를 졸업한 영석은 학력 때문에 차별을 받은 기억이 별로 없다. 동료들과의 관계에서 정체성을 드러내거나 숨기는 것은 협상의 여지가 있다.

그이들 중에는 서로가 겪는 어려움들에 같이 분노하고 토닥거려줄 사람도 있다. 그래서 영석은 다른 무엇보다도 사람을 챙겨주는 맛이 없음을 아쉬워했다. 그러나 영석 역시 직장에서는 학력이 모든 사람의 꼬리표가 된다고 말하게 되는 건, 이것이 고용주나 면접관, 동료들 개개인이 만들어내는 문제만은 아니기 때문이다.

정체성을 배치하는 힘, 자본

혜숙은 식당에서 일하는 중국 교포 여성들에게 불만이 많다. 일종의 텃세를 부린다고 느낀다. 그래서 자신이 한 식당에서 오래 일하기 어려워졌다고 생각한다. 하지만 혜숙이 일을 구하려고 전화를 걸었을 때 번번이 퇴짜를 놓았던 사람들은 식당의 사장이었을 것이다. 그리고 그 사장들이 왜 중국 교포 여성들을 더 선호하는지도 혜숙은 분명히 알고 있다. 임금을 덜 줘도 되니까 고용하는 것이다. 조금이라도 더 이윤을 남기는 것이 고용의 목적이기 때문이다.

혜숙이 만약 국가인권위원회에 차별 진정을 넣으면 어떤 결과가 나올까? 트랜스젠더라는 이유로 고용을 거부하는 것은 차별이라는 결정이 나올 것이다. 국가인권위원회가 식당에 고용차별을 금지하는 권고를 내렸다고 생각해보자. 그 식당의 사장은, 영석이 피시방을 운영하면서 깨달았듯 많이 투자한 사람이 많이 버는 구조이기 때문에 날마다 전전긍긍하는 사장일 수도 있다. 직원 규모가 수십 명에 이르는 큰 식당일 수도 있다. 어쨌거나 그 사장은 어떤 사람들을 고용해야 돈을 가장 많이 벌 수 있을까 궁리할 테고, 사실은 굳이 궁리하지 않아도 직감으로 알고 있을 것이다.

  사장은 혜숙이 식당에서 서빙을 할 때 매출이 떨어질 것이라고 생각할 수 있다. 이런 생각은 차라리 이유 없이 싫다는 것보다는 나을 수 있다. 적어도 고용을 검토해볼 여지가 생기니 말이다. 하지만 그 사장은 매출이 떨어지는 부담을 느끼며 권고를 수용하지 않을 핑계를 찾을 것이다. 혜숙을 고용할 수 없는 이유는 그녀가 트랜스젠더이기 때문이 아니라 다른 이유라고 둘러댈 것이다. 마땅한 이유를 찾지 못하고 고용을 할 수도 있다. 그러면서 괜히 하는 일마다 트집을 잡거나 동료들 앞에서 구박할 수도 있다.

  그런데 아예 그녀의 독특함을 매출을 올리기 위한 소재로 활용할 수도 있다. 여성이면서 힘이 세니까 그만큼 더 일을 시킨다든가, 트랜스젠더와 함께 일하는 식당이라며 '차별화 전략'을 쓰는 방식으로 말이다. 서윤은 아르바이트를 하면서 '높은 솔 톤'을 요구받았다. 흔히 대인서비스가 많은 일일수록 여성이 더 적합하다고 여겨진다. 그러나 정확히 말하면 '여성성'이라고 여겨지는 것을 대인서비스에서 이윤을 더 많이 얻기 위해 활용하는 것이다. 혜숙은 트랜스젠더 여성들이 이태원에만 모여 있는 것을 안타깝게 생각한다. 이태원은 트랜스젠더 여성이라는 정체성으로 일을 구하고 말이 통하는 동료들을 만날 수 있는 곳이다. 하지만 이태원이 그런 곳이 될 수 있었던 것은 누군가의 지적처럼 이태원이 비시민성을 상품화하는 공간이기 때문이다. 트랜스젠더 여성들에 대한 혜숙의 기대는 선택적으로 주어지는 장소를 거부하고 더 많은 일터를 우리의 장소로 만들자는 제안이기도 하다.

  일을 구하거나 수행할 때 불리한 것으로 여겨지던 속성들이 유리한 것으로 전환되는 때가 있다. 그러나 문제는 사라지지 않는다. 어떤 속성을 불러내는 힘은 여전히 자본에 있기 때문이다. 여성이지만 여성스럽지 않은 것, 학력이 낮은데 생각이 많은 것, 트랜스젠더인데 너무 평범한 것 등을 문제 삼는다. 어떤 정체성을 제멋대로 재단하고 그에 걸맞지 않는 모습은 다시 배제한다. 결국, 부적절하다며 내모는 힘과 유리하다며 끌어들이는 힘은 같은 힘이다. 그 힘은 한 사람이 스스로 정체화하려는 노력과 방향을 온전히 인정하지 않는다. 그리고 이윤을 극대화하기 위한 생산관계 안에 사람들을 배치시키고 그 자리를 강요한다. 그렇게 서로 다른 자리에서 우리는 다른 문제를 겪지만, 우리를 배치하려는 힘이 자본의 힘이라는 점에서 우리는 같은 문제를 겪는 것이기도 하다. 다시 말하면, 서로 다른 정체성을 가진 사람들이 일터에서 겪게 되는 차별은 서로의 '다름'을 이해하자는 것만으로 사라지지 않는다는 말이다. 반차별은 자본의 힘을 겨냥해야 한다.

차별의 자리, 자리의 차별

문제의 '같음'을 이해하는 것만으로 문제가 사라지는 것도 아니다. '차별'에 대한 이야기를 듣기 위해 만난 변두리스토리의 주인공들은 '빈곤'에 대한 이야기를 들려주기도 했다. 이들은 삶의 어떤 순간에 자신이 되고자 하는 바, 하고자 하는 바를 포기해야 했지만, 또한 그이들이 연결되어 있는 사회적 관계망을 통해 위기를 모면하기도 했다. 사회적 관계는 먹고살기 위해 혹은 위험에 대처하기 위해 기댈 수 있는 자원이기도 하다. 그런데 이것은 우연에 내맡겨 있다. 그리고 차별에 취약한 사람들은 우연에 더 기댈 수밖에 없다.

임금이나 소득이 올라간다고 모두가 빈곤에서 벗어날 수 있는 것은 아니다. 스스로 이용할 수 있는 자원이 많아진다는 점은 우연에 대응하는 힘을 분명히 높이지만, 우연에 기대기 어려운 조건 자체를 바꾸는 것은 아니다. 사실 이것은 쉬운 일이 아니다. 그래서 우리는 스스로를 위해, 살아내기 위해, 차별을 내재화하게 되기도 한다. 내가 못 배운 게 문제라고 체념도 하고 무시당하지 않기 위해 공부를 열심히 해야 한다는 '극복' 신화를 기대하기도 한다. 혼자 겪어낼 수밖에 없을 때에는 옆 사람에게 손 내밀기보다는 등 돌리기가 쉽다.

혜숙이나 중국 교포 여성들이나 식당 일을 하는 것은 기본적으로 생계를 해결하기 위해서다. 모두에게 식당 일은 절박하지만 먹고산다는 것의 의미는 다를 수밖에 없다. 혜숙은 성전환 수술을 하고 싶지만 아마도 이미 여성인 중국 교포 동료는 그것을 이해하기 어려울 것이다. 혜숙도 굳이 한국에 와서 일을 하며 시민으로 대접받고 싶어 하는 중국 교포 동료들을 쉽게 이해하지 못할 것이다. 얻을 것과 잃을 것이 다른 사람들이 만나는 장소에서는 적대적 관계가 만들어지기 쉽다.

한 장소에 머무는 것도 더욱 어렵다. 자본의 힘이 우리를 배치한다는 것은 우리를 한 자리에 붙박게 하지 않는다는 말이기도 하다. '경제위기'는 누구나 처할 수 있는 위험들이 어떻게 위계화되어 사람들의 삶을 이동시키는지 투명하게 보여준다. 여성으로 태어나고 자란 명희는 뒤늦게 봉제 일을 배우고 뿌듯해한다. 하지만 IMF 경제위기가 닥치자 많은 제조업체들이 중국으로 넘어갔고 일감이 줄어들었다. 제조업체들은 임금을 덜 받을 만한 노동자들을 원했으니 속수무책이었다. 명희는 일감이 있는 곳을 찾아 떠돌아야 했다. 미아리로, 수유리로 일을 찾아다니는 명희의 모습은 오늘날 노동자의 모습을 표상하기도 한다.

그것은 신자유주의적 세계화가 만들어내는 노동의 이주와 다르지 않다. 자본은 값싼 노동력을 찾아 어딘가에 자리를 잡는다. 자본이 철수한 자리와 자본이 장악한 자리 모두 빈곤이 자란다. 그리고 차별이 만들어내는 경계를 타고 뻗어나가며 더 많은 장소를 장악한다. 일터에서 어떤 속성들을 쫓아내거나 끌어내는 자본의 힘은 차별을 통해 더욱 힘을 얻는다. 또는, 차별을 통해서만 작동할 수 있다. 그러니 반차별을 통하지 않고서는 자본에 맞설 수 없기도 하다.

민우는 각자에게 마땅한 처우가 안 되니까 불편한 관계가 유발되는 것이라고 꼬집었다. '각자에게 마땅한 처우'라는 말은 먹고살 만하다는 말의 다른 표현이지 않을까. 모두 함께 먹고살 만한 세상을 만들기 위해서는 각자에게 마땅한 처우가 이루어져야 한다는 것. 서로에 대한 인정 불가능성을 넘어서지 않고서는 먹고사는 문제도 해결될 수 없다는 것.

먹고사는 문제와 차별은 떼려야 뗄 수 없는 관계에 있다. 이것은 모든 사람이 사람답게 사는 세상을 만들기 위해 맞서야 할 힘이 너무 거대하다는 것을 깨우쳐줄 뿐인지도 모른다. 차별에 맞서기 위해 자본에 맞서야 하고, 자본에 맞서기 위해 차별에 맞서야 한다는 동어반복. 그러나 뒤집어 생각해보자. 이것은 우리가 어디에서든 싸움을 시작할 수 있는 이유가 되기도 한다. 모든 장소들이 연결되어 있기 때문이다. 그리고 사실 우리가 누군가를 마주치는 장소는 어떤 의미에서든 일터다. 다만 그 장소에서 각각 위치하게 되는 자리가 달라진다. 재화의 형태로든 서비스의 형태로든 우리는 누군가의 노동을 통해서만 관계를 맺을 수 있다. 정체성이든 재능이든 취향이든 우리가 모두 다르다는 사실이 우리 모두 일을 한다는 같음의 바탕이다.

   변두리스토리의 주인공들이 '차별'이라고 이름 붙여 기억하는 경험은 모두 다르다. 그러나 그 경험들을 조각 맞추듯 이어보면 우리가 사는 세상이 보인다. 변두리스토리의 주인공들이 각자 '차별'로 지목하는 것과 변두리스토리를 읽는 독자들이 '차별'로 읽어내는 것이 다를 수 있는 이유는, 오히려 차별이 우리 모두의 삶에 일관되게 작용하기 때문이라고 봐야 한다. 차별이라고 이름 붙이기에는 너무나 막막하고 광대한 세상이지만 거기에서 불현듯 솟아오르는 어떤 사건들은 우리에게 실마리를 준다. 우리는 서로 다른 세상을 살고 있는 것이 아니라 조금씩 다른 사건을 경험할 뿐이다. '사건'으로 기억할 만큼 소화되지 않은 이야기들은, 그러나 사라지지 않고 저마다 자신의 삶을 해석하는 배경이 된다.

   명희는 영은에게 여성이 배워야 하고 남성이 집안일을 함께해야 한다고 말한다. 그러나 아직은 자신이 못 배운 것에 차별이라는 이름을 붙이거나 아들이 집안일을 하지 않아 불만이라고 말하지는 않는다. 한편 수민은 시집 온 여자가 밥을 해야 한다는 남편의 강요를 부당하다고 느낀다. 서윤은 여자로서 왠지 해야 할 것 같았다며 어릴 때부터 집안일을 도맡아왔지만 아르바이트를 할 때 요구되는 여성성을 비웃는다. 이들의 경험이 엇비슷한 현실에 걸쳐 있다는 점을 누구나 알 수 있다. 우리는 한 발 더 나아가, 각자의 장소에서 다른 경험이 만들어지는 것은 각자 차별에 대응하는 전략이나 방식이 다르기 때문이라는 점에 주목해야 한다. 여러 경험을 연결시키는 맥락을 우리가 만들 수 있다는 것을. 자신의 삶을 쥐락펴락하는 거대한 힘이 아니라, 자신이 어찌해볼 여지가 있는 관계로 들어올 때 어떤 사건이 '차별'의 이름으로 불려 들어오는 것이다. 다시 말해 그것은 저항의 시작이기도 하다.

더불어 새롭게 관계 맺기

일터에서 사람들을 구분지어 위계화하며 배치하는 힘의 벡터는 수많은 힘들의 조합으로 만들어진다. 그 힘에 따라서 사람들은 특정한 방향으로 행동하게 되고 대개의 경우 그 힘에 맞서는 것은 너무나 무모해 보인다. 그러나 우리가 그 힘의 벡터를 구성하는 여러 힘들의 조합을 분명히 인식한다면 우리의 저항은 다양한 장소에서 다양한 힘을 축적하며 시작될 수 있다. 특정한 장소에서의 인정 가능성은 경험의 연속성을 통해 다른 장소로 이어질 수 있다. 어떤 장소들에서 겪게 되는 공동의 문제에 맞서는 힘이 그 장소를 넘어설 수 있도록 만드는 연결이 필요할 뿐이다.

명희는 노동조합을 통해서, 정현은 지역아동센터를 통해서, 혜숙은 성소수자 단체를 통해서 평등의 감각을 회복할 수 있는 관계를 얻었다. 사람인 까닭에, 사람답게 살기 위해, 우리는 저마다의 자리에서 평등에 대한 감각을 만들어가야 한다. 우리는 모두 사람들 속에서, 사람들과 관계를 맺으며 살아간다. 그 관계가 어떤 힘들에 붙들려 있는지를 봐야 한다. 그래야 그 힘에 맞서기 위해 우리가 만들어내야 할 힘의 벡터도 분명해진다. 자본주의적 생산관계가 만들어내는 경제적 불평등과 차별을 통해 만들어지는 억압적 권력 관계는 평등을 해치는 힘이다. 그리고 그에 맞설 힘의 벡터는 지금 여기의 관계에서 출발할 수밖에 없다. 모든 사람들이 스스로 그리고 더불어 다른 관계를 원하고 만들 때 세상이 달라질 것이니 말이다. 그래서 체제가 강요하는 관계 맺기를 거스르거나 뒤집거나 타협하거나 무시하는 각자의 전략들이 서로 어떻게 연결되는지 살펴야 한다. 재화와 사람의 관계성을 놓치지 않는다면, 우리는 참아내거나 떠나거나 둘 중 하나를 선택하도록 하는 곤혹스러운 상황을 벗어날 수 있다.

변두리스토리의 주인공들은 그이들이 겪은 차별 이야기를 들려준 것이기도 하지만 우리가 경험했거나 하게 될 차별 이야기를 들려준 것이기도 하다. 이 이야기들을 읽으며 마음 한편에서 따뜻한 기운이, 눈물이든 미소든 번졌다면 우리가 돌려줘야 할 것은 또 다른 이야기들이다. 저마다의 노동과 빈곤과 모욕과, 뭐라 이름 붙이기 어려운 수많은 경험들은 어디에서 출발하더라도 우리가 맞서야 할 힘, 그것에 맞서기 위한 우리의 힘을 보여줄 것이다. 우리는 세상을 바꾸기 위해 각자 지닌 열쇠를 서로 나누어 쥐는 사람으로 만나야 한다. 우리의 경험들이 만들어지는 모든 장소가 우리 스스로, 그리고 함께 싸워야 할 장소다. 누군가 먼저 그 싸움을 시작했다면, 각자의 장소와 연결시키며 만나는 것, 그것이 그/녀와 연대하기 위한 시작이자 끝이다. 그리고 그것만이 당신의 힘을 키울 유일한 방법이다.

반차별운동은 정체성을 어떻게 다룰 수 있을까

나영정 • 성적지향·성별정체성 법정책연구회 활동가

'차이가 차별이 되지 않기 위해서'라는 말, 참 익숙하다. 차이와 차별이 비교될 때 차별이라는 말은 인권, 평등, 정의라는 말과 차별성이 생긴다. 한편 차별보다는 더 일상적인 말로 차별대우를 떠올릴 수 있다. 둘 이상의 대상을 비교하면서 정당하지 않은 이유로 다르게 대하는 것을 차별이라고 부른다. 어떤 기준 자체가 부정의하거나 인권 침해적이지 않다고 해도 비교를 통해서 다른 기준을 적용할 때 부당하다고 느낄 수 있기 때문이다. 그런데 우리는 차이라는 말에서 느낄 수 있듯이 불가피하게 다름을 수용하고 인정해야 한다. 모든 것을 똑같이 대하는 것은 불가능하기 때문이다. 그래서 차이를 어떻게 잘 다룰 수 있는가는 차별에 대항하기 위해 꼭 필요한 노력일 수 있다. 이 글에서는 정상과 비정상이라는 기준에서 비정상으로 치부되어온 소수자들이 차이에 대한 수용과 인정을 정체성으로 주장해왔던 맥락을 검토하면서 반차별과 정체성의 관계를 고민해보려고 한다.

차별금지법 제정운동을 하면서 마주친 것

　차별금지법 제정을 처음 추진한 것은 참여정부였다. 물론 그 이전부터 차별 해소를 위해서 연구하고 노력해온 많은 이들이 있고 구체적으로 해외 입법례를 통해 차별금지법에 대해서 생각해온 이들도 있었지만 본격적으로 법이 추진된 것은 정부 주도였다. 2007년 참여정부 말기에 법안이 만들어지고 국무회의를 통과하는 과정에서 차별금지 사유를 열거한 조항 가운데 성적지향, 학력, 병력 등 7가지가 삭제된다. 이에 대해 문제제기를 하고 항의하는 사람들의 다수가 성소수자 운동 진영 사람들이었다면, 7가지 차별금지 사유가 삭제되는 것이 마땅하고 나아가 차별금지법 자체를 만들지 말아야 한다고 주장하는 진영의 다수는 차별금지 사유에 성적지향이 포함되는 것을 극렬히 반대하는 기독교 근본주의자들이었다. 물론 크게 이슈가 되지는 않았지만 재계에서도 학력이나 병력이 차별금지 사유에 포함되는 것을 반대했다는 소식이 들려왔다. 차별금지법에 대한 논란이 몇 가지 차별금지 사유를 중심으로 진행될 것이라는 것을 누가 예상했을까?

　차별금지법은 모든 국민에게 적용되는 법이고, 원칙적으로는 열거된 차별금지 사유뿐만 아니라 모든 차별을 예방하고 피해자를 구제하고 차별을 시정하기 위한 법이다. 그런데 차별은 나쁘지만 어떤 차별은 정당하다고 주장하는 사람들과 마주쳤다. 그리고 누구나 억울한 일은 조금씩 경험하고 살아간다며 차별금지법에 큰 기대를 걸지 않거나 차별금지법이 자신을 위한 법이라고 여기지 않는 많은 사람들과 마주쳤다. 많은 이들은 차별대우를 받았다고 느낄 때 혹시 사소한 일일지도 몰라서, 문제제기를 했다가 더 큰 불이익을 당할 수도 있으니, 못생기거나 못 배운 것에 내 책임도 있으니까 참고 넘어가는 경우가 많다. 혹은 내가 운이 없거나 인맥이 부족해서 생긴 일이라고 자책하며 감수하기도 한다. 이 두 가지의 마주침은 차별금지법을 만드는 과정에서 만나게 되는 커다란 어려움이자 차별 문제에 대한 깊은 고민거리다. 또한 어떤 차이는 차별이 되어도 된다거나, 다수의 이익에 비추어 소수가 양보해야 하는 문제라거나, 소수를 보호하는 것이 오히려 공익을 침해하는 것이라 여기는 인식들이 더욱 구체적으로 드러난 계기였다.

 여기서 우리는 차별금지법 제정을 반대하는 진영의 주류를 이루고 있는 이들이 성소수자에 대한 차별이 필요하다고 주장하는 이들이며, 왜 이들이 유독 이 문제에 물리력과 금전적 자원을 투여하면서 시간을 할애했는지 좀 더 주목할 필요가 있다. 이들은 성소수자, 혹은 동성애자, 양성애자, 성전환자라는 성적인 정체성을 인정하는 순간 그것을 반대하는 것은 차별이 되기 때문에 차별금지 사유에 성적지향이 들어가는 것을 필사적으로 막으려고 했다. 그래서 성소수자를 정체성의 차이로 만들지 않기 위해서 끊임없이 '문란한' 동성 간 성행위, '잘못된' 성전환 행위라고 이름 붙이면서, 정체성이 아닌 '행위'의 차원으로 축소시킨다. 우리는 이것에 대해서 어떻게 대항해야 할까? 타고났으니 인정하라고 해야 할까? 그렇다면 충분히 인정받을 수 있는 차이는 타고나면서 결정되는 차이밖에 없을까?

타고나는 것과 선택하는 것 사이의 이분법, 정체성의 차원과 잘못된 행동이라는 구분은 어떤 경우에 필요할 수도 있지만 대부분 그러한 구분 자체가 정치적 필요에 의해서 만들어진다는 것을 은폐한다. 예를 들어 어떤 이들은 동성애라는 정체성은 타고나는 것이기 때문에 차이로 인정해야 한다고 주장하지만, 어떤 이들은 동성애라는 성행위는 나쁜 동기에 의해 선택하는 것이기 때문에 공적으로 인정하지 말아야 한다고 주장한다. 이러한 상황에서 동성애가 타고나는 것인지 선택하는 것인지 과학적인 진실로 규명하고자 하는 움직임도 있었지만 결과가 어찌 나오든 간에 사회적 평등의 문제를 일부 전문가의 권위에 위임하는 결과를 낳을 수밖에 없다. 그리고 우리가 믿고 있는 대부분의 타고나는 차이들(성별, 인종 등)도 태어날 때부터 우리가 현재 분류하고 차이로 인정받는 방법으로 타고나지는 않는다. 사후적인 해석을 통해서 비로소 차이가 구성된다고 할 수 있는 것이다. 학력을 예로 들어보자. 어떤 이들은 누군가는 천재적인 기질을 타고나서 좋은 학벌을 얻고, 누군가는 좋지 않은 머리를 타고나서 그렇지 못하다고 주장할 수 있지만, 또 다른 누군가는 노력해서 좋은 학벌을 가졌고, 누구는 게을러서 그렇지 못하다고 주장한다. 이럴 때 정말 학력이라는 것이 타고나는 것인지, 아닌지를 과학자들의 의견에 전적으로 맡길 수는 없다. 학력이 성별, 계급적 요인과 어떤 상관관계가 있는지, 능력의 차이를 타고난다고 해도 그것이 사회적 불평등이나 차별과의 관련성을 최소화하기 위해서 어떻게 해야 하는지가 반차별운동의 관심이다.

차이와 정체성에 대한 구분 자체가 정치적 필요에 의해서 만들어진다는 점을 고민하는 것은 어떤 인식을 차별로 규정하고, 그러한 인식을 바꾸기 위해 어떻게 노력해나갈 것인지 합의해가는 데 필요하다는 점에서 중요하다. 예를 들어 장애인은 신체에 관한 비장애인 중심의 정상성 기준에 비추어 열등한 존재로 평가받고, 생산성과 효율성이 떨어지는 신체이기 때문에 능력이 없고 보호받아야 하는 대상으로 평가된다. 이러한 평가는 장애인의 신체적 속성에 기인한 것이라고 여겨지지만, 신체적 속성을 평가하는 기준은 정상성, 생산성이라는 사회적인 기준이다. 그래서 이러한 사회적 기준을 인정하게 되면 어떻게 장애인에 대한 차별을 완화하거나 철폐할 것인가에 대한 다양한 방법이 나올 수 있다.

한편으로 정체성 간에도 구조적인 문제와 일상적인 문제를 나누는 보이지 않는 기준이 있다. 정체성이 타고나는 것, 혹은 신체화된 것이냐 아니면 관계를 통해서 상황적으로 주어지는 것이냐에 대한 구분이 그렇다고 볼 수 있다. 전자는 주로 소수자라고 분류하는 정체성으로 여성, 장애인, 성소수자, 이주민 등이며, 후자는 사회적 지위나 신분으로 분류하는 노동자, 학생, 비혼모, 청소년 등이다. 이러한 구분에 따라서 소수자는 고정 불변하는 것이기 때문에 타인이 이해하고 인정해야 할 문제로 보고, 사회적 지위에 따른 정체성은 사회적 구조나 권력의 문제로 이해하는 경향이 있다. 그러나 위에서도 서술했듯이 소위 소수자들은 그러한 정체성이 타고나는 어떤 속성들에 기인하는 것들도 있지만 정체성을 해석하는 사회적 인식에 기인하는 부분이 크다고 주장한다. 어디서부터 어디까지가 장애인인가, 장애인이라는 의미는 사회적으로 어떤 점에서 의미가 있는가라는 질문을 던졌을 때 이미 정상과 비정상, 생산성과 비생산성, 아름다움과 추함 등 여러 가지 기준을 통해서 해석된 장애인의 '사회적 위치'와 장애인이라는 정체성은 떨어질 수 없기 때문이다. 따라서 무엇이 소수자의 문제이고, 어떤 것은 권력의 문제 또는 사회 구조적인 문제인가를 손쉽게 분류하는 것 또한 어떤 차별을 안 보이게 하거나 유지하게 만드는 데 일조할 수 있다. 그렇다고 해서 "모든 문제는 모두의 문제다!"라고 선언하거나 모든 것을 자본주의나 가부장제의 억압으로 환원시킨다고 해결되지 않는다. 결국 차이가 만들어지는 과정과 그것을 이유로 어떤 권력이 매개되는지, 왜 어떤 것들은 포섭되고 어떤 것들은 배제되는지, 그것이 구체적인 삶에서 어떤 욕구와 전략으로 드러나는지, 타인과의 관계 속에서 어떤 의미가 있는지를 재차 숙고하는 것만이 스스로를 소수자 운동이라는 이름으로 자리매김한 주체들이 다른 이들의 동참을 이끌어내는 유일한 방법일지도 모른다.

    정체성의 생산방식과 분류 체계에 대한 이러한 긴장은 반차별운동의 전략과 비전을 그리는 것에도 중요하지만, 정체성 자체를 고민하는 데에도 필요한 지점이다. 정체성을 본질화하지 않는 것, 개인적인 정체성과 사회적인 정체성을 이분법적으로 나누지 않는 것, 같은 정체성을 가진 이들이 모두 같은 경험을 한다고 전제하지 않는 것, 내부의 차이를 억압하지 않으면서 집단적인 움직임을 가능하도록 하는 것, 어떤 정체성이 더욱 정당하거나 고통스럽다고 위계화하는 것에 대해 질문하는 것을 위해서도 도움이 될 것이다.

차별과 정체성의 긴장

 차별을 말하기 위해서, 특히나 차별의 사유를 말하기 위해서 우리가 익숙해진 방식이 있다. 국가인권위원회법에 명시된 차별 사유들은 어느덧 그 법의 실효성이 어떠한가를 떠나서 하나의 기준으로 자리 잡았고, 이 법이 만들어지고 자리 잡는 과정에서 유엔을 비롯해 국제적으로 통용되는 인권 규범과 차별 사유들의 예시가 중요한 영향을 미치고 있다.

 그 사람의 삶과 그 사람이 경험하는 차별을 현재 우리가 사용하고 있는 차별 사유의 언어로 충분히 설명할 수는 없지만 하나의 시작, 문제제기를 할 수 있는 하나의 근거로 삼을 수 있는 것은 분명하다. 하지만 우리는 종종 법제도적 근거로 작용하는 차별 사유들을 열거하거나 거기에 해당하는 문제라고 주장하는 것 이외의 다른 활동, 예를 들면 그러한 언어가 너무 전형적인 경험들을 예상하며 기대하고 있지는 않은지, 그것을 배신하는 다른 경험들은 없는지, 좀 더 다른 설명이 필요하지 않은지를 살피는 일에는 게으른 것이 아닌가 하는 질문이 생긴다. 그렇게 되면 차별 사유는 법적인 문제제기를 할 수 있는 하나의 근거를 넘어서 차별에 대한 우리의 고민과 경험을 재단하는 강력한 기준으로 군림하게 될지도 모른다는 걱정도 생긴다.

 한편으로는 이러한 작업을 게을리하다보면 앞서 언급했듯이 차별 사유로 표현되는 정체성들과 차별에 대해서 단순하고 고정적인 인과관계만을 상정하게 될 수도 있다. 장애, 인종, 성별, 성적지향과 성별정체성 등에 대한 정체성으로부터 어떤 사람이 경험하는 차별의 경험을 수렴시키는 것이다. 한 사람이 경험하는 차별과 고통, 괴롭힘 등은 그 사람이 자신이 인생에서 중요하게 생각하는 정체성뿐만 아니라 사회경제적 지위, 가족 상황, 학력, 환경 등 다양한 요인의 영향을 받는다. 한 사람의 다층적이고 복합적인 삶의 경험을 단순화하는 것은 단지 그 사람의 삶을 제대로 설명할 수 없는 것에 그치는 것만이 아니라 어떤 경험에 대표성을 부여하고 특권화를 시킬 수 있다. 혜숙은 빈곤하고 제대로 교육받지 못하고 열악한 노동 상황에 있으며 가족으로부터 학대를 받은 트랜스젠더 여성인데, 그 사람의 어떤 차별을 문제 삼을지, 그 차별의 경험이 모두 트랜스젠더라는 성별정체성에 기인한다고 할 수 있을지 의문이다. 이런 점에서 우리는 복합 차별이라는 말을 통해서 한 사람의 경험을 단순화하지 않으며 차별의 복합적 양상을 파악해내려고 하고 있고, 법적으로 엄밀하게 규정하기 어려운 측면이 많지만 애써 차별금지법에도 복합 차별을 명시하려고 했다. 그런데 복합 차별을 '정체성+정체성'으로 이해하는 경우가 많다. 장애+여성, 동성애자+트랜스젠더, 이주민+장애인 등의 조합을 떠올리는 것이다. 정체성들이 여러 개가 한꺼번에 있다고 해서 단순히 2중, 3중의 억압을 받는 것은 아니다. 한 사람의 삶에서 여러 가지의 정체성들은 언제나 공존하며, 무엇을 자신의 중요한 정체성으로 삼고 삶의 준거점으로 할 것인지 결정하는 문제는 쉬운 일이 아니다.

한편 주로 사회경제적 지위와 관련된 것은 정체성의 범주로 보지 않기 때문에 이러한 문제는 '보다 구조적이고 본질적인 차별과 억압에 관련된 문제이다'라고 하면서 정체성에 우선하는 문제로 보거나, '결국은 그 사람이 어떤 정체성을 가졌기 때문에 파생할 수밖에 없는 어려움이다'라고 하면서 정체성에 종속되는 문제로 보는 시각도 많다. 이 문제에 대해서 잠정적으로 '너무 붙이지도 않고 너무 떨어트리지도 않게'라는 전략을 세워보자. 사회경제적 지위의 문제를 정체성과 관련이 없다고 하지도 말고, 너무 동일시하지도 않는 것에서 시작하는 것. 하나의 정체성으로 환원하지 않는 것처럼 하나의 억압으로 수렴시키지 않는 것이다. 실은 이러한 문제의식은 전혀 새로운 것은 아니다. 예를 들어 가부장제 자본주의 사회에서 남성과 여성의 대립이 자본가 여성과 노동자 여성의 대립보다 우선하는 것인가? 이러한 관계를 어떻게 바라보고 운동을 해나갈 것인가라는 의문에 답을 하면서 여성주의 이론과 운동이 진화해왔다. 반차별운동은 주변의 노동운동, 여성운동, 인권운동, 소수자운동 등의 궤적을 통해 배우고 함께 미래를 그리면서 나갈 수밖에 없다.

또한 '너무 붙이지도 않고 너무 떨어트리지도 않게'라는 전략은 정체성이 살아가는 데 힘이 되면서도 삶 자체를 정체성의 문제로 환원시키지 않도록 하는 데에도 도움이 될 수 있다. 우리가 단지 생존해 있는 상태에 만족하는 것이 아니라 생존을 위한 정당하고 평등한 방법과 다른 사람 혹은 집단과의 관계, 사회적 구조 차원에서의 차별을 고민한다면, 어떤 사람의 목소리와 권리를 하나의 정체성으로 한정하고 그것을 통해서만 인정하려고 하는 것 또한 차별적이기 때문이다. 그래서 정체성과의 거리를 삶의 과정에서 끊임없이 재조정하려고 노력하는 것은 자신이 겪고 있는 문제를 설명하고 타인과 연대하는 데 도움이 될 수 있도록 주체성을 발휘하는 과정이다. 이러한 전략은 정체성을 둘러싸고 계속해서 긴장을 가져다주지만, 그 긴장을 통해 차별이 만들어지고 정당화되는 기존의 질서를 낯설게 볼 수 있는 가능성이 생겨난다.

정체성이 힘이 되려면

비혼모인 승민, 트랜스젠더인 혜숙, 이주여성인 수민, 게이인 정현, 10대 레즈비언인 서윤, 장애여성인 이숙, HIV감염인인 민우, 이주민인 타파, 노동자인 명희와 영석. 이들에게 이러한 정체성은 어떤 의미가 있을까. 우리가 정체성이라고 부르는 것을 개개인들은 스스로 숙고한 다음 비로소 받아들이게 되는 것도 있고, 자신을 충분히 설명하는 언어가 아니지만 비슷한 이들을 만나고 다른 이들과 소통하기 위해서 사용할 수도 있다. 문제는 정체성을 설명하는 언어도 생명력을 가지고 있고, 그 언어를 통해서 설명하고자 하는 목표와 욕구도 계속 변화하며, 그 언어에 부착되어 있는 낙인과 차별에 대항하며 제거해 나가고자 하는 움직임도 포함되어 있다는 것이다. 성별에 따른 차별에 대항하기 위해서 "나는 여성이지만 여성이라는 정체성을 거부한다"고 하는 이들도 있고, 여성이라는 위치를 정치적인 정체성으로 해석하는 과정을 통해 여성에게 강요되는 억압들을 세계 변화를 위한 하나의 시각으로 전환하면서 남성 중심적인 사회를 변화시키는 자원으로 사용하기도 한다. 정체성은 본인과 비슷한 정체성을 가진 이들을 만나게 하고, 비슷한 경험을 나누면서 억울함을 해소해나가는 계기가 만들어지는 데 큰 역할을 한다. 한편으로는 "여성이라는 이름을 거부한다"라는 주장이 단지 다른 여성들과의 연대를 거부하는 회피

전략이 아니라 사회가 강요하는 '여성'의 의미를 바꾸어내기 위한 잠정적인 전략이 될 수도 있다. 또한 정현이나 이숙처럼 게이나 장애인에 대해서 주변 사람들이 기대하거나, 너무 전형화하는 것과 거리두기를 하면서 오히려 타인들과 좀 더 자유롭고 평등한 관계를 추구하기도 한다.

그러하기에 정체성의 언어가 반차별운동의 전략이자 자원이 되기 위해 필요한 것은 정체성의 언어에 대한 의미부여를 주체적으로 해나갈 수 있는가, 그리고 그러한 노력이 반차별운동의 자원이 될 수 있는가, 차별받는 이들이 자긍심을 가지고 다른 이들과 연대해나가는 시작점이 될 수 있는가라는 질문일 것이다. 그래서 그 정체성은 어떤 차별과 불평등을 정당화하는 것이 아니어야 하고, 어떤 권한과 평등을 제한하거나 고정된 인식으로 묶어두기 위해서 강요되는 이름이 아니어야 하며, 어떤 장소에서 권력을 정당화하는 이유가 되어서는 안 된다. 이름이 없어서 드러나지 않았던 문제들, 존재하지 않는다고 치부되었던 사람들을 드러내는 데 역할을 하고 차별받는 사람에게 발언권을 부여하는 기회가 될 수 있어야 한다.

'민주주의'와 '정의'의 언어들이 지배적 권력에 의해서 억압받는 이들의 저항적 언어가 되지 못하는 경우가 많지만 다른 한편으로 억압받는 이들이 그러한 언어를 다시 해석하고 힘을 불어넣어서 저항의 도구로 사용하고자 하는 것과 유사한 노력이기도 하다. 우리는 이미 장애인, 이주민, 성소수자, 여성 등의 정체성을 통해서 저항하고자 하는 이들이 그러한 노력을 끊임없이 하고 있다는 것을 알 수 있다. 다른 용어를 만들어내기도 하고 그 언어들에 부착된 의미를 다시 규정하고자 하는 노력들은 타인들과 계속해서 이 문제를 공유하고 변화된 세계에서 함께 살아나가고자 하는 욕구에서 출발한다. 따라서 쟁점은 언어 자체라기보다는 구체적인 사람들이 힘을 가지고 언어의 주체로 나설 수 있는가이다.

또한 이러한 전략은 주체들이 놓인 구체적인 장소와 그 안에서 작동하는 권력을 주목하게 한다. 이럴 때 당사자가 굳이 자신의 존재를 드러내기 위해 사용하는 정체성의 언어가 아니더라도 차별과 억압을 설명하고 바꾸어내기 위한 시작이 될 수 있다. 노동자, 학생, 자식, 어머니 등의 이름들이 일터, 학교, 집에서 어떠한 권력관계 속에 있는지를 볼 수 있다. 이러한 운동이 반차별운동의 의제가 되지 않을 이유가 없다. 자본주의, 학교제도, 가족제도 자체를 철폐하거나 변혁하려는 목표를 둔 운동에 종속되지 않으면서도 조금 다른 위치에서 함께 힘을 모을 수도 있다.

학교에서 서윤이 레즈비언이라는 이유로 왕따를 당하지 않게 되려면 성소수자에 대한 사회적 인식이 달라져야 하고, 가해자를 비롯한 학교 구성원 전체를 대상으로 한 인권 교육도 이루어져야 하지만 학교의 성격 자체가 변화해야 한다. 학교 폭력에 대한 근본적인 해법도 마찬가지일 것이다. 그렇다면 굳이 구조적인 문제와 일상적인 문제를 나누어야 할까? 일상적인 문제는 근본적인 비전을 결여한 문제제기일까? 구조적인 문제는 단일한 억압으로 설명할 수 있을까? 구체적인 장소에서 권력관계가 바뀌고 성격이 달라지지 않는 한, 그래서 그 장소의 성격 자체가 변화하지 않는 한 반차별운동은 피해자 구제 운동으로 축소될 수밖에 없다. 또한 구체적인 장소에서 벌어지는 복잡한 권력의 관계들, 주요한 권력관계로 설명되지 않아 누락되고 비가시화된 차별의 문제들을 무시하는 한 총체적인 삶의 변화는 기대하기 어렵다.

착한 법, 착한 소수자를 넘어서

정체성이라는 키워드를 가지고 가면서 반차별운동을 어떻게 해나갈 것인가 고민하다보면 차별 사유로 수렴되는 활동으로 이어지기 쉽다. 다시 각자의 운동으로 쪼개어졌다가 그것을 모으는 것이 반차별운동인가 하는 의문도 든다. 각 운동의 대중이 잘 보이지 않거나 조직되기 어려울 때 여전히 사회적으로는 중요하지 않은 문제로 취급되기 일쑤이고, 그저 일상이 고단하여 개인이 회피하거나 극복해야 할 문제로 돌려지기도 한다. 이러한 상황에서 차별금지법은 보편적인 법의 지위를 획득하지 못하고 일부 소수자를 우대하는 법으로 낙인찍힌다. 그리고 그 법은 사회경제적 지위를 조금도 바꾸지 못하는 허약하고 '착한' 법으로 치부된다. 웬디 브라운은 《관용》에서 "관용은 차이에 기반을 둔 것이며, 자유주의적 평등이 제거하거나 축소할 수 없는 차이들을 관리하는 데 적용된다"고 했다. 어떤 차이들이 기존의 질서를 위협하지 않는 정도에서만 인정되고, 그 인정은 지배적 질서 내부에서 계속 관리될 뿐이다. 차이가 그렇게만 수용될 때 차이가 인정되고 있다고 느낄 수 있지만 실은 차이들이 개인의 속성으로 환원되고, 어떤 집단적 정체성을 가진 개인을 '잘 대하는 것'일 뿐, 집단적 정체성을 인정하고 집단 간의 권력관계를 재조정*하는 사회적 변화를 추동해내기 어렵게 만들기 때문이다.

  추상적인 보편을 설정하지 않으면서도 당사자에게 갇히지 않기 위해서 우선 떠올릴 수 있는 것은 구체적인 장소에서 마주치는 주체들의 만남을 주선하고 주목하는 것이다. 비가시화된 존재를 드러내고 마주침의 장소에서 서로를 억압하거나 차별하지 않기 위해서 그곳의 판을 흔들고, 성격을 변화시키기 위한 노력을 함께하는 것. 닥쳐오는 불운이나 억울한 일을 더 이상 회피하지 않고자 했을 때 그것을 목격한 이가 증언자가 되고 그 옆에 자리하는 것. 그리고 그 차별을 정성을 다해 설명하고자 계속 애쓰는 것. 그리고 차별에 대한 법적인 구제의 과정을 사인간의 문제로 한정하지 않고, 법적인 구제 의미가 사회 관행과 권력을 바꾸어나가는 것을 지향하도록 견인하는 것. 이것이 문제를 보편화하는 방향이 아닐까. 그리고 사회경제적 지위가 삭제된 채 허공에 붕 뜬 '착한' 소수자들을 사회적 변화의 주체로 맞이하고 그 노력을 함께해나갈 수 있는 장소를 열어나가는 것이 반차별운동의 중요한 역할이 아닐까.

---

*《관용》(웬디 브라운, 이승철 옮김, 갈무리) 86쪽.

수신확인, 차별이 내게로 왔다
ⓒ 인권운동사랑방

초판 1쇄 펴낸날 | 2013년 4월 19일
5쇄 펴낸날 | 2019년 3월 20일

지은이 | 인권운동사랑방
펴낸이 | 박재영
편집 | 임세현, 이정신
디자인 | 나윤영

펴낸곳 | 도서출판 오월의봄
주소 | 경기도 파주시 회동길 363-15 201호
등록 | 제406-2010-000111호
전화 | 070-7704-5018 팩스 | 0505-300-0518
이메일 | navisdream@naver.com 트위터 | @oohbom 블로그 | blog.naver.com/maybook05

ISBN 978-89-97889-20-4 03300

이 책은 저작권법에 따라 보호받는 저작물이므로 무단전재와 복제를 금합니다.
이 책 내용의 전부 또는 일부를 이용하려면 반드시 저작권자와 도서출판 오월의봄에
서면 동의를 받아야 합니다.

책값은 뒤표지에 있습니다.
잘못된 책은 바꾸어드립니다.

이 책은 '정보공유 라이선스 2.0 : 영리금지'를 채택하여 저작권자와 저작물 이용자 간의 정보공유를 지향합니다. 단, 영리적 목적으로 이용하려면 도서출판 오월의봄과 협의해야 합니다. http://freeuse.or.kr/license/2.0/yg

이 책은 아름다운재단 '2013 변화의 시나리오' 스폰서 지원을 받았습니다.